LinksDruck

Ursula Sillge

Un-Sichtbare Frauen
Lesben und ihre Emanzipation
in der DDR

LinksDruck Verlag
Christoph Links
Berlin

1. Auflage, April 1991
© LinksDruck Verlags – GmbH Christoph Links
Zehdenicker Straße 1, O-1054 Berlin, Tel. 281 61 71

Lektorat: Erika Berthold
Gesamtgestaltung: K.-P. Olthoff
Satz: Graphic-Design GmbH, Berlin
Titelfoto: Volker Döring, BILDART
Druck- und Bindearbeiten: Tribüne Druck – GmbH, Berlin

ISBN 3-86153-012-0

Inhalt

Vorwort 9

Warum man(n) Lesben nicht erkennt 10
Was verschwiegen wird, gibt es nicht 10
Vage Bilder in der Kunst 14
Zensur und Selbstzensur in den Medien 17

Coming out - Heraus aus der Heimlichkeit 21
„Gibt es überhaupt Sex zwischen Frauen?" 21
„Wie machen die das eigentlich?" 24
Selbstzweifel 25
Scheinbare Akzeptanz 27
Die Eltern 28
Die KollegInnen 33

Lesbische Lebensgemeinschaften 36
Auf die Suche gehen 37
Bindungsangst, Bindungsdruck, Gebundensein 38
Leben Lesben wie Frau und Mann? 41
Das Wohn-Problem 42
Dürfen, wollen, sollen Lesben heiraten? 43
Liebe, Geld und Justitia 45

Lesbische Mütter 48
Die Freundin und das Kind 49
Die Kinder einweihen? 50
Insemination und Schwangerschaftsabbruch 52
Adoption 57
Lesben und sozialpolitische Maßnahmen 58
Berufsleben und Finanzen 59

Zwischen Medizin und Gesetz 62
  Schändliche Lüste und schlechte Angewohnheiten 62
  Natürliche Variante oder Unfall der Natur? 65
  Transvestiten und Transsexuelle 67
  Nomen est omen 69
  Selbstbezeichnung oder Selbstbezichtigung? 71
  Lesben und Strafrecht 73
  Pädosexualität 76
  Pornographie oder Erotographie? 79

Die organisierte Lesbenbewegung in der DDR 82
  „Im Sozialismus gibt es keine Randgruppen!" 82
  „Wer steht hinter Ihnen?" 84
  Die Strategie der kleinen Schritte 85
  Die fünfziger und sechziger Jahre 88
  Rosa von Praunheims Film wird zum Signal 89
  Das Ringen um Informationen und Treffpunkte 92
  WissenschaftlerInnen und Homosexuelle 95
  Die kirchlichen Arbeitskreise 97
  Der Sonntags-Club 99
  Weitere weltliche Gruppen 103
  Das Verhältnis zwischen kirchlichen und weltlichen Gruppen 104
  Internationale Kontakte 106

Lesben zwischen Frauen- und Schwulenbewegung 108
  Die doppelt belasteten DDR-Frauen 108
  Vom Gleichgewicht der Macht 110
  Alle sind gleich, aber Männer sind gleicher! 111
  Frauenprobleme sind auch Lesbenprobleme 113
  Lesben, Schwule und Heteras in einem Boot 114

Abkürzungsverzeichnis 120

Dokumente 121
  Aufgaben und Zielstellung der Selbsterfahrungsgruppe
  lesbisch orientierter Frauen (1979) 121

  Protokoll über ein Gespräch beim Ministerrat am 20.9.1979 125

Einladung zur Regionaltagung der Evangelischen Kirche der
Kirchenprovinz Sachsen zum Thema „Homosexualität und
Homosexuelle in unserer Gesellschaft" am 1.10.1983 in Halle 127

Bericht über den gescheiterten Versuch, eine
Faschingsveranstaltung für Homosexuelle in Leipzig
zu organisieren (1984) 129

Antwortschreiben des Ministeriums des Innern
auf eine Eingabe, in der die Zulassung von Veranstaltungen
für Homosexuelle gefordert wurde (1984) 131

Auszüge aus der Ordnung über die Annahme und
Veröffentlichung von Anzeigen in Zeitungen, Zeitschriften und
anderen Druckerzeugnissen sowie Anzeigenaushängen (1980) 132

Antwortschreiben des Ministeriums für Kultur auf eine Beschwerde über die Zensurierung von Kontaktanzeigen (1984) 133

Konzeption für den Klub der Werktätigen
„Dr. Magnus Hirschfeld" (1984) 135

Vorladung der Polizei (1985) 138

Bericht der „Lesben in der Kirche" über einen Polizeieinsatz 1985 gegen den geplanten Besuch im ehemaligen
KonzentrationslagerRavensbrück 139

Beschluß des Vorstandes der Sektion „Ehe und Familie" der
Sozialhygienischen Gesellschaft der DDR vom 5.3.1985 über
die Behandlung der Probleme Homosexueller in den Eheund Sexualberatungsstellen 142

Positionspapier des Interdisziplinären Arbeitskreises
Homosexualität der Humboldt-Universität Berlin (1985) 149

Protokoll eines Gesprächs beim Rat des Bezirkes Dresden
über die bessere Integration von Homosexuellen (1986) 166

Briefwechsel des Berliner Freundeskreises homosexueller
Bürger mit der SED-Bezirksleitung (1986) 168

Bericht der Koordinierungsgruppe der kirchlichen
Arbeitskreise Homosexualität (1988) 171

Methoden der Unterwanderung und Zersetzung von
homosexuellen Gruppen durch die Staatssicherheit 173

Forderungskatalog weltlicher Lesben- und Schwulengruppen
zur weiteren Integration und Gleichstellung homosexueller
Bürger (1989) 175

Auszüge aus dem Programm des Unabhängigen
Frauenverbandes (1990) 178

**Weibliche Homosexualität in Belletristik, Film und
Sachliteratur** 180

**Arbeitskreise, Vereinigungen und Veranstaltungszentren
in den östlichen Bundesländern** 184

Angaben zur Autorin 191

Vorwort

Dieses Buch faßt Erfahrungen und Erlebnisse zusammen, die ich seit Mitte der siebziger Jahre gesammelt habe. Die Texte im Anhang dokumentieren Standpunkte, Ereignisse und Wandlungen der Toleranz und Akzeptanz in einer geschlossenen Gesellschaft.

Zugleich wird auch der gesellschaftliche Versuch belegt, das in hartnäckigem Engagement Erreichte wieder zurückzudrehen. Im Frühsommer 1988 begann offensichtlich eine „operative Zersetzungsmaßnahme" der Staatssicherheit gegen den Berliner Sonntags-Club für Lesben, Schwule und Bisexuelle, den ich jahrelang leitete. Trotz Intrigen und gezielt lancierter Gerüchte gegen die Leitung konnte die Existenz dieses ersten und lange Zeit einzigen weltlichen Clubs für Lesben und Schwule gesichert werden. Erst im April 1990, also nach der spontanen Wende, schied ich aus der Leitung aus, um dieses Buch zu schreiben.

Ich habe mich um eine sachliche Darstellung der komplizierten Entwicklungen lesbischen Lebens und Handelns in der DDR bemüht und hoffe, daß Zusammenhänge und Besonderheiten der Lesben- und Schwulenbewegung zwischen Rostock und Römhild deutlich werden. Das Buch soll einerseits einen Beitrag leisten zur Aufarbeitung spezifischer Situationen und Befindlichkeiten, andererseits auch Informationen liefern für diejenigen, die eine Annäherung an die Probleme lesbischen Lebens suchen.

Ich danke meiner Freundin Inge, ohne die das Buch sicher nicht geschrieben worden wäre, und der Lektorin Erika Berthold, die nicht nur redigierte, sondern mancherlei Anregungen gab.

Berlin, im Januar 1991

Ursula Sillge

Warum man(n) Lesben nicht erkennt

1989 wurden für eine Sendung des DDR-Fernsehens Eltern auf der Straße befragt, wie sie sich verhalten würden, wenn ihre Kinder homosexuell wären. Eine Frau antwortete: „Kann mir nicht passieren. Ich habe Töchter."
Die Sendung war nicht dazu angetan, diesen Irrtum zu korrigieren. In der Diskussionsrunde saßen Männer, der Moderator war ein Mann. Lediglich ein Professor nahm Bezug auf die Antwort der Frau und erwähnte beiläufig: „Das tritt auch bei Frauen auf, und die nennt man Lesben."
Über Schwule war eine ganze Menge zu erfahren. Das Fazit dieser Sendung zementierte die weit verbreitete Meinung: Homosexualität ist männlich. Schwule waren sichtbar und hörbar, Lesben waren unsichtbar und unhörbar. Hatten sie sich an der Sendung nicht beteiligen wollen? Sie wollten, aber sie wurden nicht zugelassen. Wie können sich Lesben mit ihrer Homosexualität auseinandersetzen, wenn es sie scheinbar gar nicht gibt? Wie sollen sie eine Identität aufbauen, wenn sie keine Informationen haben? Wie sollen sie mit Konflikten umgehen, wenn ihre Probleme nirgendwo diskutierbar sind?

Was verschwiegen wird, gibt es nicht

Lesben müssen sich ihre öffentliche Existenz erkämpfen. Erst wenn weibliche Homosexualität von Lesben selbst, Schwulen und Heterosexuellen nicht mehr verschwiegen, verdrängt, in Frage gestellt, sondern als Sachverhalt gewußt und benannt wird, kann diskutiert werden: „Wie gehen wir mit unserem Lesbischsein um?" Oft wird nach dem Unterschied zwischen lesbisch, homosexuell und schwul gefragt. Eigentlich ist es ganz einfach: Frauen können lesbisch und Männer schwul sein, homosexuell ist der zusammenfassende Begriff für beides. Der Gegenbegriff zu homosexuell ist bekanntlich heterosexuell und meint die sexuellen Kontakte zwischen Frau und Mann.

Im Laufe der Geschichte gab es eine ganze Reihe von Bezeichnungen für Homosexualität. Mit der Wahl einer Bezeichnung wurde und wird etwas jedoch nicht nur definiert, sondern auch bewertet. In der Sozialisation von Frauen und Männern spielen Informationen und deren gleichzeitige Bewertung eine große Rolle. Der geschickte Umgang mit den Formen tendenzieller Berichterstattung gehört zum Instrumentarium von PolitikerInnen und Medien. Da werden Einstellungen, Überzeugungen, Erwartungen geformt mit Hilfe von halben Sätzen, Andeutungen, tendenziell dargebotenen Fakten sowie mit Bildern, die einen Text begleiten und ihm mitunter einen Sinn unterlegen, der so nicht formuliert ist. Das ist den Menschen, die Informationen geben, oft nicht bewußt, geschweige denn denjenigen, die sie empfangen. Orientierungen darüber, wie dargebotene Fakten oder Zusammenhänge aufgefaßt werden sollen, geben letztendlich die Traditionen unseres Kulturkreises. Eine dieser Traditionen ist das Schweigen über Homosexualität.

Im Mittelalter wurden Prozeßakten meist vernichtet, wenn „Sodomiter" - bezeichnete man damals auch Menschen mit gleichgeschlechtlichen Beziehungen - von Gerichten verurteilt wurden. Wahrscheinlich hat es viel mehr Verurteilungen gegeben, als überliefert ist. Mit der Vernichtung der Akten und der damit verbundenen Tilgung der Bezeichnung sollte diese „Sünde" so vollständig wie möglich beseitigt werden. Damit traf die Homosexualität eine der schärfsten Strafen: das absolute Schweigen.

Ignoranz gilt als eine der Ursachen und Konsequenzen von Vorurteil und Diskriminierung. Wofür es einen Namen gibt, das ist denkbar und möglicherweise auch machbar. Homosexualität blieb bis in die jüngste Vergangenheit tabu, wenn auch die „TäterInnen" nicht mehr auf dem Scheiterhaufen verbrannt wurden. Die Diskriminierung ließ sich ja durch Verschweigen ganz unspektakulär realisieren.

Seit dem vorigen Jahrhundert bemühte sich die Emanzipationsbewegung, Homosexualität in den gesellschaftlichen Diskurs zu bringen, sie auf diese Weise denkbar und lebbar zu machen. In bezug auf männliche Homosexualität ist dies besser gelungen als in bezug auf weibliche. Lesben sind nach wie vor weitgehend unsichtbar. Das Schweigen, das früher homosexuellen Männern und Frauen galt, gilt noch immer den Lesben. Was Wunder, wenn Homosexualität als männlich aufgefaßt und weibliche gar nicht in Betracht gezogen wird.

Professor Kurt Starke berichtete 1988 während eines workshops in Karl-Marx-Stadt, welche Assoziationen Studentinnen bei dem Begriff Homosexualität hatten. 73 Prozent verbanden mit diesem Wort Männer, und nur 27 Prozent dachten dabei auch an Frauen. Ähnlich reagierten befragte männliche Jugendliche. Schwule sind also immerhin existent. Wenn sie angegriffen werden, können sie sich verteidigen, ob verbal oder in der Tat. Schwulsein ist denkbar, lebbar, also hat es ein Mann wesentlich leichter festzustellen, ob er vielleicht schwul ist oder nicht. Das Klischee vom Schwulen, die „Tunte" - sich überzogen „weiblich" gebende Männer -, so selten es zutreffen mag, existiert. Die öffentliche Diskussion kann es bestätigen, in Frage stellen oder differenzieren. Schwule können dieses Klischee ablehnen oder sich damit identifizieren. Sie haben eine gewisse Orientierung, die ihnen das Schwulsein erleichtert, den Umgang mit dem Konflikt ermöglicht.

Der Begriff „Homosexualität" wurde 1869 von dem Schriftsteller Kertbeny (Karl Maria Benkert) kreiert. Schon zu seiner Zeit ging es vorwiegend um die Belange der Männer. Daran hat sich bis heute wenig geändert. Das erste Buch, das in der DDR 1963 zum Thema erschien, hieß „Die Homosexualität beim Mann" (Autor: Kurt Freund). In anderen Publikationen, deren Autoren sich ein bis zwei Dutzend Seiten lang über Homosexualität verbreiten, wird den Lesben gerade ein bis zwei Seiten zugestanden. Diese Ignoranz fällt bei dem von Reiner Werner verfaßten Buch mit dem Titel „Homosexualität" besonders auf. Es hat die anspruchsvolle Unterzeile „Herausforderung an Wissen und Toleranz". Offensichtlich war der Autor der Herausforderung nicht gewachsen, denn von 179 Seiten entfielen ganze viereinhalb auf die weibliche Homosexualität.

Die wissenschaftlichen Tagungen, die 1985, 1988 und 1990 in der DDR zu psychosozialen Aspekten der Homosexualität stattfanden, waren durchweg von Männern dominiert. Darin unterschieden sie sich allerdings nicht von anderen Konferenzen. Bei Verallgemeinerungen wurde in der Regel die männliche Form benutzt, und als Beispiele dienten fast ausschließlich Schwule. Es ist also kein Wunder, daß in der Öffentlichkeit der Eindruck erhalten blieb, Homosexualität gäbe es fast ausschließlich bei Männern.

Seit dem Herbst 1989 erscheinen in der DDR drei Periodika, die sich Lesben- und Schwulenproblemen widmen. „frau anders" ist eine Lesbenzeitung. „miniSlib" und „Die andere Welt" geben vor, schwul-lesbische Blätter zu sein. Tatsächlich sind es jedoch reine Schwulenzeitschriften. Schlagzeilen, Abbildungen, Interviews, Kommentare: Alles von Schwulen für Schwule. Darauf aufmerksam gemacht, beklagten die Redaktionen die Untätigkeit der Lesben, übersahen aber, daß sie aus vorhandenen Veröffentlichungen nur Schwulen-Relevantes auswählten und nachdruckten. Lesbenzeitungen nahmen sie nicht zur Kenntnis. Obwohl sie über Informationen von Lesben für Lesben verfügten, veröffentlichten sie bisher fast nichts, weil ihnen das weniger wichtig erschien. Sie erwarten jedoch, daß auch Lesben ihre Zeitungen lesen. Natürlich fühlen die Frauen sich von Schwulenzeitschriften weniger angesprochen, finden sie ja darin für sich kaum etwas Relevantes. So schließt sich der Kreis, und übrig bleibt die Schuldzuweisung an die Lesben, sie seien inaktiv.

Letztendlich besagt das nichts anderes, als daß auch Schwule sich daran beteiligen, Lesben unsichtbar zu machen. Dieser Vorwurf kann vielen von ihnen nicht erspart werden. Es ist keine Besonderheit DDR-Schwuler, den Begriff Homosexualität für sich allein zu beanspruchen.

In Hermann Hubers „Das Lexikon - Homosexualität in Film und Video", 1989 im Verlag Bruno Gmünder erschienen, geht es lediglich um Schwule, und nur um sie. Der Titel schließt weibliche Homosexualität ein, der Inhalt unterschlägt, verschweigt, ignoriert sie. Ein zutreffender Titel für Hubers Buch wäre: „Das Lexikon - Männliche Homosexualität in Film und Video". Eine scheinbar kleine Ergänzung, die aber eine ganz subtile Form der Diskriminierung von Lesben vermeiden würde.

Die Gewöhnung an männliches Vereinnahmen des Begriffes Homosexualität ist auch Gewöhnung an Diskriminierung von Lesben. Sie wird meist nicht bewußt wahrgenommen, muß also bewußt gemacht werden. Erst dann kann etwas dagegen unternommen werden. Auch vorsätzlich werden Lesben ausgegrenzt und ihre Leistungen unterschlagen. So geschehen in der taz vom 19.12.1990, als ein Marc Fest den Marlboro-Boykott wider besseres Wissen als rein schwule Aktion und den Sonntags-Club als Schwulengruppe bezeichnete. So reproduzieren Schwule „nur" das allgemeine Verhalten von Männern (und Frauen) gegenüber Frauen.

„Alle Menschen werden Brüder..." und „Du sollst nicht begehren deines Nächsten Weib, Knecht, Magd, Vieh oder alles was sein ist." Schillers Worte suggerieren, daß Menschen Männer sind. Luthers Formulierung degradiert Frauen zu einem Besitztum, einer Sache des Mannes.

An diesen Traditionen haben wir schwer zu tragen. Schwule, die von den Lesben verlangen, sie sollten ihre spezifische Diskriminierung gefälligst allein beseitigen, verhalten sich nicht nur unsolidarisch, sondern auch diskriminierend. Sie beklagen die Diskriminierung durch Heterosexuelle und erwarten Toleranz, grenzen aber ihrerseits Lesben aus und wundern sich noch, wenn diese aggressiv reagieren oder resignieren. Diejenigen, die meinen, daß Frauen mit erfaßt seien, wenn von Brüdern die Rede ist, sollten einmal anstelle der männlichen die weibliche Form benutzen: „Schwestern, zur Sonne, zur Freiheit!..." oder „Du sollst nicht begehren deiner Nächsten Mann, Magd, Knecht, Vieh und alles was ihr ist".

Es ist angesichts unserer patriarchalischen Traditionen nicht verwunderlich, daß zwischen Schwulen und Lesben ähnliches passiert wie zwischen Männern und Frauen überhaupt. Es ist auch nicht verwunderlich, daß Frauen, ohne Problembewußtsein und in traditionellem Denken befangen, sich an dieser Art Diskriminierung beteiligen. Akzeptabel wird es dadurch nicht.

Vage Bilder in der Kunst

Auch in einen anderen Bereich haben die Schwulen Eingang gefunden, kaum aber die Lesben: die Belletristik. Bei der Durchsicht der DDR-Literatur fällt auf, daß eine ganze Reihe von AutorInnen, vor allem Frauen, über Schwule geschrieben haben. Auch Schwule über Schwule kommen zu Wort. Sehr viel weniger Frauen schreiben über Lesben, selten schreibt ein Mann über Lesben, und Lesben selber konnten in der DDR bisher nicht publizieren. Eine Ausnahme ist der Aufsatz von Grit Baginski „Jetzt sage ich Na und" in der Literaturzeitschrift „Temperamente" 3/1989.

Beate Morgenstern, Charlotte Worgitzky, Christine Müller, Christine Lambrecht, Helga Königsdorf, Waldtraut Lewin, Ursula Hafranke, Heike Skrabs haben über Schwule geschrieben. Vera Oelschlegel hat ein Theaterstück über Schwule inszeniert. Das Thema wird, mit wenigen Ausnahmen, beim Namen genannt. Die meisten Autorinnen suchen sich in die Situation Schwuler hineinzudenken, beschreiben Befindlichkeiten. Sie treten für eine benachteiligte Minderheit in der Gewißheit ein, daß die Öffentlichkeit dies zumindest interessant findet. Als Frauen können sie nicht mit den Schwulen, über die sie schreiben, identifiziert werden. Dies könnte jedoch Frauen passieren, die über Lesben schreiben. Immerhin gibt es Texte, in denen weibliche Homosexualität berührt wird, von Irmtraut Morgner, Waldtraut Lewin, Helga Schubert, Christine Wolter, Ingeborg Arlt, Sonja Voß-Scharfenberg. Aber die Verhältnisse werden nur angedeutet, vieles bleibt vage. In der Geschichte von Christine Wolter „Ich habe wieder geheiratet" leben zwei Frauen zusammen. Langsam verdichtet sich die Gewißheit, daß hier zwei Lesben beschrieben werden. Doch dann kommt die Pointe: Ätsch, sie hat doch wieder einen Mann. Solch inkonsequente Darstellung macht aus weiblicher Homosexualität ein zeitweiliges Verhalten und bedient damit die Ansicht, es gäbe sie eigentlich gar nicht. Weibliche Homosexualität wird geschildert als eine Reaktion auf den Verlust des männlichen Partners oder als vorübergehende Erscheinung, die vergeht, wenn nur der richtige Mann kommt. Einerseits entschärft diese Sicht die „Gefährlichkeit" des Lesbischseins, denn die Unabänderlichkeit, eine Lesbe zu sein, hat für manche Frauen etwas Erschreckendes. Wenn Lesbischsein einfach eine Möglichkeit ist, sich auszuprobieren, ein wenig wider den Stachel zu löcken, dann ist es weniger riskant. Die betreffende Frau könnte sich jederzeit wieder in eine ehrenwerte Heterosexuelle zurückverwandeln.

Gäbe es genügend Bücher von und über Lesben, wäre nichts dagegen einzuwenden, daß weibliche Homosexualität auch einmal in dieser Weise betrachtet wird. Aber ein solcher Kontext war in der DDR nicht gegeben. So blieb schließlich die Aussage, weibliche Homosexualität sei nicht ernst zu nehmen. Auch wenn Männer über Lesben schreiben, wird vieles nur angedeutet, erscheint weibliche Homosexualität am Rande, flüchtig, oberflächlich. So bei Helfried Schreiter, Wolfgang de Bruyn, Christoph Hein, Manfred Gebhard.

Günter Ebert legt in dem Krimi „Ein Mann ist verschwunden" einer Lesbe die Selbstbezeichnung „schwul" in den Mund. Er definiert weibliche Homosexualität als „kapriziöse Verirrung" und „Perversion menschlicher Leidenschaft". Der Lesbe wird unterstellt, eine andere Frau „umgedreht" zu haben. Klaus Möckel schildert Lesben ausgesprochen negativ. In den Kriminalgeschichten „Haß" und „Die Damengang" stellt er zwei Lesben als Mörderinnen dar und bedient dabei sämtliche abwertenden Klischees. Schwule sind in der DDR-Literatur bisher niemals so kraß als Kriminelle dargestellt worden wie Lesben bei Möckel. Der Autor beteuerte auf Nachfrage, er habe Akten gelesen und Kriminalisten gesprochen. Lesben kennenzulernen, bevor er über sie schreibt, hielt er nicht für nötig. Woher mag er seine „Kenntnisse" über weibliche Homosexualität haben? In einer Literaturlandschaft, die kaum etwas über Lesben anbietet, sie gleich zweimal zu Verbrecherinnen zu machen, das läßt schon auf massive Vorurteile beim Autor schließen.

Wenn Männer über Schwule schreiben, sind sie bei ihnen meist Randfiguren, etwa bei Dieter Noll, Ludwig Renn, Wolfgang de Bruyn. Wo sie als Hauptfiguren eingeführt werden, erscheint ihre Homosexualität nur am Rande wie bei Ulrich Berkes. Oder die Texte sind, wie Thomas Böhmes Gedichte, vielseitig interpretierbar. Publikationen von Jürgen Lemke und Norbert Marohn jedoch widmen sich dem Thema eindeutig und intensiv. Vereinzelt zeigten Spielfilme der DEFA Lesben oder Schwule als Nebenfiguren, so „Mensch mein Papa" oder „Komödianten emil". Szenen, die als lesbisch gedeutet werden können, fanden sich in dem Film „Der Dritte".

1988 drehte ein Team des DEFA-Studios Potsdam-Babelsberg (Kiessling/Otten/Stannek) einen Dokumentarfilm über Lesben und Schwule. Der Auftrag kam vom Hygienemuseum Dresden. Ursprünglich war ein Film über Schwule und Aids geplant. Das Filmteam konnte davon überzeugt werden, sich weiblicher und männlicher Homosexualität zuzuwenden, denn die Verknüpfung von Schwulsein und Aids erschien bei dem ersten (!) Dokumentarfilm über Homosexualität zumindest problematisch. Aids betreffe nicht nur Schwule und ließe sich in einem gesonderten Film umfassender behandeln, argumentierten WissenschaftlerInnen gegenüber den Filmleuten. Außerdem verwiesen sie darauf, daß Lesben ebenfalls zu Wort kommen müßten. Diese Vorgeschichte macht deutlich, daß Lesben in dem halbstündigen Dokumentarfilm über Homosexualität überhaupt nicht aufgetaucht wären, wenn nicht energisch interveniert worden wäre. Immerhin konnten sie sich über ihre Problematik knappe zehn Minuten lang äußern.

Am 9. November 1989, dem Abend, als die Mauer brach, hatte im Kino „International" in Berlin der erste Spielfilm eines DDR-Regisseurs Premiere, der sich mit Homosexualität beschäftigte, „Coming out" von Heiner Carow. Natürlich ging es um Schwule. Ein weiteres Mal wurde deutlich, daß alles, was Männer betrifft, Vorrang hat. Als in einer Diskussion der Wunsch laut wurde, es möge auch einen Spielfilm über Lesben geben, äußerte ein Schwuler: „Ja, warum drehen die Lesben denn keinen? Ist doch ihre eigene Schuld." Da ist sie wieder, die Schuldzuweisung an die Lesben, die sich selber diskriminieren, weil sie nicht aus ihren Mauselöchern kommen. Aber so einfach ist die Sache eben nicht.

Abgesehen davon, daß es bei der DEFA nur wenige Regisseurinnen gibt, erhebt sich hier eine Frage, deren Beantwortung mitten in die Debatte um die Gleichberechtigung der Frauen überhaupt führt. Dies belegt auch ein Überblick über die von der DEFA gedrehten Filme, deren

HauptdarstellerInnen zu mindestens zwei Dritteln, wenn nicht gar zu drei Vierteln Männer sind. Das dürfte in anderen Ländern ähnlich aussehen.

Ein Szenarium für einen Lesbenfilm wurde 1987 vorgelegt und besonders wegen des gleichen Anteils von Frauen und Männern bei den vorkommenden Figuren kritisiert. Dem Dramaturgen waren das zu viele Frauen. Das Argument, es handele sich um eine Liebesgeschichte zwischen Frauen, wurde abgeblockt mit dem Argument, der Film müsse für die „Zuschauer" interessant sein. Die logische Konsequenz dieser Argumentation ist, daß Frauen im Film weniger interessant sind. Wenn Frauen nur so gezeigt würden, wie dies unsere Traditionen suggerieren, wäre es in der Tat uninteressant.

Ursachen und Methoden von Lesbendiskriminierung oder Lesbenakzeptanz decken sich über weite Strecken mit Ursachen und Methoden von Frauendiskriminierung oder Frauenakzeptanz. Die geringe Sichtbarkeit von Lesben ist die Potenzierung der geringen Sichtbarkeit von Frauen. Indem sich die Medien vorzugsweise an männliche Rezipienten wenden und ihnen in erster Linie männliche Akteure vorstellen, präsentieren sie Männern zahlreiche Identifikationsmöglichkeiten. Den Frauen wird das vorenthalten, den Lesben erst recht. Das zieht sich durch alle Genres. Männer nehmen in der gesellschaftlichen Hierarchie obere Ränge ein. Ob die Gleichberechtigung der Frauen realisiert wird oder nicht, hängt aber nicht unwesentlich von denen ab, die die Macht haben. Vorwiegend Männer müßten also faire Entscheidungen im Interesse der Gleichberechtigung treffen. Viele von ihnen sind kaum dafür motiviert, weil sie dann auf Privilegien verzichten müßten.

Zensur und Selbstzensur in den Medien

Alles, was in der DDR gedruckt, gesendet oder vorgezeigt wurde, unterlag einer Zensur. Es gab keine offizielle Zensurbehörde; der Vorgang spielte sich subtiler ab. Alles wurde an der „Linie" gemessen, und keiner konnte richtig erklären, was das eigentlich ist. Hin und wieder kamen „von oben" Anweisungen, was „Linie" sei und was nicht. Ansonsten hatte jeder Chef, jede Chefin selbst zu entscheiden, ob das, was sie genehmigten, auf der „Linie" lag oder nicht. Irrtümer konnten schmerzhaft sein.
Allerdings bekamen die Chefredakteure der Tageszeitungen und Illus-

trierten, des Rundfunks und des Fernsehens regelmäßig Anweisungen vom SED-Politbüro, in welcher Weise und mit welchen Formulierungen sie über die aktuelle Politik zu berichten hätten. Zivilcourage ist nicht allen gegeben. Wegen eines Wortes, eines Aufsatzes, einer Sendung, eines Buches die Karriere aufs Spiel setzen? Tiefer als bis in die „führende Klasse" hätte zwar niemand fallen können, aber irgendwie mochten die Intellektuellen nicht zur Arbeiterklasse gehören, es sei denn, der Herkunft nach. Es gab viel zu verlieren: Bequemlichkeiten, Privilegien, Einkünfte. Die Zensur begann im eigenen Kopf. Sie ist auch heute nicht beseitigt, sondern weniger sichtbar, und die Kriterien sind andere. Nicht ein Politbüro entscheidet, sondern die Massenverträglichkeit am Markt, eingeschätzt von eingeflogenen neuen Chefredakteuren. Die Zensur im Kopf aber bleibt.

Diese Vorgänge sind in gewisser Weise vergleichbar mit der Selbstzensur von Lesben, die ihre Homosexualität streng geheim-halten. Wie viele Gesten, Andeutungen, Abweichungen kann eine Frau sich leisten, ohne enttarnt zu werden? Wie viele Nachteile könnte sie haben, wie vielen Auseinandersetzungen wäre sie ausgesetzt, wenn sie keinen Hehl daraus machte, eine Lesbe zu sein? Wem nützte all das? Der Allgemeinheit? Das mag sein, aber das Hemd ist ihr näher als der Rock. Bei den Lesben (und Schwulen) kommt dazu noch ein heimliches Vergnügen, das Schmunzeln über die Heterosexuellen und ihre Ahnungslosigkeit.

Formulierung und Kontext hatten in der DDR-Öffentlichkeit einen höheren Stellenwert als in der BRD, weil viele AutorInnen auf Symbole und Gleichnisse auswichen, um Kritik anzubringen, ohne sich allzuviel Prügel einzuhandeln. Es konnte vorkommen, daß Lesben aus der BRD unerwartete Wirkungen erzielten, wenn sie über Lesben in der DDR berichteten. Nicht vertraut mit den diffizilen Bedingungen, Verflechtungen und Überwachungen, konnten sie nicht abschätzen, ob ihre Beiträge sich für die Lesben der DDR positiv oder negativ auswirkten.

Bis 1989 hatten die Lesben in der DDR nur ganz wenige Gelegenheiten, sich selbst zu äußern. Kirchliche Gruppen nutzten die Möglichkeiten kirchlicher Einrichtungen, mußten jedoch auf ihren Papieren den Vermerk „Nur zum innerkirchlichen Gebrauch" anbringen. Nach den Buchstaben des Gesetzes wäre es möglich gewesen, eine eigene Zeitung herauszugeben, und laut Verfassung und Vereinigungsverordnung hätten Lesben auch einen Verein gründen können. Doch Gesetze waren Theorie. In der Praxis wurden alle Versuche in solche Richtungen abgeblockt. So blieb die „Szene" weiterhin auf sich selbst angewiesen, den „Buschfunk" und das Verständnis von einigen ganz wenigen JournalistInnen.

Bis Mitte der achtziger Jahre erschienen populärwissenschaftliche Aufklärungsartikel verstreut in einzelnen Zeitschriften. Für Interessenten war nicht erkennbar, wann und wo ein Beitrag über Homosexualität veröffentlicht würde. Dazu kam die Schwierigkeit, die betreffende Zeitschrift dann auch tatsächlich käuflich zu erwerben. Die Auflagen der Zeitschriften waren festgelegt, entsprechend dem Papierkontingent, das ihnen zugeteilt war. Eine Auflage richtete sich nicht nach Angebot und Nachfrage, denn es wurde ja der Papiermangel verwaltet und nicht Profit gemacht. Rolf Borrmann beantwortete regelmäßig in der Jugendzeitschrift „neues leben" Fragen zu Partnerschaft und Sexualität, einmal auch die Frage zweier junger Mädchen, ob sie nun Lesben seien oder nicht. Interessierte junge Leute gaben solche Informationen untereinander weiter, weil nicht alle die Jugendzeitschrift ergatterten. Am häufigsten beschäftigte sich die Zeitschrift „Deine Gesundheit" mit Homosexualität, jedoch ebenfalls fast ausschließlich mit Schwulen.

Das Unkalkulierbare des Erscheinens von Beiträgen zur Homosexualität beeinträchtigte ihre Wirkung. Für diejenigen, die händeringend danach suchten, waren es Zufallsfunde. Die bekannteste Informationsquelle war das entsprechende Kapitel in Siegfried Schnabls Buch „Mann und Frau intim". Erst 1984 und 1986 erschien jeweils ein Beitrag zu weiblicher Homosexualität in der „Für Dich", der einzigen Frauenzeitschrift der DDR. Das „Magazin" 3/1988 veröffentlichte einen Aufsatz von Manfred Gebhardt über die Revolutionärin und Suffragette Mathilde Franziska Anneke, in dem ihre Homo- beziehungsweise Bisexualität erwähnt wurde.

Obwohl Lesben die ersten Kontakte knüpften, beschäftigte sich die Sendung „Mensch Du" von Jugendradio DT 64 ausführlich mit Schwulen, bevor im Januar 1989 ein Beitrag über Lesben gebracht wurde. Im „Magazin" 1/1989 begann eine Artikelreihe von Ursula Hafranke über Schwule. Lesben und Schwule versuchten, Autorin und Redaktion zu bewegen, auch über Lesben zu veröffentlichen, blieben aber erfolglos.

Auffällig ist, daß Lesben im Gegensatz zu Schwulen immer wieder in Verbindung mit dem Strafvollzug erwähnt wurden. Beispielsweise brachte die „Für Dich" vor der Wende zwei Aufklärungsartikel über Lesben, die um Verständnis warben. Aber schon der nächste Beitrag in dieser Zeitschrift berichtete über lesbische Beziehungen im Strafvollzug. Während der 3. Tagung zu psychosozialen Aspekten der Homosexualität, die Anfang 1990 in Jena stattfand, beschäftigten sich zwei Referenten mit weiblicher Homosexualität im Strafvollzug. Die Zeitschrift „Lava" brachte in ihrer ersten Nummer im Mai 1990 auf dem Titelblatt die Schlagzeile „Jung und schwul". Es folgte ein langer, aus dem „Magazin" übernommener Artikel, der um Toleranz gegenüber Schwulen warb. Im selben „Lava"-Heft war ein Beitrag über „Frauen im Knast" zu finden, ein Auszug aus den „Hohenecker Protokollen" von Ulrich Schacht. Seine Frau Carola berichtet darin, sie hätte von lesbischen Frauen „grausige Gerüchte gehört", und eine Frau sei „fertiggemacht" worden, weil sie keine sexuellen Kontakte wollte.

Homosexualität gibt es auch in Männergefängnissen. Entsprechende Schilderungen waren in der DDR-Presse jedoch nicht zu finden und wurden auf keiner Tagung thematisiert. Das Theaterstück „Der Kuß der Spinnenfrau" von dem argentinischen Schriftsteller Manuel Puig, an mehreren Bühnen der DDR inszeniert, stellt zwar einen Bezug her zwischen Schwulen und Gefängnis, aber es wird kein schwuler Verbrecher vorgeführt, sondern eine edelmütige Tunte.

Die Prämissen für den Druck von Texten, so wie sie in der DDR gegeben waren, erweckten den Eindruck, als würden die Verfasser die offizielle „Linie" vertreten. Es kam aber durchaus vor, daß Fachleute unterschiedliche Meinungen vertraten. Meist entschieden die Beziehungen nach „oben", ob jemand publizieren konnte oder nicht. Wer das durfte, dessen Standpunkt galt als „Linie". Manchmal gelang es, eine abweichende Meinung zu veröffentlichen, dann schlug die „Linie" Falten.

Inzwischen gehört das Phänomen, daß es zum Politikum wird, wenn ein Floh hustet, der Vergangenheit an. Dieses Phänomen ist abgelöst von einer für DDR-BürgerInnen exotischen, knallharten, lauten und aufdringlichen Intensität, in der Zwischentöne untergehen. Bis zur Wende übliche Anspielungen und zwischen den Zeilen versteckte Botschaften haben heutzutage nur geringe Chancen, bemerkt zu werden. Und sie bekommen andere Funktionen.

Bei der Beurteilung eines Films wie „Coming out" von Heiner Carow ist deshalb nicht nur die künstlerische Bewältigung des Problems bedeutsam. Vor dem Hintergrund vieler verbotener, nie in die Kinos gelangter Filme wurde die Aufführung eines Spielfilms über Homosexualität zum Ereignis. Wenn ein Film mit einer solchen akzeptierenden Darstellung von Homosexualität unter solchen gesellschaftlichen Bedingungen ins Kino kommt, dann ist für alle, die in dieser Gesellschaft leben, eine Orientierung gegeben. In diesem Kontext gesehen, hatte der Film eine beträchtliche Bedeutung, allerdings primär für die Schwulen.

Coming out –
Heraus aus der Heimlichkeit

Nach Lykke Aresin, der Leipziger Professorin für soziale Gynäkologie, entstammt der Ausdruck „coming out" dem „Homosexuellenjargon".

Tatsächlich kommt die Bezeichnung aus dem Amerikanischen: Heiratsfähige Töchter traten aus familiärer Abgeschiedenheit heraus und wurden der (männlichen) Gesellschaft präsentiert, sie hatten ihr „coming out".

Nach den Ereignissen in der New Yorker Christopher Street 1969 traten Lesben und Schwule unter der Losung „Coming out of the closet" (Herauskommen aus der Heimlichkeit, verbreitet ist auch die Formulierung „Aus dem Schrank kommen") an die Öffentlichkeit. Nach und nach verdichtete sich der Begriff und stand ganz allgemein für das „Sich-zur-Homosexualität-Bekennen". Dieses Problem betraf und betrifft Lesben und Schwule gleichermaßen. Heute meint „coming out" den Zeitraum vom Bemerken der eigenen Homosexualität bis zum mehr oder weniger öffentlichen Bekenntnis.

Bei Heterosexuellen gibt es eine vergleichbare Phase nicht, weil sie keinen Grund haben, über ihr sexuelles Interesse zu erschrecken oder es zu verbergen. Konflikte, die mit den Konflikten Homosexueller vergleichbar wären, werden sich kaum einstellen.

„Gibt es überhaupt Sex zwischen Frauen?"

Alle Informationen, die heranwachsende Mädchen zum Thema Sexualität bekommen, schließen die Erwartung ein, daß sie heiraten, zumindest aber in Partnerschaft mit Männern leben und Kinder haben. Besonders stark wirkt dieser Erwartungsdruck auf dem Land und in Kleinstädten. Allen Lesben ist die obligatorische Frage, wann es denn endlich „soweit" sei, sattsam bekannt. Darin unterschied sich die DDR von keinem anderen Land. Auch heute gilt noch das Märchen vom König Drosselbart: Eine Frau handelt zumindestens moralisch fragwürdig, wenn sie sich der Ehe verweigert. In der Vergangenheit konnten Frauen, die nicht heiraten wollten, Nonnen, Stiftsfräulein oder Beginen werden, je nach Geldbeutel und Frömmigkeit. Wie hoch ihre Bildung, ihr soziales Engagement auch immer waren, „spätes Mädchen" oder „alte Jungfer" blieben sie. Ob und wie Frauen trotz Ehejoch oder weltfremder Abgeschiedenheit lesbischer Liebe frönten, darüber gibt es nur spärliche Nachrichten in der von Männern geschriebenen Geschichte.

Als halbwegs ernstzunehmende Frau gilt in unserem Kulturkreis die verheiratete Frau. Das signalisiert schon die Sprache. Eine ledige Frau heißt „Fräulein". Die Sprache macht sie zum Neutrum. Jeder Knabe ist, wenn er seinen Personalausweis erhält, „der Herr". Aus dem Mädchen wird immer noch erst durch die Ehe „die Frau" oder auch gelegentlich „die Dame". Bis dahin hat eine Frau keine rechtliche Handhabe, sich die Anrede „Fräulein" zu verbitten. Auf diversen amtlichen Formularen ist „das Fräulein" weit verbreitet. Die Angelegenheit ist nicht so belanglos, wie sie auf den ersten Blick scheinen mag. Das Neutrum der Anrede „Fräulein" assoziiert Geschlechtslosigkeit. Weibliche Geschlechtlichkeit erscheint erst in der Beziehung zum Mann.

Lesbische Frauen sind in der Regel unverheiratet, also per definitionem Neutra und damit ohne Sexualität. Sind Lesben geschiedene Frauen, so haftet ihnen dies - wie allen Geschiedenen - als Makel an. Wo von Scheidung die Rede ist, wird sie beklagt, nur selten als positives Ereignis präsentiert, obwohl sie oft eine Erlösung für alle Beteiligten ist.

Es gibt auch verheiratete Lesben. Manche sind mit Schwulen standesamtlich registriert. In diesen Fällen nutzen beide eine Freundschaft, um eine heterosexuelle Beziehung vorzutäuschen, oder sie haben eine nüchterne Vereinbarung getroffen, meist vor einem wirtschaftlichen Hintergrund.

Zur Geheimhaltungsstrategie kann eine Ehe mit einem heterosexuellen Mann gehören. Entweder er hat eine Freundin, oder sie prostituiert sich in der Ehe, sie läßt „es" über sich ergehen, obwohl es ihr keinen Spaß macht. Darüber hinaus gibt es viele bisexuelle Frauen, die heterosexuelle Kontakte ebenso befriedigend finden wie homosexuelle. Manche sind verheiratet und haben außerdem eine Freundin, oder sie sind auf der Suche nach einer Freundin. Andere, die ihre heterosexuelle Beziehung nicht missen möchten, wünschen sich gelegentliche homosexuelle Kontakte.

Die überwiegende Mehrheit der Lesben, denen ihr Lesbischsein bewußt ist, lebt allein, als Singles. Das legen Statistiken zumindest nahe. Da homosexuelle Paarbeziehungen rechtlich nicht anerkannt, sondern tabuisiert werden, tauchte die lesbische Lebensform in den meisten Erhebungen oder Befragungen nicht auf. Schon jahrelang in Partnerschaft lebende Lesben rangierten unter „Alleinlebenden", „Alleinstehenden", „Alleinerziehenden". Diese Bezeichnungen zeigen deutlich, daß ausschließlich Heterosexualität Kriterium der Bewertung von Lebensformen war und ist.

Dennoch hat sich der Status der unverheirateten Frau in den vergangenen vierzig Jahren DDR verändert. Soziale Maßnahmen und rechtliche Regelungen trugen dazu bei. Entpuppte sich die ledige, verwitwete oder geschiedene Frau jedoch als Lesbe, mußte sie mit Schwierigkeiten rechnen. Ihr Ansehen litt, sie wurde plötzlich mit anderen Augen betrachtet und auf einen niedrigeren Status verwiesen. Denn: Lesben erfüllen nicht alle Erwartungen, die die Gesellschaft an Frauen stellt. Sie brechen aus der vorgegebenen Sozialrolle aus. Das tun zwar auch heterosexuelle Frauen in kinderlosen Ehen oder nichtregistrierten Partnerschaften, aber sie leben immerhin mit Männern und entfernen sich auf diese Weise nicht so weit vom vorgegebenen Schema. Sich die eigenen homosexuellen Wünsche und Bedürfnisse einzugestehen, bedeutet immer noch, einen Konflikt zu bewältigen. Eine Konsequenz für die Lesbenbewegung heißt: weibliche Homosexualität so sichtbar zu machen, daß die Umwelt lernen kann, mit ihr umzugehen.

Je selbstbewußter eine Person ist, um so leichter wird sie mit einer Außenseiterrolle fertig. Je stärker eine Person eigene Bedürfnisse wahrnimmt, um so leichter wird es ihr fallen, sich ihre Wünsche zu erfüllen. Genau dies ist ein Punkt, an dem sich beträchtliche Unterschiede in der Sozialisation von Frauen und Männern zeigen, ganz besonders im Hinblick auf Sexualität. Gemäß unseren Traditionen sind sexuelle Bedürfnisse bei Männern selbstverständlich. Bei Frauen halten sich zählebig Einschränkungen. Noch immer werden vorwiegend Mädchen dazu erzogen, für andere da zu sein. In den Sozialberufen sind wesentlich mehr Frauen tätig als in technischen Berufen. Sprüche wie „Sex ist für Frauen nicht so wichtig", „Ein Mann braucht das, Frauen können sich besser beherrschen", „Bei den Frauen kommt der Spaß erst mit der Übung" sind nach wie vor im Gebrauch, und das nicht nur bei älteren Menschen. Außerdem wird Sexualität vielfach auf Kopulation reduziert.

„Wie machen die das eigentlich?"

Bei einer Veranstaltung „Der Sonntags-Club stellt sich vor" forderte ein junger Mann nach zweistündiger Diskussion über Homosexualität, man(n) sollte nun zum Eigentlichen kommen. Verblüfftes Schweigen und die Frage, was er damit meine. Seine Antwort: „Das Sexuelle." Sexuelle Kontakte zwischen schwulen Männern könne er sich vorstellen, von Analverkehr habe er gehört. Aber bei Lesben ginge das doch nicht! Da fehle doch etwas, und wenn die Lesben keinen Penisersatz benutzten, sei das doch kein Sex, sondern nur Schmusen. Im weiteren Disput stellte sich heraus, der junge Mann hatte die Worte Clitoris und Kitzler zwar schon gelesen, aber er wußte nicht, worum es sich handelte. Die Auskunft, daß für den Orgasmus einer Frau der Penis entbehrlich sei, erschütterte ihn sichtlich.

Selbst Frauen, die ihre Liebe zu Frauen entdecken, müssen manchmal ähnliche Wissenslücken schließen, falls sie nicht vorher den eigenen Körper erkundet haben. Dazu kommen Hemmungen, sich mit anderen über den Intimbereich zu unterhalten. Menschen, die Sex nicht auf Kopulation beschränken, können sich lesbische Sexualität sicher eher vorstellen. Also: Es ist so ähnlich wie beim Petting. Frauen küssen sich, streicheln sich, schmusen, ziehen sich aus, geraten in Erregung und verschaffen sich gegenseitig Orgasmen durch die Berührung der Clitoris mit der Hand oder mit dem Mund. Einige verwenden Dildos mit oder ohne Vibrator, um sich zu stimulieren. Sicherlich reagieren Frauen nicht so stark auf Äußerlichkeiten wie Männer. Ihre Sexualität ist zärtlicher, mehr durch Wärme, Nähe, Berührung, Akustik, Gerüche geprägt. Sie entwickelt sich langsamer, ist nicht vordergründig auf das schnelle Ergebnis gerichtet.

Die bisher fehlenden oder spärlichen Informationen über weibliche Homosexualität machten Heterosexualität zur einzig vorstellbaren und lebbaren Möglichkeit von Sexualität. Wenn in populärwissenschaftlichen Beiträgen oder in der Belletristik tatsächlich einmal von Lesben die Rede war, dann meist verknüpft mit Normverstoß, Krankheit, Abweichung, Kriminalität und anderen negativen Erscheinungen. Anpassungs- wie Abgrenzungsdruck brachten viele Lesben dazu, an ihren Gefühlen zu zweifeln und sie zu verdrängen.

All das führte dazu, daß Lesben im coming out gleich mehrere Hürden zu nehmen haben. Sie müssen ihre eigenen Wünsche und Bedürfnisse erkennen, sie für sich akzeptieren. Sie müssen eine Partnerin suchen, um ihre Wünsche zu realisieren. Sie finden dabei kaum Orientierungen, die ihnen helfen, sich ihr So-Sein zu erklären.

Selbstzweifel

Reaktionen auf die Ahnung eigener homosexueller Regungen oder Begegnungen mit dem Thema Homosexualität führen meist erst einmal zu der Feststellung: „Ich bin doch nicht linksgestrickt." Es wird verdrängt, was nicht ins Selbstbild paßt, mitunter so stark, daß die betreffenden Frauen zu regelrechten Lesbenhasserinnen werden. Eine andere Reaktion ist die der Neugier. Überall wird Homosexualität gewittert. Erreichbare Informationen werden ganz „neutral" registriert, kaum selbstbezogen. Verdrängung und Neugier können sich auf komplizierte Weise vermischen. Behält die Verdrängung die Oberhand, zwingen sich Frauen zu einer Lebensweise, die ihnen ständige psychische Akrobatik abverlangt. Irgendwann und völlig unvorhersehbar reißt der Damm der Abwehr, und der Konflikt bricht in voller Schärfe aus. Das coming out ist dann sehr schmerzhaft, oder es gelingt überhaupt nicht. Frauen, die gesellschaftliche Normen weniger verinnerlichen und eher in der Lage sind, eine kritische Distanz dazu herzustellen, werden mit ihrem coming out besser fertig.

Statistisch gesehen, beginnt und endet das coming out bei Frauen später als bei Männern. Es fängt mit der Selbstbefragung „Bin ich etwa lesbisch?" an, führt über die Selbstakzeptanz „Ja, ich bin lesbisch" bis zum Bekenntnis gegenüber anderen. Das sind vielfach zunächst ausgewählte Vertrauenspersonen im KollegInnenkreis oder Bekannte, manchmal auch Unbekannte, dann erst die Familie. Manche Frauen haben das Glück, mit ihrem coming out gerade dann zu starten, wenn sie eine Partnerin gefunden haben. Meistens beginnt die Suche nach einer Partnerin aber erst, nachdem das coming out eingesetzt hat und eine gewisse Selbstakzeptanz erreicht ist. Das individuelle coming out kann kurz sein, es kann auch sehr lange dauern, und manche schaffen es nie. Das hängt ab von der Persönlichkeitsstruktur der Frau und den Bedingungen, die sie umgeben.

Je mehr Frauen ihr coming out erfolgreich bewältigen, um so sichtbarer werden Lesben als Gruppe in der Bevölkerung. Durch das kollektive coming out in informellen oder formellen Gruppen erfahren Lesben eine Orientierung, die das jeweils eigene individuelle coming out erleichtert.

Die Erkenntnis der eigenen Homosexualität, der allgemeine Informations- und Kontaktmangel motivierte engagierte Lesben, in Gruppen Anlaufpunkte zu schaffen, die anderen Frauen psychische wie praktische Unterstützung bieten.

So kann das coming out abgekürzt werden und weniger qualvoll verlaufen. Um Orientierungseffekte zu erzielen und Hilfe dann anzubieten, wenn sie am dringendsten benötigt wird - nämlich während des coming out - müssen solche Anlaufpunkte öffentlich bekannt sein. Zwar haben Lesben beträchtliche Hemmungen zu überwinden, um Treffpunkte aufzusuchen, und manche scheitern schon an dieser Schwelle, aber vielen waren Clubs und Arbeitskreise eine wesentliche Hilfe. Auch dann, wenn sie eine relativ lange Zeit brauchten, um ihr individuelles coming out zu bewältigen, bevor sie Anschluß an solch einen FreundInnenkreis fanden. In der konfliktreichsten Phase ihres Lebens waren sie auf sich allein gestellt. Eine Erfahrung, die allen bitter zu schaffen macht, auch wenn sie hinter ihnen liegt.

Die Anonymität der Großstadt kommt Lesben sehr entgegen, denn hier lassen sich Lebensbereiche besser voneinander trennen. Die NachbarInnen haben mit der Arbeitsstelle nichts zu tun, die KollegInnen kennen die NachbarInnen nicht. So läßt sich Homosexualität verbergen.

Viele Menschen in Großstädten sind, wie Befragungen zeigen, toleranter gegenüber den sogenannten Abweichungen vom Üblichen. In den Großstädten existieren Vereine, Gruppen, Gaststätten, Clubs, in denen Lesben sich treffen können. Es gibt Zeitschriften von und für Lesben. FreundInnenkreise können gefunden oder aufgebaut werden. Das sind Gründe, die Lesben veranlassen, in eine Großstadt zu ziehen.

Zur Geheimhaltungsstrategie gehört es mitunter, daß ein schwuler Bekannter den Verwandten, Bekannten und KollegInnen als „der Freund" vorgeführt wird.

In der DDR hatten Lesben in der Regel schlechte Karriereaussichten, es sei denn, sie tarnten sich perfekt oder lebten in völliger Askese. Überhaupt war es für unverheiratete Frauen ziemlich unmöglich, beispielsweise Reisekader zu werden. Diejenigen, die es dennoch schafften, in höhere Leitungsebenen aufzusteigen, sahen sich genötigt, ihre Homosexualität streng geheimzuhalten. So erzählte eine Abteilungsleiterin eines Ministeriums, daß sie ihrer (heterosexuellen) Sekretärin mit einer Verleumdungsklage gedroht habe, falls diese weiterhin Vermutungen über die Homosexualität ihrer Chefin anstelle. Die Abteilungsleiterin lebte seit Jahren mit einer Kollegin zusammen und lud manchmal befreundete Lesbenpaare in ihr Wochenendhaus ein. Das coming out ist eine Zeit, in der Frauen Kontakt zu Lesben, vor allem aber eine Freundin suchen, mit der sie zusammenleben können und wollen. Andere suchen sexuelle Kontakte, die zu nichts verpflichten, pflegen ansonsten ihre herkömmlichen Freundschaften. Die meisten Frauen suchen jedoch DIE Freundin. Und nicht wenige leben in langfristigen Partnerschaften.

Scheinbare Akzeptanz

Die Behauptung, Lesben hätten weniger Probleme mit ihrem coming out als Schwule, weil sich niemand etwas „Schlimmes" dabei denke, wenn Frauen zärtlich miteinander umgehen, enthält eine doppelte Diskriminierung. Erstens wird der sexuelle Aspekt weiblicher Zärtlichkeit nicht wahrgenommen. Weibliche Sexualität wird als Echo auf männliche Bedürfnisse betrachtet. Dieses Negieren weiblicher Bedürfnisse Frauen als Vorteil zu präsentieren, ist die zweite Diskriminierung. Selbst viele WissenschaftlerInnen durchschauen diesen Mechanismus nicht. Es kommt ihnen gar nicht in den Sinn, daß die Toleranz gegenüber Zärtlichkeit zwischen Frauen keine Toleranz gegenüber Lesben ist, wenn niemand dabei Lesben in diesen Frauen vermutet.

„Worin bestehen denn nun eigentlich die Probleme der Lesben? Sie werden doch so ziemlich in Ruhe gelassen!" heißt es oft. Gerade da liegt der Hase im Pfeffer. Ein bißchen mehr Beachtung könnten die Lesben durchaus vertragen. Lesbischsein wird im Gegensatz zum Schwulsein viel weniger thematisiert, ist also stärker tabuisiert. Lesben, die ihr coming out beginnen, haben in der Regel die gängigen Klischees im Kopf (Lesben sind Mannweiber, und Schwule sind Tunten). Da geht es ihnen nicht anders als den Heterosexuellen. Da Klischees ihre Entsprechung nur selten in der Wirklichkeit finden, zweifeln Frauen natürlich, ob sie wirklich lesbisch sind, denn als „Mannweiber" sehen sie sich nicht. Die Sichtbarkeit der Lesben ist deshalb von Bedeutung für coming out und Akzeptanz.

Die rationale Überlegung, Lesben aus humanitären Gründen nicht zu diskriminieren, kann die durch Sozialisation aufgebauten, scheinbar spontan auftretenden ablehnenden Emotionen nicht beseitigen. Informationen, die im Laufe der Zeit eher unbewußt aufgenommen werden, haben eine große Bedeutung für die Entwicklung von Lebenseinstellungen und Erwartungen. Sowohl in der wissenschaftlichen als auch in der populärwissenschaftlichen Literatur, in Belletristik, journalistischen Beiträgen und im sogenannten Volksmund tauchen Lesben vor allem in negativen Zusammenhängen auf. Niemand wird aus der Tatsache, daß eine heterosexuelle Frau Alkoholikerin ist, den Schluß ziehen, alle heterosexuellen Frauen seien Trinkerinnen. Es gibt genügend Informationen, die das Gegenteil beweisen. Den wenigen, negativ geprägten Informationen über Lesben stehen hingegen kaum positive Informationen gegenüber. So entsteht ein negatives Klischee. Um dem entgegenzuwirken, verweisen Lesben (und Schwule) gern auf berühmte Persönlichkeiten, die homosexuell waren oder es sind. Ein Versuch, positive Identifikationsfiguren zu finden, die den Heterosexuellen in zahllosen Varianten zur Verfügung stehen.

Wenn die ersten Hürden überwunden sind, Frauen Kontakt mit anderen Lesben gefunden haben, relativiert sich das Bild. Es stellt sich heraus, daß das Klischee von der männerhassenden, männlich aussehenden Lesbe ein Klischee und nichts weiter ist. Wenn Heterosexuelle feststellen, daß das Klischee ein unzutreffendes Bild von den Lesben zeichnet, kann es passieren, daß sie nicht das stereotype Bild in Frage stellen, sondern die eine, ihnen bekannte Lesbe zur Ausnahme erklären.

Die Eltern

Was kann alles passieren, wenn eine Frau ihre homosexuellen Wünsche erkannt und akzeptiert hat und dies nun offen zeigt? Vielleicht findet sie Verständnis, häufiger aber stößt sie auf Ablehnung und Benachteiligung, drastisch oder auch ganz subtil.

Was tun?

Geheimhaltung funktioniert in der Herkunftsfamilie nicht ewig und belastet enorm. Deshalb empfinden es viele Lesben als befreiend, wenn die Eltern endlich Bescheid wissen. „Wie sag ich's meinen Eltern?" und „Wie werden die Eltern darauf reagieren?" - diese Fragen stellen sich Lesben immer wieder, quälend oft. Wie immer sie das Problem auch angehen, sie müssen den Schritt tun, erst dann werden sie die Antwort wissen.

Manche Eltern wischen das Bekenntnis vom Tisch, gehen zur Tagesordnung über und glauben, die Angelegenheit damit aus der Welt geschafft zu haben. Andere empfinden es als so ungeheuerlich, daß sie sich in Sprachlosigkeit flüchten. In beiden Fällen wird das Problem verdrängt.

Es bleibt letztendlich unbewältigt und belastet die Eltern-Tochter-Beziehung nicht weniger als die Geheimhaltungsstrategie. Jedes Wort muß überprüft werden, ob es etwa einen Hinweis auf „das Thema" enthält. Abwertende Gesten, vorwurfsvolle Blicke, Anspielungen vergiften das Klima. Familiäre Kontakte werden auf „Guten Tag!" und „Guten Weg!" beschränkt. Selbst das kann wegfallen, und es herrscht nur eisiges Schweigen. Eine andere Variante: Die Gespräche verstummen immer dann, wenn die lesbische Tochter dazukommt. Sie ist aus der Debatte ausgeschlossen, kennt weder pro noch contra, weiß nicht, wer angreift, noch wer sie verteidigt. Sensible Gemüter halten so etwas nicht lange aus. Entweder sie suchen das „reinigende Gewitter", also die Auseinandersetzung, die ihnen Gelegenheit zum Argumentieren gibt, oder sie gehen weg, verlassen die elterliche Wohnung, suchen eine andere Arbeit, ziehen in einen anderen Ort. Einige nehmen sich das Leben.

Auch wenn eine Distanz von Hunderten Kilometern zwischen Tochter und Eltern liegt, wirken die Zerwürfnisse innerlich weiter, und zwar auf beiden Seiten. Die klärende Diskussion, die vielleicht zur Versöhnung führt, fordert Mut; beide Seiten müssen ihn aufbringen.

Sicherlich werden Vorwürfe, beispielsweise wegen „unmoralischen Lebenswandels", nicht ausbleiben. Mutter und Vater grollen der Tochter, weil sie ihnen „solche Schande" macht, und haben schlaflose Nächte bei dem Gedanken daran, „was die Leute sagen werden". Die Reaktionen „der Leute" scheinen zahlreiche Eltern überhaupt mehr zu bewegen als das Wohl und Wehe ihrer Tochter. Häufig beschuldigen Eltern die Freundin, sie habe die Tochter verführt. Sie gehen davon aus, daß ihre Tochter selbstverständlich nicht „so" ist, ja gar nicht „so" sein kann. Nicht selten wird die Tochter gedrängt, Psychologen oder Mediziner aufzusuchen (möglichst männliche), um sich „heilen" zu lassen. Die Eltern verlangen, sie möge schnell heiraten, damit sich „das" verliere. Es wird an die „Pflicht" der Tochter erinnert, den Eltern EnkelInnen zu bescheren. Hat die Tochter jedoch Kinder, gibt es erst recht Vorwürfe, der Probleme wegen, die Kinder mit einer lesbischen Mutter haben „müssen". Empfindsamere Eltern brechen in Tränen aus, suchen die Schuld bei sich selbst und meinen, die Tochter falsch erzogen zu haben. Choleriker fackeln nicht lange und schlagen zu oder setzen die Tochter brüsk vor die Tür. Es hat Lesben gegeben, die sich mit einem Köfferchen am Heiligabend in der Bahnhofs-Mitropa wiederfanden. Andere Eltern versuchen, die Tochter einzusperren.

Das coming out junger Mädchen gestaltet sich in manchen Familien zu einer Art Gefängnisaufenthalt. Da werden Briefe geöffnet, Lektüre kontrolliert, Fernsehen verboten, Ausgang gesperrt. Da überprüfen die Eltern oder von ihnen Beauftragte jeden Schritt und den Umgang der jungen Frau. Mädchen, die solcher Behandlung ausgesetzt sind, warten meist ungeduldig auf den Tag, an dem sie achtzehn Jahre und somit mündig sind, um dem Elternhaus den Rücken kehren zu können.

Elterliche Überwachung ist mitunter auch gekoppelt mit indirekten und direkten Versuchen, die Tochter an „den Mann zu bringen". Hat sie eine Freundin, wird diese denunziert bei ihren Eltern, bei Vorgesetzten. Berufs- und Lebenspläne werden zerstört, ohne Gedanken an die Folgen. Jede Frau, die versucht, dem jungen Mädchen zu helfen, wird verdächtigt, eine Lesbe zu sein. Viele junge Lesben sind über all das so verbittert, daß sie nur noch eins wollen: raus - wohin auch immer.

Die meisten Mütter und Väter reagieren mit Überraschung, Ablehnung oder Gleichgültigkeit. Hin und wieder haben sie es schon geahnt, aber nicht wahrhaben oder aussprechen wollen.

Die gleichgültige Ablehnung emotional unbeteiligter Heterosexueller läßt den Lesben wenigstens ihre Nische und ist mit Argumenten leichter zu durchbrechen als die Homophobie derjenigen, die ihre eigenen Wünsche verdrängen. Übertriebener Homosexuellenhaß ist fast immer ein Abgrenzungsversuch, der die eigene Befindlichkeit schützen soll nach dem Motto: Wenn ich sie schon nicht lieben darf, will ich sie wenigstens hassen. Angesichts all dieser für Lesben bitteren Reaktionen ist Vorsicht nicht nur verständlich, sondern angebracht. Sich mit massiven Vorurteilen direkt zu konfrontieren, während die eigenen Zweifel noch überwiegen, ist eine Belastung, die nicht jede Lesbe aushalten kann. Konfliktfähigkeit kann trainiert werden, aber das Training sollte nicht ausgerechnet in der kompliziertesten Phase beginnen.

Natürlich gibt es nicht nur die plötzliche, schockierende Offenbarung, empfehlenswerter ist behutsames Vorgehen. Viele Lesben schützen allgemeines Interesse vor, wenn sie sich schriftlich oder mündlich über Homosexualität informieren. Sie korrespondieren mit Clubs, Initiativgruppen, anderen Lesben. Wenn sie sicher sein können, daß ihr Postgeheimnis gewahrt wird, geben sie ihre Adresse an. Wenn sie Befürchtungen hegen, daß ihre Post kontrolliert oder registriert wird, wickeln sie die Korrespondenz postlagernd ab, mitunter in der nächsten größeren Stadt, denn in einem Dorf sichert auch die Adresse „postlagernd" die Anonymität nicht. Lesbenzeitschriften beziehen sie im geschlossenen Umschlag. Ahnungslose Eltern, Verwandte und Bekannte bedrängen die

Lesbe, sie solle endlich heiraten. Ihr mangelndes Interesse an Männern löst Verwunderung aus. Manche Lesben präsentieren den Eltern einen Mann, der ein Freund sein kann, aber nicht DER Freund ist. Den Augen aufmerksamer Mitmenschen entgeht jedoch nicht, daß die Beziehung lediglich eine freundschaftliche ist und keine heterosexuelle. Manchmal weiß die ganze Umgebung der Lesbe, „was los" ist, nur sie selbst meint, ihre Strategie sei erfolgreich. Hin und wieder spielt eine Lesbe in stillschweigendem Einverständnis mit den Eltern der restlichen Verwandtschaft etwas vor. Bei anderen sind die Beziehungen so offensichtlich, daß Eltern und KollegInnen eigentlich Bescheid wissen müßten, aber gar nicht auf die Idee kommen, es könnte sich um lesbische Beziehungen handeln. So fragte ein Vater seine Tochter, nachdem sie schon zwei Jahre vorwiegend bei ihrer Freundin lebte: „Ich verstehe nicht, daß du bei deiner Freundin auf dieser harten Doppelbettcouch schlafen kannst. Du hast so ein schönes, weiches Bett zu Hause."

Es gibt kein Rezept für das „Herauskommen aus der Heimlichkeit". Sowohl der Zeitpunkt als auch der Grad der Offenheit hängen von vielen Faktoren ab. Es muß der Lesbe selbst überlassen bleiben, wann und wem gegenüber sie sich zu ihrer Homosexualität bekennt. Wenn sie die nötige Selbstakzeptanz erworben hat, sollte sie ihre Familie und sonstige Umgebung vorsichtig testen, um herauszufinden, welche Einstellungen zur Homosexualität vorhanden sind. Artikel in Zeitschriften können ebenso zum Anlaß genommen werden wie das Gespräch über Lesben und Schwule, die der Familie bekannt sind. In solchen allgemeinen Diskussionen, die die Familie nicht unmittelbar betreffen, werden Vorurteile deutlich geäußert.

Die Lesbe kann Stellung beziehen, ohne sich als Betroffene verhalten zu müssen. Ist ihre Homosexualität vorher bekannt, werden ihre Argumente eher ausschließlich der Selbstverteidigung zugeordnet. Ihr wird Befangenheit, mangelnde Objektivität unterstellt. Es kann auch sein, die Runde weicht der Diskussion aus, weil sie das Gespräch als zu persönlich empfindet, wenn es die Homosexualität der eigenen Tochter, eines nahen Menschen betrifft. Der Spruch „Soll doch jeder nach seiner Fasson selig werden!" geht vielen Menschen leicht von den Lippen. Wenn aber die eigene Tochter eine Lesbe ist, verstehen sie die Welt nicht mehr. Manche Eltern sind zunächst schockiert, haben ihr Kind aber „trotzdem" lieb, wenden der Tochter nun verstärkte Aufmerksamkeit zu. Die Lesbe kann sich darüber freuen oder dies als lästig empfinden.

Die Lesbe, die ihren Eltern reinen Wein einschenken will, wird den geeigneten Zeitpunkt wählen, und sie kann dafür sorgen, daß die Eltern genügend Informationen vorab erhalten, durch Bücher, Zeitschriftenbeiträge oder Filme. Informationen dazu vermitteln die meisten Lesben- und Schwulengruppen.

Günstig ist es, Personen ins Vertrauen zu ziehen, die von den Eltern als Autoritäten akzeptiert werden, damit sie das coming out unterstützen. Die Lesbe muß natürlich vorher herausfinden, welche Einstellung diese Personen zur Homosexualität haben. Auch Geschwister können als erste informiert werden und der Lesbe bei der Aufklärung der Eltern sekundieren.

Auf direkte Fragen antwortet es sich am besten direkt und ehrlich. Diejenigen Eltern, die sich durchringen können, direkt zu fragen, verkraften auch die entsprechende Antwort.

Nach anfänglicher Unsicherheit und nach überwundenen Zweifeln neigen manche Lesben in der Euphorie wiedergefundener Selbstakzeptanz dazu, ihre Umwelt zu schocken. Jede Lesbe sollte bedenken, daß sie selbst eine mehr oder weniger lange Zeit brauchte, um die eigene Homosexualität mindestens gedanklich zu bewältigen. Auch den Heterosexuellen muß eine Zeit zugestanden werden, in der sie sich mit der Problematik auseinandersetzen können, bevor sie sich eine (neue) Meinung bilden. Viele Menschen haben Vorurteile, und die persönliche Konfrontation zwingt sie nun, diese Vorurteile zu überprüfen. Manche, die den Kontakt mit Lesben (und Schwulen) meiden, sehen diese Distanz plötzlich unterboten. Die erste impulsive Reaktion fällt naturgemäß anders aus als das Ergebnis einer intensiven gedanklichen Auseinandersetzung. Heftige negative Reaktionen werden später bedauert.

Wenn die Vorarbeit geleistet, die Schonfrist gewährt und die Lesbe sich ihrer selbst einigermaßen sicher ist, gibt es kaum Gründe für eine Geheimhaltung. Sie belastet das Vertrauensverhältnis zwischen Eltern und Tochter und kann zu Mißverständnissen führen.

Manche Eltern fühlen sich hintergangen, wenn sie erst sehr spät oder über Dritte erfahren, daß ihre Tochter eine Lesbe ist. Es könnte erforderlich sein, daß die Eltern sich und ihre Tochter gegenüber der Intoleranz anderer Menschen verteidigen müssen. Das können sie nur, wenn sie informiert sind, sich mit der Tochter zusammen- und auseinandergesetzt haben.

Es gibt Eltern, die nach größeren oder kleineren anfänglichen Schwierigkeiten ein ganz neues, sehr liebevolles und partnerschaftliches Verhältnis zu ihren homosexuellen Kindern gefunden haben. Das Erlebnis, einander wieder anzunehmen und besser zu verstehen, schafft Wärme und Nähe, der Kummer verblaßt.

Die KollegInnen

Viele wissen es nicht, manche ahnen es, einige wenige sind ins Vertrauen gezogen. Auch die ArbeitskollegInnen kann eine Lesbe sich nicht aussuchen - da geht es ihr wie jeder Frau. Doch die Beziehungen, die sich zwischen einer Lesbe und ihren Mitmenschen am Arbeitsplatz entwickeln, sind nicht frei von besonderen Belastungsproben.

Da gibt es Kolleginnen, die ihre Anziehungskraft testen müssen. Sie machen Avancen, erwarten Annäherungsversuche und blocken diese dann ab, bevor es zu Intimkontakten kommt. Geht die Lesbe nicht auf Annäherungsversuche ein und bestätigt der Kollegin nicht, daß sie auch bei Lesben durchaus Erfolg haben könnte, kann das beleidigte Reaktionen hervorrufen.

Auch Kollegen wollen sich ihre Attraktivität von der Lesbe bestätigen lassen und sind verprellt, wenn die Lesbe nicht auf ihr Balzen reagiert, fühlen sich in ihrer Männlichkeit verletzt. Sticheleien, Beschimpfungen sind dann an der Tagesordnung. Männer werden mitunter nicht nur verbal ausfällig, sondern wollen es „der" mal zeigen, da „die" ja nicht weiß, was ein „richtiger" Mann ist.

Es gab in der DDR keine Erhebungen oder Untersuchungen über Gewalt gegen Lesben. Dennoch wurden in den vergangenen Jahren hin und wieder Fälle bekannt. Lesben wurden oder werden bedroht oder verprügelt. Besonders häufig spielt Gewalt eine Rolle, wenn lesbische Frauen sich scheiden lassen. Vor, während und nach der Scheidung sind tätliche Angriffe des Mannes keine Seltenheit. Ähnlich ging und geht es heterosexuellen Frauen.

Eine andere Reaktion heterosexueller ArbeitskollegInnen ist gönnerhaftes Mitleid nach dem Motto „Ich bin ja gottlob gesund, da muß ich der armen Kranken nicht unbedingt weh tun". Die Lesbe wird dann behandelt, als sei sie nicht ganz zurechnungsfähig oder besonders hilfsbedürftig. Den knallharten Rückzug gibt es auch. KollegInnen finden es unter ihrer Würde, mit „so einer" zu verkehren. Dahinter mag die blanke Angst stecken, sie könnten sich kompromittieren, womöglich auch für eine Lesbe gehalten werden. Vielfach werden Lesben bei allem, was sie tun oder wollen, sexuelle Motive unterstellt. Nimmt eine Lesbe ein kleines Mädchen auf den Arm, werden ihr pädosexuelle Wünsche angedichtet. Tanzt sie bei einer Betriebsfeier mit einer Kollegin, will sie sich „ranmachen". Solche Unterstellungen werden selten direkt geäußert, sind in den Reaktionen der andern aber deutlich spürbar. Äußerungen, die gewöhnlich von Kollegen kommen, wie: „Da muß nur ein richtiger Mann kommen, die muß bloß mal richtig durchgefickt werden", können mitunter ganz wirksam mit dem Hinweis gekontert werden, daß viele Männer die Bedeutung ihrer Geschlechtsorgane weit überschätzen.

In einem Punkt zeigen heterosexuelle Frauen und Männer ein spiegelbildlich entgegengesetztes Verhalten. Manche Frauen überwachen eifersüchtig alle Kontakte ihrer Männer, Freunde oder Söhne zu Frauen. Erfahren sie, daß die Bekannte oder Kollegin eine Lesbe ist, fällt diese Schranke aus argwöhnischem Mißtrauen, und die Lesbe kann nun die beste Freundin werden. Sie wird nicht mehr als Konkurrentin betrachtet, und eine entspannte Beziehung wird möglich, eine Beziehung, die frei ist von diesem unterschwelligen erotischen Knistern und von mißtrauischer Konkurrenz. Manche Kolleginnen sind regelrecht erleichtert, daß da eine Frau ist, der sie ihre Männer oder Freunde unbesorgt „ausliefern" können. Anders die Männer. Haben sie die Lesbe bisher sympathisch gefunden, brechen sie nun die Kontakte ab oder schränken sie auf das unumgängliche Minimum ein. Sie empfinden die Lesbe als Konkurrentin und beschützen Ehefrauen oder Freundinnen vor den vermeintlichen Annäherungsversuchen der Lesbe. Am eifrigsten werden Töchter beschützt. Das kann groteske Formen annehmen, als hätten Lesben Tag und Nacht nichts anderes im Sinn, als „ehrbare" Töchter zu verführen. Natürlich gehen Männer dabei von sich und ihrem Sexualverhalten aus.

Immer wieder einmal entpuppen sich Kollegen als Voyeure, die die Lesbe auffordern, sie zuschauen zu lassen. Es geht ihnen dabei keineswegs um Akzeptanz - wie „besonders Raffinierte" vorgeben -, sondern um ihre eigene sexuelle Lust und die Befriedigung ihrer Neigungen. Sie müßten schon Lesben mit ausgesprochen exhibitionistischen Bedürfnissen finden, um Erfolg zu haben. Es gibt auch heterosexuelle Männer, die erleichtert sind, wenn sie erfahren, daß ihre Kollegin eine Lesbe ist. Sie empfinden es als entlastend, nicht balzen und sexuelles Interesse signalisieren zu müssen. Mit ihnen ergibt sich meistens eine gute Zusammenarbeit auf sachlich-freundschaftlicher Basis.

Manche Heterosexuellen sind so unkonventionell, tolerant oder mit sich selbst beschäftigt, daß sie für die Homosexualität ihrer Kollegin nur ein Achselzucken haben. Es ist ihnen gleich, aber sie diskriminieren auch nicht. Und schließlich gibt es die Menschen mit dem Helfersyndrom, die sich um alles kümmern, sich jedes Problem aufladen, ja geradezu danach suchen. Das kann zunächst hilfreich sein. Penetrant wird es aber, wenn sich solch Sendungsbewußtsein mit dem prickelnden Gefühl mischt, an dem Skandal teilzuhaben, den die Lesbe mit ihrer Existenz verursacht. Diese HelferInnen finden Homosexualität „wahnsinnig" interessant, benutzen die Lesbe als Beweis ihrer Toleranz und Weltoffenheit. Missionarischer Eifer läßt sich natürlich leichter ertragen als massive Diskriminierung. Dennoch: Eine Lesbe ist kein Sündenbock, kein schwarzes Schaf, kein Gegenstand des Mitleids, kein Opfer für Aggressionen. Und sie sollte sich auch nicht zur Hofnärrin oder zum Gruppenkasper machen.

Der ewigen Vorurteile müde, drehen Lesben den Spieß manchmal um und erklären sich zu den besseren Menschen.

Während ihres coming out sind Lesben gezwungen, gründlicher über sich und ihre Beziehungen zur Welt nachzudenken. Das ist anstrengend, mitunter traurig - vor allem aber eine Chance. Diejenigen, die ihre Umwelt genauer beobachten und die eigenen Fehler nicht verdrängen, haben bessere Voraussetzungen, sich dazu in Beziehung zu setzen. Diejenigen, die die Grenzen ihrer Konfliktfähigkeit ausgeschritten haben, erreichen menschliche Reife, und Trauer oder Bitternis verwandeln sich letztendlich in persönliche Souveränität.

In jedem Fall sind Clubs durch das Wir-Gefühl, durch den Rückhalt in der Gruppe eine Hilfe im coming out. Kontakte finden unter Gleichen statt. Im Gespräch werden Probleme verglichen und relativiert. Mancher Konflikt, der scheinbar nicht zu bewältigen war, schrumpft zur Bagatelle. Scheinbar Unbedeutendes wird rechtzeitig als das Problem erkannt, das es wirklich ist. Manche Harmonie entpuppt sich als trügerisch, und manches Ärgernis erweist sich als harmlos. Ursachen und Wirkungen werden ergründet, und vielfach zeigen sich Lösungen dort, wo sie nicht vermutet wurden. Das von manchen Leuten abschätzig gemeinte „Gleich und gleich gesellt sich gern" sollte von den Lesben positiv verstanden werden, und nicht nur von ihnen. In einigen Clubs und Arbeitskreisen gibt es Gesprächsgruppen für Eltern homosexueller Kinder, aber auch für Bisexuelle sowie lesbische Mütter und schwule Väter. Sie sind im Anhang aufgezählt.

Lesbische Lebensgemeinschaften

Wenn eine Frau erkannt hat, daß sie sich in eine Frau verlieben kann, steht sie vor der Frage: „Wo finde ich eine, der es ebenso geht wie mir?"

Eine Lebenspartnerin zu finden, das gehört noch immer zu den Grundproblemen lesbischen Lebens. Manchmal sieht es so aus, als sei das eine schier unlösbare Aufgabe. In dieser Situation befanden sich die meisten Lesben der DDR vor der Wende. Bis 1989 gab es keine Lesbenzeitung. Inzwischen gibt es „frau anders", doch sie wird bisher nur in der „Szene" vertrieben und nicht öffentlich verkauft.

Nach und nach entstehen in mehreren Städten der bisherigen DDR Frauenbuchläden. Das erhöht die Zugriffsmöglichkeiten auf die Lesbenzeitung und damit die Chance, eine Kontaktanzeige zu finden oder aufgeben zu können.

Die Wahrscheinlichkeit, auf eine passende Partnerin zu treffen, war angesichts der Minimalauswahl nicht hoch. Heterosexuelle haben dieses Problem nicht. Da sie die Mehrheit der Bevölkerung ausmachen, sind sie ständig von potentiellen PartnerInnen umgeben. Schon in der Schule wird Kontaktaufnahme geübt, Kinder feiern hinterm Schuppen Hochzeit mit einer alten Gardine als Schleier. Im Betrieb, in der Nachbarschaft, in der Disco, in der Elternversammlung, in der Sport-, Partei- oder Reisegruppe, überall können sich Heterosexuelle PartnerInnen suchen. All diese Bereiche fallen für die Lesben in der Regel aus. Wagen es Lesben überhaupt, so müssen sie mit häufigen Ablehnungen rechnen, wenn sie Frauen ansprechen, die ihnen gefallen, denn die Mehrheit der Frauen begreift sich als heterosexuell. Natürlich ist es nicht angenehm, ständig Körbe zu bekommen und darüber hinaus vorurteilsbeladene Reaktionen einzustecken.

Wenn eine Lesbe eine Frau „anmacht", gibt sie ihre Tarnung auf und muß mit Ablehnung auch da rechnen, wo sie sich nicht erklärt hat, weil ihr Geheimnis die Runde macht.

Auf die Suche gehen

Als es ab 1985 endlich die Möglichkeit gab, eindeutige Anzeigen aufzugeben, machten Lesben Gebrauch davon. Allerdings waren ihnen Einschränkungen auferlegt. Eine Lesbe, die inserieren wollte: „Suche zärtliche Freundin", wurde aufgefordert, das Wort „zärtlich" zu streichen, sonst könne die Anzeige nicht erscheinen. Die Richtlinie zur Veröffentlichung von Anzeigen war schwer zugänglich und außerdem verschieden auslegbar. Ob und in welcher Fassung Kontaktanzeigen von Lesben und Schwulen genehmigt wurden, hing seit 1985 von den Personen ab, die darüber zu befinden hatten, zumeist von den Chefredakteuren. Ein anderes Problem war die lange Wartezeit. Zwischen dem Aufgeben der Offerte und ihrem Erscheinen lagen Monate. Das stellte die Geduld auf eine harte Probe.

Computer-Partner-Vermittlungen beschränkten sich auf Heterosexuelle. Auch die Partnervermittlung des Dienstleistungskombinates in Berlin, die sowohl heterosexuelle als auch homosexuelle Kontakte vermitteln sollte, lehnte plötzlich ab. Es bedurfte mehrerer Eingaben und Gespräche, bis die ursprüngliche Absicht bekräftigt wurde (siehe Dokumentation). Treffpunkte, wie sie bei Schwulen bekannt sind, die sogenannten Klappen (öffentliche Toiletten) und der „Strich" (Straßen, Parks, Autoparkplätze), waren und sind für Lesben nicht relevant. In „Klappen" suchen Schwule und bisexuelle Männer schnellen, anonymen Sex. Auch auf dem „Strich" finden Männer Sexpartner, übrigens meist ohne Bezahlung, wie Schwule immer wieder bestätigen. Ob mit oder ohne Geld, auf diese Weise ist es für eine Frau unmöglich, eine andere Frau kennenzulernen. Die meisten Lesben trennen ihren Wunsch nach sexueller Entspannung nicht von dem Bedürfnis nach emotionaler Geborgenheit.

Lokale, die als Treffpunkte Homosexueller bekannt waren, wurden vorwiegend von Schwulen bevölkert. Lesben- oder Frauencafés gab es nicht. Nur in der Disco Buschallee in Berlin war zeitweilig der Anteil der Lesben beträchtlich. Dort lernten sich zahlreiche Lesbenpaare kennen.

Inzwischen gibt es in mehreren Städten Frauentreffpunkte, in Berlin, Leipzig, Dresden, Magdeburg, Erfurt, Schwerin. Spezielle Lesbentreffs entstanden, als sich Clubs und kirchliche Arbeitskreise organisierten. Bei ihren Veranstaltungen haben Lesben die gleichen Chancen, potentielle Partnerinnen zu treffen, wie Heterosexuelle sie überall haben.

Persönliches Kennenlernen hat gegenüber der Anonnce den Vorteil, daß die Frauen schneller feststellen können, ob sie füreinander Sympathie empfinden, ob der berühmte Funke überspringt. Was früher Jahre dauerte, läßt sich in einem Club oder kirchlichen Arbeitskreis in relativ kurzer Zeit bewerkstelligen.

Bei der Suche nach einer Partnerin kann scharfe Auswahl die Erfolgsaussichten beträchtlich schmälern oder scheitern lassen. Da sortiert eine Frau aus den Zuschriften, die sie auf ihre Anzeige erhält, nur eine einzige heraus, konzentriert sich ganz auf diesen Kontakt. Oft muß sie dann feststellen, daß sie sich falsche Vorstellungen gemacht hat oder nicht auf Gegenliebe stößt. Bis zu dieser Erkenntnis ist Zeit verstrichen, Energie verbraucht, und eine neue Anzeige wird nötig. Alle anderen Frauen schrieben umsonst und warteten vergeblich auf Antwort.

Effektiver ist es, alle Lesben, die geschrieben haben, in einen Club einzuladen. Dort lernen sich alle kennen. Im ungünstigsten Fall ist diejenige, die die Anzeige aufgegeben hat, immer noch solo, während sich mehrere Pärchen gefunden haben. Sie kann aber freundschaftliche Kontakte knüpfen, ihren Bekanntenkreis erweitern und damit die Chance erhöhen, sich eines Tages auch richtig zu verlieben.

Anzeigen sind eine gute Möglichkeit der Kontaktaufnahme, aber eine Portion Skepsis ist angebracht. Das sollen zwei Beispiele belegen: Eine Lesbe bekam auf ihre Offerte eine freundliche Zuschrift mit dem Vorschlag, sich in einer Disco zu treffen. Die Lesbe beschrieb, wie sie zu erkennen sei, fuhr zur vereinbarten Zeit zu der angegebenen Disco und wurde von einer Schar junger Leute umringt, die laut verkündeten: „Das ist die Lesbe." Andere Frauen standen plötzlich Männern gegenüber, die „schon immer mal eine Lesbe sehen wollten", die Sex anboten oder zugucken wollten, „wie die Lesben das machen".

Solcher Mißbrauch von Kontaktanzeigen kommt nicht häufig vor, doch die Lesbe, der das widerfährt, fühlt sich entwürdigt und ist entmutigt. Es braucht eine Zeit, bis sie wieder eine Anzeige wagt, die dann vielleicht trotz allem zum Ziel führt.

Bindungsangst, Bindungsdruck, Gebundensein

Mitunter sucht eine Frau so stark nach Zuwendung, daß sie sich auf Intimkontakte einläßt, obwohl sie weiß, daß keine langfristige Beziehung daraus werden kann. Die Erwartungen, die Frauen aneinander stellen, sind sehr verschieden und nicht selten übersteigert. Es gibt Frauen, die nicht oder nicht mehr in der Lage sind, sich auf eine feste Verbindung einzulassen. Versuche, mit großer Hoffnung begonnen und dennoch gescheitert, führen irgendwann zu Frustrationen. Das erleben auch Heterosexuelle. Bei den Lesben bekommen solche Konflikte durch die geringeren Wahlmöglichkeiten eine besondere Brisanz. Erschütterte Selbstakzeptanz belastet bei vielen Frauen die Bindungsfähigkeit zusätzlich.

Zu den Partnerschaftsproblemen, die für Lesben besonders relevant sind, gehört die Störung der Beziehung durch Mißbilligung oder Ignoranz der Umwelt. Eine Lebensgemeinschaft wird nicht selten dadurch strapaziert, daß Eltern und andere Verwandte die Freundin ignorieren oder gar angreifen. „Sie oder wir!" wird als Alternative gestellt. Eine solche Forderung kann auch von der Partnerin erhoben werden: „Ich oder deine Leute!" Wie auch immer, eine Lesbe, der das passiert, fühlt sich wie zwischen Baum und Borke. Sie mag die Freundin, aber auch die Eltern. Werden vermittelnde Bemühungen von einer oder beiden Seiten abgelehnt, muß sie sich in zwei voneinander getrennten Welten bewegen. Der Verzicht auf die Freundin wäre ebenso schmerzhaft wie das Lossagen von den Eltern. Trennungen überschatten die Beziehung, die erhalten bleibt.

Das einzige Motiv für zwei Frauen, zusammen zu leben, ist ihre Liebe, sind ihre Gefühle füreinander. Doch Gefühle kommen und gehen. Eine Trennungserschwernis wie die gerichtliche Scheidung gibt es nicht. So kann die eine, mit oder ohne Einverständnis der anderen, ihre Siebensachen packen.

Irgendwann verfliegt die Intensität der ersten Verliebtheit. In langfristigen Beziehungen stabilisiert sich eine gefühlsmäßige Bindung, in der der Sex seinen Platz hat, jedoch keinen so bedeutenden wie zu Beginn. Lesben empfinden wie heterosexuelle Paare eine Lebensgemeinschaft unter anderem dann als befriedigend, wenn sie dauerhaft ist. Stabilisierend wirkt es, wenn sich beide gemeinsamen Aufgaben widmen. Das können Kinder sein, das Engagement in einer Gruppe oder ein Hobby. Stellen sich in der langdauernden Beziehung Vertrautheit und Übereinstimmung ein, fördert dies die physische und psychische Ausgeglichenheit und Belastbarkeit. Das Verhalten der Partnerin ist dann bis zu einem gewissen Grade kalkulierbar. Das setzt Energie frei für andere Dinge.

Je komplizierter und langwieriger die Suche nach einer Partnerin gewesen ist, um so eher neigen manche Lesben dazu, sich in ihre häusliche Sphäre zurückzuziehen und den Kontakt zu anderen Menschen einzuschränken oder abzubrechen. Dabei steht die Angst im Vordergrund, die Partnerin zu verlieren. Isolierung, eifersüchtige Überwachung und Beschränkung des Handlungsspielraumes aus Furcht vor Einsamkeit belasten eine Beziehung häufig so, daß sie zerbricht.

Unsere Traditionen suggerieren Besitzdenken in der Partnerschaft. Liebeslieder sind zwar gewöhnlich nicht auf Lesben gemünzt, aber klassische Texte wie „Ich bin din, du bist min..." beeinflussen auch die Vorstellungswelt der Lesben. Wie in heterosexuellen Ehen wird meist sexuelle Treue erwartet.

Wie eine Studie des Moskauer Soziologen Igor Kon zeigte, haben die meisten Menschen drei bis fünf Bezugspersonen. Es kommt vor, daß sich zwei Personen vollkommen ergänzen. Die eine regt stärker intellektuell an, die andere öffnet sich mehr emotional, eine redet viel, die andere kann schweigen, es gibt Beziehungen mit Mutter-Tochter-Charakter. Aber mindestens ebenso häufig ist die Ergänzung nicht vollständig. Eine dritte Person im Beziehungsmuster kann wie ein Motor wirken oder verhindern, daß sich zwei in Alternativverhalten hineinsteigern. Beziehungen, die über die Zweierbeziehung hinausgehen, können Intimkontakte einschließen.

Die tiefe Emotionalität, die in der Regel am Anfang einer Partnerschaft steht, läßt meist in dieser Zeit keinen Platz für eine intensive Beziehung sexueller Art zu einer dritten Person. Wenn Verliebtheit abgeklungen ist, kann sich Routine einstellen, die sich durch eine dritte Person eventuell wieder verliert. Wie häufig dies bei heterosexuellen Paaren vorkommt, zeigen nicht nur einschlägige amerikanische Untersuchungen, sondern auch zahlreiche Anzeigen in Zeitungen, in denen Frauen oder Männer zur Ergänzung einer Partnerschaft gesucht werden.

Das betrifft auch bisexuelle Frauen. Sie jedoch sind einem doppelten Vorwurf ausgesetzt. Zum einen wegen der homosexuellen Beziehung und zum andern, weil sie nicht monogam leben. Schon lange vor der Wende in der DDR forderte der Gesprächskreis Bisexualität des Sonntags-Clubs, die Konflikte der Bisexuellen ebenso zu thematisieren wie die Probleme der Homosexuellen. Bisexuelle fordern Toleranz mit demselben Recht wie Lesben und Schwule.

Die langfristige Partnerschaft bietet Geborgenheit, der Wechsel ist durch den Reiz der Neuheit interessant. Beim Kennenlernen müssen die gegenseitigen Erwartungen, Anschauungen und die Art des Reagierens erkundet werden. Manche finden das spannend, von anderen wird es als Belastung empfunden.

Es wird allgemein angenommen, daß Lesben häufiger als Schwule in langdauernden Zweierbeziehungen leben. Befragungen des Kinsey-Instituts u.a. bestätigen diese Tendenz. Aber auch bei den Lesben gibt es Singles. Ein Teil von ihnen lebt asexuell, ein Teil ist sexuell aktiv, ohne sich binden zu wollen, ein Teil ist auf der Suche nach einer Freundin.

Leben Lesben wie Frau und Mann?

Wie fest weibliches und männliches Rollenverhalten und daraus entstandene Arbeitsteilungen im Denken vieler Menschen verwurzelt sind, zeigte 1987 ein Vorfall während einer Diskussionsrunde über Sexualität und Partnerschaft an einer pädagogischen Hochschule der DDR. Ein Student vertrat die Auffassung, eine Lebensgemeinschaft von zwei Frauen sei nicht möglich. Auf die Frage, wie er das begründe, erwiderte er, im Haushalt gäbe es viele Dinge zu erledigen, die nur Männer tun könnten. Trotz der Versicherung mehrerer GesprächsteilnehmerInnen, daß es auch Frauen mit handwerklichem Geschick gäbe, beharrte er auf seinem Standpunkt. Schließlich riß einer Frau die Geduld, und sie fragte ihn, ob Männer einen Nagel mit dem Schwanz einschlagen. Ein Teil des Publikums war schockiert, ein anderer Teil amüsierte sich. Der junge Mann fragte empört: „Wenn die Frauen die Männer im Bett nicht mehr brauchen und auch nicht mehr für das Handwerkliche, wozu werden wir dann überhaupt gebraucht? Sind wir überflüssig?"

Die lesbische Beziehung hat gegenüber der heterosexuellen Partnerschaft den Vorteil, daß die Konflikte wegfallen, die sich aus der unterschiedlichen Sozialisation von Frau und Mann ergeben.

Dafür müssen Lesben Orientierungslosigkeit überwinden. Nirgends erfahren sie, wie eine lesbische Partnerschaft gelebt werden kann. Von Heterosexuellen wird Lesben oft unterstellt, sie würden ihre Lebensgemeinschaften nach dem heterosexuellen Modell gestalten. In dieser Vermutung steckt allerhand Anmaßung, doch zu einer Zeit, als keine andere Variante denkbar war, hatte sie eine gewisse Berechtigung. Ältere Lesben können sich noch an die „Szene von früher" mit ihren Stereotypen, dem „Mädel" (feminine Lesbe) und dem „kessen Vater" (sich betont maskulin gebärdende Lesbe) erinnern. Jüngere Lesben erlebten in der DDR, wie auch in heterosexuellen Beziehungen der alternative Dualismus zunehmend durchbrochen wurde. Dadurch wurden soziale Geschlechterrollen erkennbarer als das, was sie sind: Zuschreibungen bestimmter Eigenschaften und Verhaltensweisen, die traditionell als männliche oder weibliche definiert werden, obwohl sie einfach menschlich sind und mehr oder weniger für beide Geschlechter zutreffen. In dem Maße, wie Frauen werktätig wurden, in verschiedene berufliche Bereiche eindrangen und Männer sich auch in der häuslichen Reproduktionssphäre betätigten, verwischten sich die scharfen Abgrenzungen zwischen den Rollen von Frau und Mann. Wie im heterosexuellen Bereich die Vielfalt der Beziehungsvarianten zunimmt, so vermehren sich auch die Vorbilder für Lesben. Umgekehrt ist denkbar, daß sich mit zunehmender Sichtbarkeit lesbischer Beziehungen auch die Vielfalt möglicher Beziehungsmuster für Heterosexuelle erhöht.

Lesben können dem traditionellen heterosexuellen Modell zwar Anregungen entnehmen, sich aber nicht voll damit identifizieren. Sie müssen selber Lösungen für den Umgang miteinander finden, nicht unbedingt „weibliche" und schon gar keine „männlichen", sondern menschliche.

Das Wohn-Problem

Viele Lesbenpaare leben in einer Wohnung. Sie gehen davon aus, daß ein gemeinsamer Haushalt wirtschaftlicher und effektiver ist.

Andere Lesben reduzieren ihre Beziehung auf gegenseitige Besuche. Manche verstehen das Getrennt-Wohnen als sichtbaren Kontrapunkt zum Besitzdenken an der Freundin. Wieder andere leben in einer Wohnung zusammen und halten sich mit der zweiten Wohnung die Hintertür für eine Trennung offen. Die Mieten waren in der DDR erschwinglich, aber es wuchs sich mitunter zur Geduldsprobe aus, eine zweite Wohnung zu ergattern, wenn die Beziehung zerbrach. Ein freier Wohnungsmarkt wie in der BRD existierte nicht. Alle BürgerInnen, die Anspruch auf eine Wohnung erhoben, konnten ab 18. Lebensjahr einen Antrag stellen und bekamen gewöhnlich nach sechs bis acht Wochen eine Registrierkarte, die ihnen bestätigte, daß sie das Recht auf eine Wohnung hatten. Lebten sie mit den Eltern in einer Vier- oder Fünfraum-Wohnung, waren die Chancen auf eine eigene Wohnung gering. Die Entscheidung, ob und wann welche Wohnung vergeben wurde, trafen die Abteilungen Wohnungspolitik der Kommunen. Es gab jedoch auch Werkswohnungen und Bereiche wie Gesundheitswesen, Volksbildung und bestimmte Ministerien mit eigenen Kontingenten. Kinderreiche Familien, junge Ehepaare, Schichtarbeiter, ausscheidende Berufssoldaten, Verfolgte des Naziregimes einschließlich ihrer Kinder wurden auf Grund beson-derer Richtlinien bevorzugt in Vergabepläne aufgenommen.

Es war nicht verboten, aber auch nicht ausdrücklich erwünscht, einem Lesbenpaar eine gemeinsame Wohnung zuzuweisen.

Lesben in einer Partnerschaft sind nicht standesamtlich registriert und gelten nicht als verwandt. Aber gerade an solchen Kriterien orientierten sich die meisten MitarbeiterInnen der Wohnungsämter. Daher spielten Einsicht und Entscheidungsfreude der zuständigen Personen eine große Rolle. Wohngemeinschaften wie in vielen westlichen Ländern etablierten sich nur in Ausnahmefällen und wurden sofort politisch und moralisch beargwöhnt.

Um die Zuweisung für eine gemeinsame Wohnung zu bekommen, mußten Lesben bereit sein, sich möglicherweise zu ihrem Motiv zu bekennen. Brachten sie das nicht fertig oder stießen sie auf erbitterte Ablehnung, hatten sie noch die Möglichkeit, sich bei einer Arbeiterwohnungsbaugenossenschaft zu bewerben, ein Haus zu kaufen oder zwei kleinere gegen eine größere Wohnung zu tauschen. Bei manchen Lesben gehörten zwei Wohnungen zur Geheimhaltungsstrategie. Die Beziehung ließ sich leichter als „harmlose" Freundschaft deklarieren. Das mag besonders in kleinen Städten oder Dörfern eine Rolle gespielt haben.

Inzwischen ist die Wohnraumlenkungsverordnung der DDR aufgehoben. Die vorgesehenen Mietpreiserhöhungen werden die Lesben in der ehemaligen DDR ebenso wie heterosexuelle Lebensgemeinschaften motivieren, auf ihre zweite Wohnung zu verzichten.

Dürfen, wollen, sollen Lesben heiraten?

Lesbische Lebensgemeinschaften in einer gemeinsamen Wohnung sind meist auch wirtschaftliche Gemeinschaften. Im Gegensatz zu heterosexuellen Lebensgemeinschaften können sie sich nicht standesamtlich registrieren lassen. In der DDR zahlten Verheiratete weniger Lohnsteuern, wurden bevorzugt bei der Wohnungsvergabe, bekamen einen zinslosen Ehekredit, dessen Rückzahlung von der Anzahl der Kinder abhängig war. Im Familiengesetzbuch der DDR von 1981 heißt es: „Die Familie ist die kleinste Zelle der Gesellschaft. Sie beruht auf der für das Leben geschlossenen Ehe und auf den besonders engen Bindungen, die sich aus den Gefühlsbeziehungen zwischen Mann und Frau ... ergeben."

Diese Formulierung ging an der Scheidungsrate vorbei und ignorierte alle anderen Lebensformen. Sie postulierte ebenso wie die christliche Religion die heterosexuelle, lebenslängliche, monogame und registrierte Ehe als die einzig anerkannte Form des Zusammenlebens. Die in der gleichen Präambel angesprochenen „Familienbeziehungen neuer Art", die durch die sozialistische Entwicklung in der DDR entstünden, meinten lediglich die geringer werdende ökonomische Abhängigkeit der Frauen von den Männern, die der Ehe eine neue Qualität gibt. Im Paragraphen 1 wurde bekräftigt: „Der sozialistische Staat schützt und fördert Ehe und Familie."

Für die Ablehnung homosexueller Partnerschaften gibt es eigentlich keinen logischen und überzeugenden Grund. Der Vorwurf der Kinderlosigkeit greift nicht und der der Unmoral ist ebenfalls unzutreffend. Immerhin sind die bisher als unumstößlich geltenden Partnerschaftskriterien unseres Kulturkreises – heterosexuell, monogam und lebenslänglich – einem Wandel unterworfen. Sie werden ergänzt durch andere Kriterien, die es auf niederen Rangplätzen der Werteskala bereits gab. Dazu gehören ökonomische Aspekte, die in der DDR von Kriterien wie emotionale Bindung, Ehrlichkeit und gegenseitiges Vertrauen übertroffen wurden.

Die Ablösung des „real existierenden Sozialismus" durch den Kapitalismus ist mit einem erneuten Wertewandel verbunden. Wie sich das auf die kulturellen Traditionen auswirken wird, bleibt abzuwarten.

Noch immer gehört die Monogamie zu den Erwartungen des größten Teils der Bevölkerung, obwohl sie nie in gleichem Maße für Frauen und Männer galt. Monogamie als Säule des Patriarchats (nach Engels) wurde in erster Linie von den Frauen verlangt. Sie ist ein Ausdruck sexueller Unterdrückung der Frauen in Verbindung mit ökonomischer und rechtlicher Abhängigkeit von Männern. Immerhin sind ledige Mütter und ihre Kinder heute nicht mehr rechtlos. Aber Frauen, die mehr als einen Liebhaber (eine Liebhaberin) haben, werden nach wie vor moralisch abgewertet, während Männer sich mit ihren Erfolgen brüsten können. Männer, die Kunden von Prostituierten sind, haben dadurch keine Nachteile, aber Prostituierte werden, oft von den gleichen Männern, verachtet.

Der benachteiligte Status anderer Lebensformen gegenüber der Ehe wird nicht mehr überall unwidersprochen hingenommen. In Dänemark können sich homosexuelle Paare inzwischen registrieren lassen. Das bedeutet, sie werden wirtschaftlich und rechtlich als Lebensgemeinschaft anerkannt, allerdings nicht in derselben Weise wie heterosexuelle Paare.

Bei Lesben- und Schwulenpaaren muß ein/e PartnerIn Däne/Dänin sein und auch im Lande leben. Diese Paare können keine Kinder adoptieren. Die PfarrerInnen dürfen sie nicht trauen, allenfalls segnen. In anderen Ländern wird diese Lebensgemeinschaft nicht als Ehe anerkannt.

Viele engagierte Lesben lehnen die dänische Variante ab, weil sie der Meinung sind, daß sie die traditionellen Auffassungen über Partnerschaft zementiert. Für die Anerkennung der homosexuellen Ehe spricht das Argument, daß sie ein Schritt auf dem Wege zur Anerkennung und Gleichstellung aller Lebensformen sein kann. Ein großer Teil der Lesben strebt nach der offiziellen Anerkennung aller Lebensformen. Dazu gehören Singles ebenso wie polygame Lebensgemeinschaften oder Bigamie, für deren Verbot es keinen logischen Grund gibt. Auch in der DDR gab und gibt es Frauen und Männer, die in Dreierbeziehungen leben. Sie können ihre Partnerschaften nicht offiziell registrieren lassen, selbst wenn es langdauernde sind.

Die juristische Akzeptanz der homosexuellen Ehe wäre ein Teilerfolg für Lesben und Schwule. In den letzten Tagen der DDR forderte die PDS während der 33. Volkskammertagung die rechtliche Absicherung dauerhaft angelegter gleichgeschlechtlicher Lebensgemeinschaften. Der Gesetzentwurf der PDS-Fraktion hatte den Titel: „Gesetz zu Fragen der Rechtsstellung gleichgeschlechtlich orientierter Bürger." Bürgerinnen, wie üblich nicht genannt, waren „wohlwollend mitgemeint". Ein großer Teil der CDU-Fraktion blieb der Debatte fern. Eine Entscheidung wurde nicht getroffen, das entsprechende Gesetz nicht erlassen.

Liebe, Geld und Justitia

In der DDR galt für Eheleute das Familienrecht, für Lebensgemeinschaften das Zivilrecht. Ließ sich ein Ehepaar scheiden, mußte es vor Gericht Rede und Antwort stehen, bis in die Intimsphäre hinein. Andererseits regelte das Gericht die Teilung des Eigentums, falls die Scheidungswilligen sich nicht selbst einigen konnten.

Nicht registrierte Partnerschaften sind nach wie vor ungeschützt. Ein Beispiel mag das verdeutlichen. Nehmen wir Elke und Ute. Elkes Gehalt wurde für den täglichen Bedarf verbraucht, Utes Einkommen gespart. Wären Elke und Ute ein Ehepaar, würde das vorhandene Vermögen geteilt. Da sie es nicht sind, ist Elke bei einer Trennung auf Utes Einsicht und Fairness angewiesen, will sie nicht mit leerem Konto zurückbleiben.

Eine andere Variante: Elke und Ute kauften sich ein Haus, bauten es aus, richteten es ein, schafften ein Auto an, ein Boot. Es störte sie nicht, daß die Verwandtschaft sich von ihnen fernhielt. Sie hatten sich einen Bekanntenkreis aufgebaut. Eines Tages starb Ute. Die Verwandtschaft erbte. Elke fand sich mit einem Köfferchen in der Hand vor der Tür wieder, weil Konto, Haus, Auto und anderes auf Utes Namen eingetragen waren. Bei einem Ehepaar war es in der DDR unerheblich, wer seine Unterschrift unter Kaufverträge setzte. Im Todesfall erbte der oder die Hinterbliebene. Bei erbenden Kindern entfiel auf die EhepartnerInnen mindestens ein Pflichtteil.

Die Partnerinnen einer lesbischen Lebensgemeinschaft müssen sich gegenseitig das Verfügungsrecht für ihre Konten einräumen, sich bei größeren Anschaffungen gemeinsam eintragen oder ein Testament errichten, in dem sie sich gegenseitig als Erbinnen einsetzen. Dieses Testament sollten sie notariell beglaubigen lassen, wenn sie vermeiden wollen, daß die Hinterbliebene von erbgieriger Verwandtschaft ausgeplündert wird.

Problematisch kann es auch bei einem Krankenhausaufenthalt werden. Auf der Intensivstation dürfen Verwandte eine Lesbe besuchen. Die Freundin ist von der Einsicht und Großzügigkeit der ÄrztInnen und Schwestern abhängig. Die Reihe der Beispiele ließe sich fortsetzen.

Die Ehe gehörte in der DDR bekanntlich zu den Voraussetzungen bestimmter beruflicher Karrieren. Für Auslandseinsätze, vor allem im „nichtsozialistischen Wirtschaftsgebiet" (NSW), wurden in erster Linie Verheiratete ausgewählt. Selten konnten auch Singles reisen, vor allem solche, die Kinder in ihrem Haushalt oder besonders gute Beziehungen hatten. Dahinter steckte die schlichte Überlegung, daß Ehepartner beziehungsweise Eltern ihre PartnerInnen und Kinder normalerweise nicht plötzlich verlassen. Bei Singles wurde die Wahrscheinlichkeit höher veranschlagt, daß sie nicht in die DDR zurückkehren. Die Chancen für Lesben, Reise- oder Leitungskader zu werden, waren gering. Eine Partnerschaft wirkte sich bei ihnen sogar negativ aus, denn bei der sicherheitsdienstlichen Überprüfung verriet sie die Lesbe.

Nicht nur im weltlichen Bereich konnte die lesbische Partnerschaft zum Problem werden. Bei evangelischen TheologInnen dient Homosexualität als Grund, ihnen die Ordination zu verweigern. Hält eine angehende Pastorin ihre Homosexualität strikt geheim, kann es ihr gelingen, ordiniert zu werden. Deshalb haben so manche lesbische und schwule Pfarrer ihr coming out erst, nachdem sie im Amte sind. Kirchen für Lesben und Schwule, wie sie in den USA bestehen, schienen in der DDR nicht notwendig, weil die Landeskirchen ihren homosexuellen Schäfchen erlaubten, sich unter ihrem Dach zu versammeln.

Für Lesben, die auf Grund der allgemeinen heterosexuellen Orientierung verheiratet sind, ist es nicht unproblematisch, sich scheiden zu lassen. Ist der Gatte nicht einsichtig, kann es zu Verwicklungen kommen. Da wird versucht nachzuweisen, daß eine Lesbe nicht geeignet sei, Kinder zu erziehen. Die Lesbe ihrerseits kämpft schon deshalb um das Kind, weil sie nicht auch noch als Rabenmutter gelten will. Das Ganze wächst sich nicht selten zum Nervenkrieg aus.

Manche Männer werden gewalttätig. Gewalt in der Partnerschaft wird in der Frauenbewegung westlicher Länder schon lange thematisiert. Auch in der DDR setzten sofort nach der Wende Bemühungen um Frauenhäuser ein, wohin sich Frauen und Kinder vor Gewalt in der Partnerschaft flüchten können. Es handelt sich fast immer um Aggressivität von Männern gegenüber Frauen, selten um das Gegenteil.

Doch auch zwischen Frauen kann es Gewalt geben. Eine Ursache sind unbewältigte Konflikte. Richtet sich Aggressivität nach innen, führt dies im schlimmsten Fall zum Suizid. Nach außen gerichtete Aggressivität kann die Partnerin treffen. Verstärkend wirkt es, wenn sich eine Lesbe an der Männerrolle orientiert.

Gesellschaftlich, sozusagen per Rollenbild, ist zwischen Frauen nicht vorgegeben, welche von beiden die „Stärkere" zu sein hat. Durch ihre Sozialisation als Frauen haben Lesben erfahrungsgemäß geringere Voraussetzungen, gewalttätig zu werden, als dies bei Heterosexuellen oder Schwulen der Fall ist.

Lesbische Mütter

Während eines Lehrgangs mittlerer DDR-Kader sagte ein Teilnehmer zu einer Kollegin, die mit Kind angereist war: „Eins verstehe ich nicht. Du bist die einzige hier, die keinen Liebhaber hat. Dabei brauchtest du nur mit dem kleinen Finger zu winken! Also, wenn du kein Kind hättest, würde ich denken, du bist eine Lesbe." Ein Argument derjenigen, die Homosexualität verhindern, therapieren oder verbieten wollen, ist: „Wenn alle so wären, würde die Menschheit aussterben." Es ist aus mehreren Gründen falsch und nicht sachlich. „Wenn alle so wären..." wird wohl demnächst nicht eintreten, die Mehrheit ist nicht „so", sondern heterosexuell. Außerdem gibt es viele Lesben und auch einige Schwule, die Kinder haben.

Mitunter wird argumentiert, Lesben mit Kindern seien gar nicht homosexuell, sondern bisexuell. Das ist eine Frage der Definition. Wenn alle homosexuellen Frauen und Männer, die irgendwann Erfahrungen mit dem andern Geschlecht gemacht haben, und alle Heterosexuellen, denen das mit dem gleichen Geschlecht geschah, zu den Bisexuellen gerechnet werden, dann ist die Mehrheit der Bevölkerung bisexuell.

Üblicherweise zählen sich aber diejenigen, deren heterosexuelle Neigungen so stark sind, daß sie auf homosexuelle Kontakte verzichten können, zu den Heterosexuellen. Und diejenigen, die vorwiegend homosexuell sind, rechnen sich zu den Lesben und Schwulen.

Ein Kind kann die Folge von gelegentlichen Ausflügen in die andere sexuelle Orientierung sein. Andere Lesben sind Mütter, weil sie entsprechend ihrer Erziehung Kontakte zu Männern suchten. Manche heirateten und merkten erst während der Ehe, daß ihnen die heterosexuelle Beziehung keine Erfüllung bringt.

War eine Frau in der DDR unverheiratet, stand die Frage, bei welchem Elternteil das Kind leben soll, nicht zur Debatte. Unverheiratete Mütter hatten das alleinige Erziehungsrecht. Niemand konnte ihnen dreinreden, solange sie sich um ihre Kinder kümmerten. Verheirateten sie sich, teilten sie die Erziehungspflicht mit dem Mann, entzogen wurde sie den Frauen nicht. Das ist in der BRD beziehungsweise im neuen Gesamtdeutschland anders. Paragraph 1738 des Bürgerlichen Gesetzbuches (Wegfall des mütterlichen Sorgerechts) bestimmt: „(1) Mit der Ehelicherklärung verliert die Mutter das Recht und die Pflicht, die elterliche Sorge auszuüben. (2) Das Vormundschaftsgericht kann der Mutter die Ausübung der elterlichen Sorge zurückübertragen, wenn die elterliche Sorge des Vaters endigt oder ruht oder wenn dem Vater die Sorge für die Person des Kindes entzogen ist."

In der DDR gehörten lesbische Mütter in die Kategorie alleinstehender oder alleinerziehender Mütter. Es gab allerdings im Familiengesetzbuch einen Stolperstein für sie. Das war der Paragraph 52. Er nannte neben anderen Gründen die „...schwerwiegende abnorme Entwicklung einer Persönlichkeit mit Krankheitswert..." als Grund für den Entzug elterlicher Verantwortung. Es ist nicht bekannt, ob einer lesbischen Mutter auf Grund dieses Paragraphen 52 das Erziehungsrecht entzogen wurde. Eine Statistik darüber gibt es nicht. RichterInnen hätten sich bei dem Entzug mütterlicher Verantwortung auf die WHO berufen können, die in ihrem Register Homosexualität unter Punkt 302.0 als Krankheit führt. In Anbetracht dessen müßten sich alle Lesben und Schwulen eigentlich sofort krankschreiben lassen!

Als 1985 während der Leipziger Tagung „Psychosoziale Aspekte der Homosexualität" darauf hingewiesen wurde, daß viele Lesben Mütter sind, bedauerte ein Psychologe die Kinder, „...die unter solchen Verhältnissen groß werden müssen." Er wußte nicht, ob Lesben bessere oder schlechtere Mütter sind als heterosexuelle Frauen. Er hatte nur sein Vorurteil, und das brachte er zum Ausdruck.

Die Freundin und das Kind

Lesben ohne Kinder sind mobil. Lesben ohne Kinder können ihrem Beruf, der Freundin oder dem Hobby mehr Kraft und Energie widmen, weil sie nur für sich selbst verantwortlich sind. Lesben ohne Kinder haben Vorteile bei der ohnehin schon problematischen Partnersuche. Da geht es homosexuellen Frauen nicht anders als heterosexuellen.

Ist endlich eine Freundin gefunden, so kann es sein, daß sie gegen Kinder nichts hat, aber mit dem Kind der Partnerin nicht auskommt. Das kann an ihr oder dem Kind oder beiden liegen. Bei einer solchen Konstellation gerät die Mutter des Kindes in einen starken Konflikt. Wie sie damit fertig wird, wirkt sich auf die Beziehung zum Kind und auf die Partnerschaft aus.

Beide Frauen können kontroverse Erziehungsauffassungen haben. Dann müssen sie versuchen, sich zu einigen, festlegen, wie sie sich verhalten wollen. Die Freundin sollte sich weder völlig aus der Erziehung heraushalten, noch die Initiative an sich reißen.

War die Mutter lange allein, müssen sich Mutter und Kind umstellen. Die Mutter wird nun ihre Zuwendung beiden, Kind und Freundin, zukommen lassen. Einzelkinder können deshalb eifersüchtig werden. Vor Eifersucht ist auch die Freundin nicht gefeit, besonders wenn sie gegenüber der Partnerin besitzergreifend ist. Aber auch die Mutter kann eifersüchtig werden, wenn die Freudin besser mit dem Kind umgehen kann als sie selbst oder ihr die Erziehung faktisch aus der Hand nimmt. Eine heterosexuelle Frau, die einen Mann in ihren Haushalt aufnimmt, steht vor ähnlichen Problemen.

Die Kinder einweihen?

Kinder erfahren von kleinauf, eine vollständige Familie habe aus Vater, Mutter und Kind zu bestehen. Sie wollen diesem gesellschaftlichen Leitbild entsprechen. Wie stark dieser Wunsch ist, hängt davon ab, ob sie ihre Lebenssituation als befriedigend empfinden oder nicht. Hat ein Kind mehrere SchulkameradInnen, die mit der Mutter (oder dem Vater) allein leben, erscheint dem Kind die eigene Familienform nicht ungewöhnlich.

In Großstädten leben in einem Drittel der Haushalte Alleinerziehende und nichteheliche Partnerschaften mit ihren Kindern. In der DDR waren etwa zehn Prozent der Frauen „echte" alleinerziehende Mütter. In Berlin (Ost) ist fast jedes zweite Kind kein eheliches. Die Tendenz war in der BRD ähnlich. In Großstädten finden Kinder also nichts Besonderes dabei, allein mit Mutter oder Vater zu leben.

Solange sie klein sind, nehmen sie die Tatsache, daß sich zwei Frauen um sie kümmern, als etwas Selbstverständliches hin. Umarmungen oder Zärtlichkeiten zwischen den Erwachsenen sind ihnen vertraut. Dem Alter und der Auffassungsgabe angepaßte Erläuterungen lassen die Kinder in die Familienform hineinwachsen.

In der Regel existiert ein Vertrauensverhältnis zwischen Kindern und Mutter sowie Partnerin. Wenn die Mutter offen ist, kann sie meist mit dem Verständnis der Kinder rechnen. Nützlich sind Hinweise, daß es Menschen gibt, die Vorurteile gegenüber dem Zusammenleben von Frauen haben. Die Kinder müssen wissen, daß es zu verbalen Angriffen auf die Homosexualität der Mutter kommen kann. Können sie sich gedanklich darauf einstellen, dann sind sie solchen Angriffen nicht hilflos ausgeliefert und werden für die Mutter Partei ergreifen.

Wenn die Mutter ihre Homosexualität vor den Kindern verbirgt, fühlen sie sich zu Recht irgendwann hintergangen. Es kann zu ablehnenden Reaktionen kommen. Besonders strapaziert wird das Vertrauensverhältnis zwischen Mutter und Kindern, wenn die Kinder von Dritten erfahren, daß die Mutter eine Lesbe ist. Kommt ein Unterstufenkind mit der Frage aus der Schule nach Hause, was lesbisch oder schwul bedeutet, können Mutter oder Freundin souverän reagieren: „Meistens haben sich eine Frau und ein Mann lieb. Die werden heterosexuell genannt. Manchmal haben sich zwei Frauen lieb. Die sind dann lesbisch. Und wenn sich zwei Männer lieb haben, sind sie schwul." Kinder unter zehn Jahren sind mit solchen Erklärungen meistens zufrieden.

Das Wissen um die Vorurteile anderer Leute läßt manche Kinder die Homosexualität der Mutter als gemeinsames Geheimnis erleben. Das kann das Zusammengehörigkeitsgefühl verstärken. Es kann aber auch eine psychische Belastung für das Kind bedeuten, die es dann mit der Mutter teilt. Damit wäre es überfordert. Mütterliche Offenheit ermöglicht es dem Kind, mit Dritten darüber zu sprechen und sich zu vergewissern, daß Homosexualität nichts Schlechtes ist. Fast alle lesbischen Mütter machen das Bekenntnis zu ihrer Homosexualität davon abhängig, ob dies negative Folgen für ihre Kinder hat. Sie wollen Benachteiligungen ihrer Kinder vermeiden. Es muß der Einschätzung der Lesbe beziehungsweise des Paares überlassen bleiben, ob sie offen leben oder nicht. Viele Faktoren spielen eine Rolle. In jedem Falle reagiert das Umfeld des Kindes (LehrerInnen, SchulkameradInnen, FreundInnen sowie deren Eltern) positiver, wenn ihnen die lesbische Mutter oder deren Freundin als Autorität, als integre Persönlichkeit präsentiert werden kann.

Insemination und Schwangerschaftsabbruch

Kann eine Lesbe Mutter werden, auch wenn sie sich nicht überwinden kann, mit einem Mann zu schlafen?
Seit langem gibt es die Möglichkeit der künstlichen Befruchtung. Bei der Insemination wird Sperma in die Gebärmutter eingeführt. Bei der invitro-Befruchtung werden Eizelle und Sperma im Reagenzglas zusammengebracht. Dann wird die befruchtete Eizelle in den Uterus eingesetzt.

Will eine Lesbe die Insemination, so könnte sie sich einen Samenspender suchen, sich mit ihm einigen, ob er Vaterpflichten und -rechte wahrnehmen und zum Unterhalt des Kindes beitragen will oder nicht. Fände sie eine Ärztin oder einen Arzt, die die Insemination ausführten, gäbe es eigentlich keine Hindernisse. Aus der DDR ist kein Fall bekannt, in dem so gehandelt wurde.

Unter MedizinerInnen ist die Insemination umstritten. Manche lehnen sie völlig ab oder erkennen nur die Einschränkungen an, die bei der üblichen Zeugung gelten. Andere stellen bestimmte Forderungen oder sehen keine Hindernisse. In verschiedenen Kliniken kann ein Spenderpool (ein Spermavorrat) in Anspruch genommen werden, falls der Samenspender anonym bleiben und keine Verbindung zum Kind haben soll.

In der DDR wurden bis 1985 insgesamt 2 693 Inseminationen durchgeführt, in den Städten Berlin, Dresden, Erfurt, Halle, Jena, Karl-Marx-Stadt (Chemnitz), Leipzig, Nordhausen, Potsdam, Rostock und Zwikkau. Rechtliche Regelungen fehlten. Viele MedizinerInnen wünschten sich zu ihrer Absicherung verbindliche Durchführungsrichtlinien. Deshalb konstituierte sich 1977 in Leipzig ein Konsilium aus VertreterInnen der Gynäkologie, der Andrologie, der Genetik, der Psychologie und der gerichtlichen Medizin. Dieses Konsilium schlug eine Richtlinie vor, die in den achtziger Jahren in der medizinischen Fachpresse diskutiert wurde. Als allgemeine Grundsätze wurden formuliert: „Durch das Kind soll eine wesentliche Förderung des psychischen Wohlbefindens der zukünftigen Eltern erreicht werden" und „Alle ärztlichen und psychologischen Maßnahmen werden deshalb (auf) das Aufwachsen eines gesunden Kindes in einer gesunden sozialen Umwelt (gerichtet)".

Was verstehen MedizinerInnen unter einer gesunden sozialen Umwelt? Können MedizinerInnen auf die soziale Umwelt eines Kindes Einfluß nehmen? Wenn ja, auf welche Weise?

Die Frauen, die eine Insemination vornehmen lassen wollen, können den weiteren Gang der Ereignisse kaum beeinflussen. Sie können lediglich einen Antrag stellen. Die Entscheidung darüber, wann was geschieht, behalten sich die MedizinerInnen vor. Viele wollen die Insemination nur bei verheirateten Frauen durchführen, und die Ehe soll stabil sein. Frau und Mann sollen medizinisch und psychologisch getestet werden, ob sie sich als Mutter und Vater auch wirklich gut eignen. Außerdem muß der unerfüllte Kinderwunsch Krankheitswert erreicht haben und die Ehe stören. Wenn eine unanfechtbare Diagnose der Zeugungsunfähigkeit des Ehemannes vorliegt und die Frau in der Lage ist, Kinder auszutragen, die Ehepartner ihren Wunsch notariell beglaubigen lassen und sich bereit erklären, auch nach der Geburt des Kindes für wissenschaftliche Zwecke zur Verfügung zu stehen, dann erst wollen die meisten MedizinerInnen die gesamte Problematik juristisch, moralisch, ethisch und medizinisch mit dem Ehepaar besprechen und den Spermaspender auswählen.

Das Verfahren an der Universitätsklinik in Leipzig beinhaltete zum Beispiel die gynäkologische Untersuchung der Frau, die andrologische Untersuchung des Mannes, mehrere psychologische Konsultationen gemeinsam und getrennt mit fast einem halben Dutzend Tests, eine Beratung des Konsiliums, eine gynäkologische Spezialdiagnostik der Ehefrau, die notariell beglaubigte Verpflichtung des Ehepaares und den Ausschluß von Kontraindikationen. Erst dann konnte die Frau damit rechnen, daß der Arzt zur Tat schritt.

Die Liste der Gründe, keine Insemination vorzunehmen, ist lang. Für alleinstehende Frauen wollen die MedizinerInnen nur zwei Indikationen, die für eine Insemination sprechen, anerkennen: Schwer entstellende Verletzungen oder Mißbildungen nicht genetischer Ursache oder ein schwerstes Psychotrauma mit ernsten Kontaktschwierigkeiten zu einem Sexualpartner. 1987 wurde im Zentralblatt Gynäkologie gewarnt: „(Die) Behandlung der unverheirateten Frau mit dringendem Kinderwunsch sollte ... nur in seltenen Ausnahmefällen Anwendung finden ... (und) sollte bei einer ledigen Frau nur mit größter Zurückhaltung durchgeführt werden."

Lesben wurden in keiner einzigen Publikation auch nur erwähnt. Die Erfüllung ihres Kinderwunsches hätte nach der Richtlinie nur eine Chance, wenn die ÄrztInnen Homosexualität als schwerstes Psychotrauma betrachten.

Die akribischen, umfangreichen Tests und Untersuchungen, denen Ehepaare sich unterziehen müssen, die ein Kind durch Insemination haben wollen, stehen in auffälligem Gegensatz zu den Forderungen derjenigen, die für das Verbot des Schwangerschaftsabbruches plädieren. Die einen wollen maximale Voraussetzungen für das Kind. Den anderen sind die Bedingungen, in die das Kind hineingeboren wird, völlig egal.

Interessanterweise werden beide Forderungen häufig von ein- und denselben Personen vertreten. Diejenigen also, die außer genetischen Indikationen, Gefahr für das Leben und Schwangerschaft durch Vergewaltigung keinen Grund für einen Schwangerschaftsabbruch akzeptieren wollen, stellen gleichzeitig bei der Insemination so hohe Anforderungen an die potentiellen Eltern, daß viele AntragstellerInnen abschlägig beschieden werden. Und: In beiden Fällen maßen sich MedizinerInnen die Entscheidung an. Bei der Insemination verweigern viele der Frau die Unterstützung, wenn nicht alle Bedingungen ihren Vorstellungen entsprechen. Durch den Paragraphen 218 werden Frauen gezwungen, Kinder zu bekommen, falls nicht MedizinerInnen finden, daß die Bedingungen für das Kind unerträglich wären. Der Maßstab ist grundverschieden, die Verfahrensweise gleich. Frauen können zwar einen Wunsch äußern, aber die Entscheidung treffen andere, und die Frauen haben sich zu fügen.

Der Wunsch einer Frau nach einem Kind scheint die meisten MedizinerInnen nicht sonderlich zu beeindrucken. Die Insemination wird vom Vorhandensein eines Ehemannes und von seinem Wunsch abhängig gemacht. Die Einstellung des Ehemannes zum künftigen Kind nimmt bei den psychischen Kontraindikationen den größten Raum ein. Am Ende stellt sich die Frage, ob es überhaupt darum geht, daß eine Frau ein Kind bekommen möchte. Geht es nicht vielmehr um die Wünsche der Ehemänner, die Lebensbedingungen des Kindes und die Bedenken der MedizinerInnen? Wenn MedizinerInnen beim Schwangerschaftsabbruch die gleichen Kriterien in bezug auf die Existenzbedingungen des Kindes und die Wünsche der Ehemänner gelten ließen und Schwangerschaften von unverheirateten Frauen verneinten, müßten sie dem Schwangerschaftsabbruch immer zustimmen.

Würden sie die Bedenkenlosigkeit ihrer Forderung nach Verbot des Schwangerschaftsabbruches auf ihre Entscheidung bei dem Wunsch nach Insemination übertragen, gäbe es außer genetischer Belastung keine Hinderungsgründe für eine Insemination.

In der BRD werden die Frauen in beiden Fällen zum Objekt gemacht. In der DDR konnten sie wenigstens in bezug auf den Schwangerschaftsabbruch bis zum Ablauf des 3. Monats selbst über zukünftiges Leben in ihrem Körper entscheiden. Das Strafgesetzbuch der DDR enthielt im

Teil I die Paragraphen 153, 154 und 155. Danach ist die Schwangere berechtigt, bis zur 12. Woche die Schwangerschaft „... durch einen ärztlichen Eingriff in einer geburtshilflich-gynäkologischen Einrichtung unterbrechen zu lassen." Der Arzt/die Ärztin ist verpflichtet, die Schwangere zu beraten. Es findet sich keine Formulierung, wonach die Schwangere diese Beratung in Anspruch nehmen muß. Im Strafrechtskommentar von 1984 wurde der Frau ausdrücklich die eigene Entscheidung mit der Begründung zugebilligt: „Die Gleichberechtigung der Frau erfordert, daß sie über die Schwangerschaft und deren Austragung selbst entscheiden kann ... Neben der Bestimmung der Anzahl, des Zeitpunktes und der zeitlichen Aufeinanderfolge von Geburten hat die Frau außer der Empfängnisverhütung das Recht, die Unterbrechung der Schwangerschaft in eigener Verantwortung festzulegen." Dieses Entscheidungsrecht ist durch die Fristenlösung allerdings eingeschränkt auf die ersten zwölf Schwangerschaftswochen.

In den genannten Paragraphen ist keine Strafandrohung gegenüber der Frau formuliert. Im Strafrechtskommentar hieß es dazu im Gegenteil: „Täter kann jede andere Person, nur nicht die Schwangere selbst sein." Normalerweise kann eine Frau den Schwangerschaftsabbruch nicht selbst vornehmen. Die Entscheidungsfreiheit der Frau wird begrenzt durch die Bestrafung aller anderen Personen.

Das Strafgesetzbuch der westdeutschen Bundesländer bedroht im Paragraphen 218 die Schwangere mit einer Freiheitsstrafe bis zu einem Jahr oder Geldstrafe, wenn sie den Abbruch selbst vornimmt. Alle anderen Personen müssen mit einer Freiheitsstrafe bis zu drei Jahren oder Geldstrafe rechnen. Erlaubt ist der Schwangerschaftsabbruch nach Paragraph 218 a nur, wenn Gefahr für das Leben besteht oder eine schwerwiegende Beeinträchtigung des körperlichen oder seelischen Gesundheitszustandes der Schwangeren zu befürchten und auf andere Weise nicht abzuwenden ist. In diesen Fällen „darf" die Schwangere einen Antrag stellen. Selbst entscheiden darf sie nicht. Sie wird zum Objekt derjenigen, die sich anmaßen, über ihr Leben zu bestimmen. Sie wird unmündig gemacht. Bis 1992 gilt in den ostdeutschen Bundesländern noch die Fristenlösung des Strafgesetzbuches der ehemaligen DDR. Ob die Gesetzgeber sich entschließen können, diese Regelung auf die gesamte BRD auszuweiten, bleibt abzuwarten.

Die Männer, die den Schwangerschaftsabbruch verbieten wollen und entsprechende Forderungen unterschreiben, sollten mit dieser Unterschrift verpflichtet sein, sich höchstselbst um ein ungewolltes Kind zu kümmern. Sie müßten ein solches Kind in ihren Haushalt nehmen, und sie dürften die Betreuung und Erziehung nicht an bezahlte oder unbezahlte andere Personen delegieren, auch nicht an ihre Ehefrauen. Nur auf diese Weise würden sie Mehrfachbelastung oder existentielle Abhängigkeit wahrnehmen, denen Frauen bisher ausgesetzt sind.

Es gibt eine beträchtliche Anzahl von Männern, die sich ihren Vaterpflichten entziehen, und ein Teil von ihnen ist nicht einmal bereit, die entsprechenden Zahlungen zu leisten. Männer, die Väter werden, behalten den Vorteil besserer Berufs- und Verdienstchancen, weil die Mehrheit von ihnen noch immer die tägliche Mühe und Sorge für die Kinder weitgehend den Frauen überläßt, unabhängig davon, ob sie verheiratet sind oder nicht. Das kann sich erst ändern, wenn mindestens die Hälfte aller Männer ihren Vaterpflichten mit derselben Intensität nachkommt, wie die Frauen ihren Mutterpflichten.

In der DDR galten Mütter, besonders die mit Kleinkindern, als „unzuverlässige" Arbeitskräfte. Eine der ersten Fragen bei der Einstellungsbewerbung war: „Haben Sie Kinder, und wenn ja, wie alt sind diese?" Wenn auch Männer ihre Vaterpflichten erfüllen, wird diese Frage allen oder überhaupt nicht mehr gestellt werden. Dann wird sich ein Diskriminierungsfaktor relativieren, der bisher ausschließlich die Frauen trifft.

Die freie, souveräne Entscheidung der Frauen über ihren Körper und ihr Leben gehört untrennbar zu ihrer Gleichberechtigung. Die Entscheidungsfreiheit der Frauen, ob sie eine Schwangerschaft abbrechen oder ein Kind austragen wollen, sollte ergänzt werden durch eine in der Schule beginnende Aufklärung über Verhütungsmethoden. Die Verantwortung dafür tragen sowohl Frauen als auch Männer. Beides kann nur die Ergänzung zu einem umfassenden System der Kinderbetreuung sein.

Bisher wird den Frauen in den alten Bundesländern die eigene Entscheidung über die Schwangerschaft verweigert. Zugeschoben wird ihnen im Westen wie im Osten die Verantwortung für die Verhütung der Schwangerschaft. Da wird selbstverständlich vorausgesetzt, daß sie die Pille nehmen, sich eine Spirale einsetzen, sich sterilisieren oder einen Abbruch vornehmen lassen. Viele Männer lehnen das Kondom ab, weil sie meinen, es beeinträchtige ihre Lust. Kaum jemand redet von Vasektomie (Unterbrechung des Samenleiters, die die Fähigkeit zur Kopulation erhält, aber die Ejakulation verhindert), obwohl dieser Eingriff wesentlich unkomplizierter ist als die Sterilisation bei einer Frau. Außerdem kann die Vasektomie zu einem hohen Prozentsatz rückgängig gemacht werden, die Sterilisation nicht.

Adoption

Immer wieder wird von Lesben und Schwulen gefragt, ob sie ein Kind adoptieren können. Laut Familiengesetz der DDR war Adoption sowohl Ehepaaren als auch Einzelpersonen möglich. Über die Anträge entschied der Jugendhilfeausschuß eines Kreises oder Stadtbezirkes. Die meisten Anträge wurden von Ehepaaren gestellt. Laut Lehrbuch „Familienrecht" von 1976 waren es 95 Prozent. In demselben Lehrbuch wird der Anteil ungewollt kinderloser Ehepaare mit 10 bis 15 Prozent angegeben. Die meisten Ehepaare versuchten, möglichst kleine Kinder zu adoptieren, um eine unbelastete emotionale Eltern-Kind-Beziehung aufzubauen.

Die Anzahl der Kinder, die im Säuglingsalter zur Adoption freigegeben wurden, sank in der DDR seit den fünfziger Jahren. Mütter sahen keinen Grund mehr, ihre Kinder wegzugeben, weil sie unverheiratet waren. Jahrzehntelang gab es mehr Anträge auf Adoption als Kinder, die adoptiert werden konnten. Da der Gesetzestext darauf verwies, daß adoptierte Kinder möglichst in der Familie erzogen werden sollten, Familie aber gleichgesetzt wurde mit Vater, Mutter, Kind, hatten Einzelpersonen wenig Chancen. Trotzdem hat eine Lesbe Ende der siebziger Jahre in Dresden ein Kind adoptieren können, weil sie es schon über ein Jahr in ihrem Haushalt hatte und bereits alle Pflichten wahrnahm, als sie den Antrag stellte.

Ein großer Teil der Adoptionsanträge betrifft Frauen oder Männer, die erneut geheiratet haben und nun das in der Familie vorhandene Kind adoptieren wollen. In diesen Fällen hat sich meist schon eine Familiensituation ergeben, wenn der Antrag gestellt wird. Die Annahme an Kindes Statt ist dann ein formaler Akt, der die rechtlichen Konsequenzen regelt.

Eine Formulierung, die ausgeschlossen hätte, daß die lesbische Partnerin das Kind ihrer Freundin an Kindes Statt annimmt, gab es im Gesetz nicht. Beide Lesben hätten das Erziehungsrecht ausüben können. Im Falle des Todes der leiblichen Mutter hätte die Freundin das Erziehungrecht weiter wahrnehmen können.

Offensichtlich ist in der DDR keine Lesbe auf die Idee gekommen, einen solchen Antrag zu stellen, zumindest ist keiner bekannt. Es ist meist im Interesse des Kindes, wenn es in der gewohnten Umgebung bleiben kann und wichtige Bezugspersonen behält. Lesben haben aber damit zu rechnen, daß nach ihrem Tode Verwandte ihre Rechte erfolgreich geltend machen, wenn die Lesben das Kind zwar gemeinsam erzogen haben, die Freundin aber kein Erziehungsrecht hat. Vorteilhaft ist es, wenn die lesbische Mutter ein Testament hinterläßt, in dem sie bestimmt, wer das Eziehungsrecht (und die Vormundschaft) nach ihrem Tode bekommen soll.

Für Menschen, die kinderlos sind, gab es in der DDR noch eine andere Möglichkeit, Verantwortung für ein Kind zu übernehmen. Sie konnten sich nach Absprache mit den ErzieherInnen jeweils an den Wochenenden und in den Ferien um ein Kind aus dem Kinderheim kümmern. Der Umgang mit Kindern, die sich noch an ihre leiblichen Eltern erinnern und manchmal unter schlimmen Vernachlässigungen gelitten haben, ist natürlich kompliziert und verlangt überdurchschnittliches Einfühlungsvermögen und pädagogische Fähigkeiten.

Nicht wenige Lesben erfüllen sich ihren Wunsch, mit Kindern zu leben, indem sie Lehrerin oder Erzieherin werden. Andere kümmern sich zeitweilig um die Kinder von Verwandten, Bekannten oder Nachbarn. Voraussetzung ist allerdings, daß die Eltern der Kinder eine vernünftige Einstellung zur Homosexualität haben.

Lesben und sozialpolitische Maßnahmen

In der DDR war die Berufstätigkeit von etwa 90 Prozent der Frauen im erwerbsfähigen Alter nur möglich durch den kontinuierlichen Ausbau von Kinderkrippen, Kindergärten, Kinderhorten, Ferienlagern, Ferienspielen und der Schulspeisung. In den siebziger Jahren kam das sogenannte Mütterjahr (Babyjahr) dazu, mehrheitlich begrüßt, vereinzelt kritisiert, weil es die Kinderpflege zur Frauensache deklarierte und damit konservative Traditionen zementierte. Die Betriebe waren verpflichtet, das Babyjahr den Frauen zu gewähren, den Männern, denen es per Gesetz als Möglichkeit auch zustand, konnte es verweigert werden. Dem Wunsch weniger Männer, es ganz oder teilweise anstelle der Frauen zu nehmen, standen allerhand Hindernisse im Weg. Der Ausfall des höheren Verdienstes und möglicher Spießrutenlauf im Betrieb motivierten nicht dazu, die Vaterrolle neu zu interpretieren. In einem konkreten Fall zog ein Vater vor das zuständige Kreisgericht, das die ablehnende Entscheidung des Betriebes jedoch rechtfertigte, da aus dem Blickwinkel „gesamtgesellschaftlicher Interessen" die Arbeit des Mannes (er war Zeitungsredakteur) höher bewertet wurde als die der Frau (sie arbeitete als Buchlektorin). Frauen, die in dieser Zeit ihrem Beruf nachgehen wollten, galten als karrieresüchtig, wenn nicht gar als Rabenmütter, selbst wenn der Mann erwiesenermaßen gute oder sogar bessere Fähigkeiten für die Kinderbetreuung hatte.

Die Lebensgefährtin der lesbischen Mutter konnte die bezahlte Freistellung während des ersten Lebensjahres des Kindes nicht in Anspruch nehmen.

Die durch staatliche Subventionierung der Kindergärten geringen, eher symbolischen Gebühren von zehn bis zwanzig Mark im Monat ermöglichten es auch Frauen mit niedrigem Einkommen, alle Kindereinrichtungen zu nutzen, und in ihren Berufen zu bleiben. Nach der Wende versuchten verschiedene Firmen, ihre Finanzen zu sanieren, indem sie betriebliche Kindereinrichtungen auflösten oder sie den Kommunen zuschoben.

Diese Tendenzen, die sich inzwischen noch verstärkten, könnten eingedämmt werden, wenn Betriebe verpflichtet wären, je nach Größe und Beschäftigtenzahl, eine entsprechende Abgabe an die Kommunen zu entrichten. Damit ließen sich Kindereinrichtungen finanzieren. Regionen oder Kommunen, in denen nur wenige Betriebe ange-siedelt sind, sollten statt dessen staatliche Gelder erhalten.

Beschritten wurde aber der Weg wie in den westdeutschen Bundesländern: Erhöhung der Gebühren auf durchschnittlich 300,-DM, und das bei bisher gleichbleibend geringen Einkünften. Damit sahen sich viele Mütter gezwungen, zu Hause zu bleiben, was wiederum zur Schließung weiterer Krippen und Kindergärten führt.

Berufsleben und Finanzen

Die DDR war eines der wenigen Länder, in denen das Gesetz nicht nur das Recht auf Arbeit, sondern auch die Pflicht zur Arbeit festschrieb. Nach Paragraph 249 des Strafgesetzbuches war es nicht gestattet, sich einer geregelten Arbeit zu entziehen. Nur Ehefrauen waren davon ausgenommen. Diese Ausnahme wurde in dem Paragraphen nicht formuliert, aber praktiziert. Das bedeutete für Lesben, in jedem Fall berufstätig zu sein.

Ein Lesbenpaar, das das heterosexuelle Partnermodell insofern imitieren wollte, daß eine Frau berufstätig war und die andere die Hausfrau spielte, hätte mit Nachfragen und Kontrollen rechnen müssen, gegebenenfalls sogar mit der Einstufung als arbeitsscheu und asozial, was auch mit Gefängnisstrafe geahndet werden konnte.

Berufstätigkeit war so selbstverständlich, daß sich Lesben darin nicht von anderen Frauen unterschieden. Frauen arbeiteten allerdings vorwiegend in Bereichen, in denen weniger verdient wurde: im Handel, in der Textilindustrie, im Gesundheitswesen und in der sogenannten Leichtindustrie. In den achtziger Jahren hatten zwei Drittel der Industriearbeiterinnen einen Bruttoverdienst von weniger als 900 Mark. Das Durchschnittseinkommen von Ein-Personen-Haushalten betrug 1988 1024 Mark. Zwei Verdiener kamen auf durchschnittlich 1765 Mark. (Statistisches Jahrbuch der DDR von 1990)

Nach der Wende hat sich die Situation für die Frauen noch verschlechtert. Die Statistik weist mehr arbeitslose Frauen als Männer aus. Dabei sind nicht einmal alle Frauen erfaßt, weil sich viele in den Haushalt zurückziehen und damit in der Statistik nicht mehr erscheinen.

Alleinerziehende Frauen müssen mit ihrem durchschnittlich niedrigeren Einkommen mehr Ausgaben bestreiten als Singles ohne Kinder. Sie brauchen eine größere Wohnung als kinderlose Personen und müssen mehr für den täglichen Bedarf ausgeben. Erfahrungsgemäß gaben alleinstehende Mütter mit weniger als 1000 Mark im Monat mehr als drei Viertel für den notwendigen Lebensunterhalt aus. Die gestiegenen und steigenden Preise für Waren des täglichen Bedarfs, Miete, Strom, Medien und Versicherungen verschlechtern die Situation zusätzlich. Von den niedrigeren Preisen für elektronische Erzeugnisse profitieren alleinverdienende und alleinerziehende Frauen wenig oder gar nicht.

Die steigenden Lebenshaltungskosten erfordern höhere Unterhaltszahlungen (Alimente). Die Richtsätze waren in der DDR nach dem Netto-Einkommen des Unterhaltsverpflichteten gestaffelt. Sie betrugen zum Beispiel bei einem Kind über zwölf Jahre und einem Einkommen des Unterhaltsverpflichteten von 200 Mark nur 35 Mark und steigerten sich auf 205 Mark bei 2000 Mark Einkommen. Wenn ein Mann in der DDR 1200 Mark verdiente, zahlte er (für ein Kind bis zwölf Jahre) lediglich 130 Mark Unterhalt im Monat, für zwei Kinder 250 Mark. Weitere Verpflichtungen hatte er nicht zu erfüllen. Die tägliche Arbeit und Sorge lasteten auf dem Elternteil, dem die Kinder zugesprochen waren, meistens war dies die Frau.

Verdiente die Frau 750 Mark im Monat und bekam für zwei Kinder 250 Mark, mußte sie mit 1000 Mark für drei Personen auskommen, während der Mann über fast ebensoviel für sich allein verfügte. Es kam sehr selten vor, daß ein Mann mehr zahlte als die festgelegten Mindestsätze. Die im Januar von der Senatsverwaltung für Justiz erlassene Regelbedarfs-Verordnung für unterhaltsberechtigte, nichteheliche Kinder gilt nur für Ost-Berlin. Sie legte die Richtsätze neu fest, zum Beispiel auf 237 DM für Kinder vom dreizehnten bis zur Vollendung des achtzehnten Lebensjahres. Es gäbe die Möglichkeit, von allen Berufstätigen eine allgemeine Kindersteuer zu erheben und sie den Frauen und Männern auszuzahlen, die sich tatsächlich um Kinder kümmern, ob sie nun Ehepaare, alleinstehende Personen, Lebensgemeinschaften oder HeimerzieherInnen sind. Auf diese Weise würden Kinder gefördert und nicht die heterosexuelle Ehe. Die steuerliche, moralische, rechtliche und sonstige Bevorzugung der heterosexuellen Ehe geht an einem beträchtlichen Teil der Kinder vorbei, an denen nämlich, die in anderen Familienstrukturen leben. Meines Erachtens ist es höchste Zeit, diese Lebensformen der Ehe gleichzustellen und die Förderung der Kinder anstelle der Ehe in die Verfassung aufzunehmen. Darüber hinaus bedarf es auch im Interesse der Kinder eines verfassungsrechtlichen Diskriminierungsverbots ethnischer, politischer, religiöser und sexueller Minderheiten, denn Kinder trifft Benachteiligung immer am intensivsten.

Zwischen Medizin
und Gesetz

Die engagierten Lesben und Schwulen des Berliner Sonntags-Clubs hatten im Sommer 1989 einen Informationsstand beim Berliner „Fest an der Panke". Ein älterer Herr versuchte ihnen eine halbe Stunde lang klarzumachen, daß es weibliche Homosexualität überhaupt nicht gäbe. Die Lektüre verschiedener Bücher hatte ihn in der Auffassung bestärkt, Homosexualität sei bei Frauen nur eine Angewohnheit.

Schändliche Lüste und schlechte Angewohnheiten

Im Laufe der Zeit hat sich die Auffassung darüber, was Homosexualität ist, ständig gewandelt. Schon im Alten und Neuen Testament wurde weibliche Homosexualität benannt. Sexuelle Kontakte zwischen Frauen wurden dort assoziiert mit Lust, diese Lust wurde gleichzeitig verachtet und mit dem Attribut „schändlich" versehen. Außerdem konstruierte man(n) einen Gegensatz zwischen „natürlichem" und „unnatürlichem Gebrauch". Der „natürliche Gebrauch" meinte heterosexuelle Kontakte zum Kinderzeugen. Alles andere fiel unter „unnatürlichen Gebrauch", auch heterosexuelle Kontakte aus Spaß an der Lust und logischerweise homosexuelle Kontakte.

Die biblischen Prämissen bildeten die Grundlage für die mittelalterliche Justiz. Und so erschienen in den Gesetzbüchern weibliche und männliche Homosexualität als Sünden, die mit dem Feuertod zu bestrafen waren. Bei den Hexenverfolgungen kamen nicht wenige Lesben und Schwule ums Leben, die ertappt und denunziert worden waren.

Vor und nach dem Mittelalter waren die Strafen weniger drastisch, aber auch in diesen Zeiten galt Homosexualität in unserem Kulturkreis als sündhaftes Verhalten und hatte zu unterbleiben. Erst während der Aufklärung mehrten sich Stimmen, die Homosexualität zu einem Wesensmerkmal ganz bestimmter Personen erklärten. Dadurch wandelte sich das Verständnis von Homosexualität. Bis dahin mögliches Verhalten aller Menschen, wurde sie zu einem Verhalten einiger weniger „sündiger", „kranker" oder „krimineller" Personen.

Der Psychiater Richard von Krafft-Ebing unterteilte im vorigen Jahrhundert in echte angeborene und erworbene kriminelle Homosexualität. Aus heutiger Sicht war eines der Kriterien für diese Einteilung der Zeitpunkt des coming out. Der Mediziner Magnus Hirschfeld sprach seit der Jahrhundertwende stets von einer „tiefinnerlichen Anlage".

Karl Heinrich Ulrichs, ein Jurist aus Hannover, publizierte Mitte des vorigen Jahrhunderts über das „dritte Geschlecht". Er war der Meinung, daß „Urninge" (Schwule) Personen mit einem männlichen Körper und einer weiblichen Seele seien, und bezog sich dabei auf Platons „Gastmahl", in dem Aristophanes äußert: „Zunächst gab es bei den Menschen drei Geschlechter, nicht wie jetzt nur zwei, ein männliches und ein weibliches, sondern es kam noch ein drittes hinzu, das jene beiden in sich vereinigte und dessen Name auch noch geblieben ist, während es selbst verschwunden ist. Mannweiblich war nämlich damals das eine, Gestalt und Name aus beidem, Männlichem und Weiblichem, zusammengesetzt, jetzt aber ist der Name nur noch ein Schimpfwort."

Magnus Hirschfeld griff die Idee vom dritten Geschlecht auf. Er betrachtete Mann und Frau als die beiden Endpunkte einer Skala mit fließenden Übergängen. Dabei unterstellte er dem Voll-Mann und der Voll-Frau selbstverständlich Heterosexualität. Die Zwischenstufen waren seiner Meinung nach in unterschiedlicher Ausprägung homosexuell. Er gab ab 1899 eine Zeitschrift mit dem Titel „Jahrbuch für sexuelle Zwischenstufen" heraus.

Der Unterschied zwischen den sozialen Rollen von Mann und Frau war um die Jahrhundertwende beträchtlich größer als heute.

Homosexualität paßte nicht ins Leitbild, weder beim Mann noch bei der Frau. Ein untrennbarer Bestandteil der Rollenbilder war, daß Frauen Männer lieben und Männer Frauen lieben. Lesben und Schwule, die ja davon abwichen, wurden darum in Zwischenstufen sortiert, galten also nicht als richtige Frauen und Männer.

Hirschfeld und seine Zeitgenossen sahen kaum einen Unterschied zwischen biologischen Voraussetzungen und sozialen Rollen. Es galt beispielsweise als ungeheuer männliche Eigenschaft einer Frau, wenn sie Zigarren rauchte, und als die Krönung weiblicher Eigenschaften beim Mann, wenn er gern stickte oder strickte.

Hirschfeld engagierte sich in der Emanzipationsbewegung der Lesben und Schwulen und wendete sich mit seinen Publikationen nicht nur an Wissenschaftler, sondern auch an die Allgemeinheit. Auf diese Weise förderte er die Auffassung bei Heterosexuellen und Homosexuellen, daß Lesben und Schwule sozusagen Mischwesen seien. Der damalige Wertunterschied zwischen Männlichkeit und Weiblichkeit ließ sich nicht genau festmachen. Klar war aber, Männliches wurde positiver bewertet als Weibliches. Und so fand sich recht bald eine Schar gekränkter Schwuler, denen es gegen den Strich ging, daß sie etwas von den Weibern an sich haben sollten, die sie doch verachteten. Sie opponierten gegen Hirschfelds Auffassungen.

Auch der Biologe und Volkswirt Benedict Friedländer verwarf Hirschfelds Zwischenstufentheorie und vertrat die These von der allgemeinen Bisexualität. Seiner Auffassung nach waren Nur-Heterosexuelle und Nur-Homosexuelle einseitige Kümmerlinge. Der Voll-Mensch war grundsätzlich bisexuell und selbstverständlich ein Mann. Frauen nahm Friedländer nicht ernst, ihre Pflicht war das Kinderkriegen und die Erledigung aller dazugehörigen Arbeiten einschließlich der Dienstleistungen für das Wohlbefinden des Mannes. Er meinte, ein Mann müsse neben der Ehefrau einen gleichwertigen Partner für die geistigen und sexuellen Bedürfnisse haben, und das konnte nur ein Mann sein.

Diese Ansichten eines schwulen Machos, mit der ganzen Autorität seines Professorentitels vertreten, fanden bei einem Teil der Männer, auch den Schwulen, geneigte Ohren. Wie gern sich Leute einreden lassen, sie seien etwas Besseres als andere, haben die Nationalsozialisten zur Genüge demonstriert.

Losgelöst von maskuliner Arroganz, findet sich die Auffassung von der überwiegenden Bisexualität der Menschen bei Alfred C. Kinsey wieder. Er publizierte in den vierziger und fünfziger Jahren in den USA die Ergebnisse seiner Forschungen über menschliche Sexualität, setzte sich über Tabus hinweg und registrierte nüchtern die Realität. Diese entsprach nicht den Vorstellungen der Moralisten. Die Differenz zwischen geforderter Norm und tatsächlichem Verhalten war beträchtlich. Weil nicht sein kann, was nicht sein darf, wurden ihm seine Forschungsergebnisse gründlich übelgenommen. Als ausschließlich homosexuell wurden nur etwa drei Prozent eingestuft, aber ein Viertel der befragten dreißigjährigen Frauen hatte lesbische Erfahrungen. Die Frauen, die nicht einmal sich selber homosexuelle Wünsche eingestehen, konnten nicht berücksichtigt werden.

Kinsey entwickelte eine Skala mit fließenden Übergängen von Heterosexualität zu Homosexualität. Dazwischen finden sich alle Abstufungen von Bisexualität. Weniger starke Ausprägungen beziehungsweise geringere Anteile von Homosexualität lassen sich leichter verdrängen, um der geforderten heterosexuellen Norm zu entsprechen. Deshalb verstehen sich viele Menschen als ausschließlich heterosexuell, obwohl sie eigentlich bisexuell sind. Aber nicht nur Heterosexuelle verdrängen ihre homosexuellen Anteile, auch Homosexuelle verdrängen heterosexuelle Anteile. Die tatsächlich Nur-Heterosexuellen oder Nur-Homosexuellen sind wahrscheinlich eine relativ kleine Minderheit.

Die Einteilung in echte und falsche Homosexualität ist Nonsens. Homosexualität und Heterosexualität können unterschiedlich stark ausgeprägt sein und lassen sich dementsprechend leicht oder schwer verdrängen. Ob und wie die Betreffenden sich über ihre Neigungen klarwerden und sie in Handeln umzusetzen versuchen, hängt von ihrer Persönlichkeitsstruktur und den Umständen ab.

Wenn in bestimmten Situationen die in der Gesellschaft erwünschten heterosexuellen Kontakte nicht möglich sind, können auch bei vorwiegend heterosexuellen Personen die homosexuellen Anteile aktiviert werden (und umgekehrt). Diese Homosexualität ist dann genauso echt wie die Heterosexualität, in die die Betreffenden zurückfallen, wenn sich die Situation entsprechend ändert.

Natürliche Variante oder Unfall der Natur?

Die Forschung nach den Ursachen der Homosexualität ist motiviert durch die Gleichsetzung mit Abweichung von der heterosexuellen Norm. Wäre es nicht so, würde ebenso intensiv nach den Ursachen der Heterosexualität geforscht.

Die Auffassung, daß nur die Kopulation zum Zwecke der Zeugung die von Gott gewollte Sexualität sei, verweist Sexualität ohne das „Instrument" in den Bereich des Unmöglichen. Entweder war sexuelle Lust ohne Männer (beziehungsweise Penisersatz) schier unerklärlich, oder den Lesben wurde in den (von Männern verfaßten) Veröffentlichungen eine überdimensionale Clitoris angedichtet. Nachzulesen noch 1974 im ersten Teil der in der DDR herausgegebenen dreibändigen Sexuologie.

Über die Ursachen wurden und werden verschiedene Theorien angeboten. Verhaltensforscher vermuten eine psychische Prägung in sensiblen Phasen lange vor der Pubertät, die sich auf die sexuelle Orientierung auswirkt.

Die Erklärungen des Wiener Psychoanalytikers Sigmund Freud zur Entstehung von Homosexualität wurden in der DDR selten diskutiert, weil Freud zunächst gar nicht, in den achtziger Jahren teilweise und nur in kleinen Auflagen verlegt wurde. In den Bibliotheken waren Freuds Schriften, sofern vorhanden, nicht frei zugänglich. Auseinandersetzen mußten sich Lesben und Schwule in der DDR besonders mit den Auffassungen des Endokrinologen Günther Dörner. Dieser beschäftigte sich zunächst wie üblich mit Männern und behauptete, Schwule hätten ein weiblich differenziertes Gehirn. In ihrer Embryonalzeit hätte ein unphysiologischer Hormonpegel vorgelegen. Um dies zu korrigieren, schlug er vor, mittels Hormongaben während der Embryonalzeit den Hormonpegel zu „berichtigen" und Homosexualität dadurch zu verhindern. Dörner hatte mit Ratten experimentiert und die Ergebnisse ziemlich unkritisch auf menschliches Verhalten übertragen. Er wurde deshalb heftig angegriffen, besonders von WissenschaftlerInnen aus der BRD. Um seine These zu stützen, daß Streß die Ursache für den abweichenden Hormonpegel sei (und damit die Ursache für Homosexualität), ließ er Männer befragen, ob ihre Mütter einem erhöhten Streß ausgesetzt gewesen waren, als sie mit ihnen schwanger gingen. Aus den Antworten schlußfolgerte er, daß tatsächlich Streß die Ursache für die Homosexualität dieser Männer sei. Niemand hat den Hormonpegel der Männer untersucht, als sie noch Embryos waren. Dörners These fußte also auf einer Vermutung, die er als Forschungsergebnis präsentierte.

Nachdem Dörner bei schwulen Männern von einem weiblich differenzierten Gehirn gesprochen hatte, wurde angenommen, er würde sich anschließend über das männlich differenzierte Gehirn bei Lesben äußern. Dies geschah jedoch nicht. Ein weiblich differenziertes Gehirn ist offensichtlich in den Augen mancher Forscher weniger wertvoll. Ein männlich differenziertes Gehirn würde die Lesben den Männern gleichstellen. Dies gesteht Dörner ihnen nicht zu. Er weicht auf eine andere These aus und meint, Lesben seien auf Grund ihres während der Embryonalzeit veränderten Hormonpegels weniger streßfähig. Aber auch das ist blanke Vermutung, denn es gibt weder Lesben noch eine heterosexuelle Vergleichsgruppe, deren embryonaler Hormonpegel untersucht wurde. Bis etwa 1989 beharrte Günther Dörner auf der Ansicht vom unphysiologischen Hormonpegel bei Homosexuellen. Inzwischen hat er die von ihm selbst festgelegte Grenze zwischen physiologisch und unphysiologisch verschoben. Nun behauptet er, lediglich bei den Trans-sexuellen weiche der Hormonpegel von der Norm ab. Erstaunlich ist, wie unkritisch Dörners Publikationen von manchen Wissenschaft-lerInnen aufgenommen und wiedergegeben wurden. Dennoch gab es auch in der DDR Kritik an seinen Thesen. Seine Forderungen nach Hormontherapie zur Prävention von Homosexualität wurden nicht erfüllt. Allerdings überwucherte die Diskussion darüber oft den sachlichen Diskurs über die gesellschaftlichen Konsequenzen der Homosexualität.

Dörner verweist gern darauf, daß seine Veröffentlichungen den Lesben und Schwulen nützlich gewesen seien. Der Hinweis, nach der Embryonalzeit sei an der Homosexualität nicht mehr zu rütteln, habe die Juristen bewogen, die Strafparagraphen zu streichen. Möglicherweise haben Dörners Argumente dazu beigetragen, aber sie verwandelten lediglich den Straftatbestand in einen Krankheitswert. Eine wirkliche Akzeptanz konnten sie nicht erreichen. Daß sie gegenüber Homosexualität zugenommen hat, ist den Bemühungen von Lesben, Schwulen und heterosexuellen MitstreiterInnen zu verdanken, ihrer unermüdlichen Öffentlichkeitsarbeit.

Transvestiten und Transsexuelle

Sexuelle Orientierung und Geschlechtsrollenidentität sind zwei verschiedene Dinge, die häufig verwechselt werden. Bis heute herrscht die Auffassung vor, daß Transvestiten und Transsexuelle homosexuell seien. Das ist mitnichten immer so. Ein Identitätskonflikt beim unbewältigten homosexuellen coming out ist nur eine von mehreren möglichen Ursachen für Transsexualität. Sowohl Heterosexuelle als auch Homosexuelle identifizieren sich in der Regel relativ problemlos mit ihrem biologischen Geschlecht. Die transvestitischen Männer, die sich in den vergangenen Jahren hilfesuchend an den Berliner Sonntags-Club wandten, waren mehrheitlich heterosexuelle Männer, die meisten verheiratet und Väter.

Viele Frauen und Männer brauchen ab und zu Abstand von ihrer Sozialrolle als Frau oder Mann. Fasching, Karneval, Maskenball, Travestie-Show sind Gelegenheiten, spielerisch mit der sozialen Geschlechtsrolle umzugehen. Im Grunde beweist das nur, daß an den sozialen Geschlechtsrollen nicht allzu viel biologisch vorgegeben ist.

Aus dem Spaß wird Ernst, wenn Personen nicht nur zeitweilig, sondern auf Dauer mit ihrer Sozialrolle als Frau oder Mann unzufrieden sind. Einige begnügen sich mit Verstößen gegen die Kleidungsvorschriften und gestalten ihren Habitus entsprechend der gewünschten Geschlechtsrolle. Schon Hirschfeld bezeichnete sie als Transvestiten. Andere identifizieren sich ganz mit der ersehnten Rolle und wünschen sich eine entsprechende amtliche Anerkennung, die ihnen allerdings nicht gewährt wird. Erst wenn sie ihre Geschlechtsorgane entfernen lassen, kommen sie diesem Wunsch näher. Diejenigen Menschen, die sich psychisch dem anderen Geschlecht zugehörig fühlen und sich mit ihren „falschen" Geschlechtsorganen nicht abfinden wollen, werden als Transsexuelle bezeichnet. Die operative Umwandlung ist ein tiefer Einschnitt in das Leben der betreffenden Personen. Sie ist ein Experiment, dessen Ergebnis unwiderruflich ist, und es ergeben sich neue Probleme physischer und psychischer Natur.

In der DDR gab es keine prinzipielle gesetzliche Regelung, sondern nur die „Verfügung zur Geschlechtsumwandlung von Transsexualisten" vom 27. Februar 1976, die der Allgemeinheit nicht zugänglich war. Es mußte ein Antrag auf Personenstandsänderung gestellt werden. Dieser wurde vom Hausarzt oder der Hausärztin zusammen mit einem psychiatrisch-neurologischen Gutachten über die Kreis- und BezirksärztInnen an die Ministerien für Gesundheitswesen und Inneres weitergeleitet. Eine Expertenkommission prüfte den Antrag und entschied über hor-monelle Behandlung, Operation und schließlich Änderung der Geschlechtsidentität. Bei Zustimmung wurde die Operation von MedizinerInnen des staatlichen Gesundheitswesens kostenlos ausgeführt. Die Verfahrensweise drängte auch Personen, die eigentlich zum Transvestismus neigten, letztendlich zur Transsexualität.

Andere Länder zeigen, daß es möglich ist, einen Personenstandswechsel zu genehmigen, ohne daß die betreffenden Personen sich vorher operativ verändern lassen. Vernünftige Kriterien und Bedingungen finden sich. Es gäbe einige Suizide weniger, die Intensität des Eingriffs in die persönliche Sphäre hinge von den betreffenden Personen ab und weniger von administrativen Entscheidungen.

Nach der Vereinigung der beiden deutschen Staaten gilt in der ehemaligen DDR ebenfalls das Gesetz über die Änderung der Vornamen und die Feststellung der Geschlechtszugehörigkeit in besonderen Fällen (Transsexuellengesetz) vom 10. September 1980 (BGBL I, S. 1654) und die Anträge sind beim Amtsgericht des zuständigen Landesgerichtes zu stellen.

Nomen est omen?

Das Gefühl, das die Leute zueinandertreibt, heißt einmal Liebe und einmal Sexualität. Liebe wird als etwas Großes und Wunderbares besungen. Sexualität spielt sich unter der Gürtellinie ab. Darüber wird nicht geredet, höchstens hinter vorgehaltener Hand. Medizinische Sprache oder Jargon, dazwischen gibt es im Deutschen fast nichts. Was lange Tabu war, dafür gibt es keine salonfähigen, allgemeinverständlichen Ausdrücke.

Vereinfacht gilt wohl nach wie vor: Liebe ist, wenn eine Frau lange mit ihrem Mann zusammenlebt, Kinder zur Welt bringt und diese ordentlich großzieht. Sexualität ist, wenn eine pflichtvergessene Frau fremdgeht, obwohl sie einen guten Mann hat, der freiwillig abwäscht, nicht säuft, nicht prügelt und regelmäßig arbeiten geht.

In der Bibel ist viel von Liebe zu lesen, aber Sex ist damit nicht gemeint. Wenn es um Sex geht, heißt es zum Beispiele: „...und er erkannte sein Weib." Die Frauen in der Bibel erkannten ihre Männer dagegen nie.

Lesben wurden von Paulus im 1.Brief an die Römer, Vers 26 (Neues Testament) so beschrieben: „Darum hat Gott sie auch dahin gegeben in schändliche Lüste. Denn ihre Weiber haben verwandelt den natürlichen Gebrauch in den unnatürlichen." Sex war für Paulus Unkeuschheit und Hurerei. Es wäre ihm lieber gewesen, die Leute hätten es gelassen. An die Reproduktionsrate der Bevölkerung kann er nicht gedacht haben. Immerhin konnte er sich zu dem Zugeständnis durchringen: „...es ist besser freien, denn Brunst leiden." Die Lust, die Frauen mit Frauen erlebten, übersetzte Luther mit „...Weib mit Weib unkeusch treyben".

In der Zeit der Aufklärung kamen mit der Besinnung auf die griechisch-römische Antike Bezeichnungen wie Päderasten, Tribaden, griechische, lesbische und sapphische Liebe auf. In griechischen Texten ging es, wenn überhaupt, meist um männliche Homosexualität. Aber auch von der Dichterin Sappho, die um 600 v.d.Z. (also lange vor Paulus) auf der griechischen Insel Lesbos lebte, sind Texte überliefert. Das Wort „Lesbierin" ist eine Ableitung von „Lesbier", der Bezeichnung für die männlichen Bewohner von Lesbos. Homosexuelle Frauen bezeichnen sich selbst lieber als Lesben. Reiner Werner hat in seinem Buch „Homosexualität" Kreativität demonstriert, als er das Wort „Lesbizität" erfand. (Leider war er nicht so konsequent, auch von „Schwulizität" zu reden.) Weil Homosexualität in unserem Kulturkreis immer noch als Normverstoß gilt, wird sie zumindest moralisch verurteilt. Die Suche nach ihren Ursachen trieb mitunter seltsame Blüten; so wurde Homosexualität zuweilen bestimmten Gruppen der Bevölkerung zugeschrieben, um deren negative Charakterisierung zu vervollständigen. Das jüngste Beispiel ist der chilenische Diktator Pinochet, der von der Bundeswehr als einer Ansammlung von Fixern, Gammlern, Schwulen und Gewerkschaftern sprach, wie die taz am 7.9.90 berichtete. Im vorigen Jahrhundert galt einigen Franzosen Homosexualität als „L'amour à l' allemande", wogegen die deutsche Herzogin Charlotte von Orleans meinte, „Brotessen ist nicht allgemeiner hier in Frankreich nun als obgemeldtes Laster". In der Zeit der Aufklärung hieß Homosexualität in deutschen Landen „griechische Liebe", für die Nazis war sie ein „jüdisches Laster". 1869 fand der Berliner Psychiater Westphal bei einer Frau „...eine Wuth, Frauen zu lieben". Er nannte dies „conträre Sexualempfindung" und hielt es für ein pathologisches Phänomen. Mediziner, Psychiater und Juristen waren über lange Zeit hinweg die einzigen, die sich mit der Thematik befaßten. Sie hatten natürlich den Blick ihres Fachgebietes auf die Sexualität im allgemeinen und die Homosexualität im besonderen. Mediziner lernten kranke Homosexuelle kennen, Psychiater ausgeflippte, Juristen straffällige, und im Kontext mit der von der Bibel verordneten moralischen Verurteilung entstand ein ausgesprochen schiefes Bild von homosexuellen Menschen, das der Allgemeinheit als höchste Weisheit empfohlen wurde. Homosexualität erschien vorwiegend im Zusammenhang mit Ausschweifung, Abweichung, Anomalie, Verirrung, Verkehrtheit, Perversion, Unzucht. Prostitution, Laster, Verbrechen, und Sünde wider die Natur wurde damit gleichgesetzt.

Der schwule Jurist Karl Heinrich Ulrichs suchte Mitte des vorigen Jahrhunderts nach objektiven Bezeichnungen für den Sachverhalt, weil ihm die vorhandenen zu negativ belegt waren. Er hatte seinen Platon gründlich gelesen und erfand die Begriffe „Uranismus", „Urning" und „Dioning", abgeleitet von Pausanias Lob auf die zwei Arten des Eros: „Wie sollte es aber nicht zwei Göttinnen geben? Die eine ist ja die ältere, die mutterlose Tochter des Uranos, die wir auch die himmlische nennen, und dann die jüngere, des Zeus und der Dione Tochter, die wir die irdische nennen. Darum müssen wir auch den einen Eros, den Gehilfen der letzteren, mit Recht als den irdischen und den andern als den himmlischen bezeichnen." „Uranismus" meinte das, was wir heute mit Homosexualität bezeichnen. „Urning" meinte den männerliebenden (bei Pausanias der Gute) und „Dioning" den frauenliebenden Mann (bei Pausanias der Schlechte).

Über Frauen, die Frauen lieben, war bei Platon nichts vermerkt, so wurde der Begriff „Urninde" oder „urnische Dame" erst später kreiert. Eine Bezeichnung für die männerliebenden Frauen, eine Ableitung von Dioning, ließ sich nirgendwo finden. Das sogenannte „dritte Geschlecht" wandelte sich bei Hirschfeld zur sexuellen Zwischenstufe, und ihre konkreten Ausprägungen heißen heute „kesser Vater" und „Tunte". Die Attribute des kessen Vaters, der sich maskulin gebärdenden Lesbe, waren in den zwanziger Jahren die Zigarre, das Monokel, kurze Haare, Herrenanzug mit Schlips oder Pfeife und Schlamperhose mit Schirmmütze.

Im allgemeinen ging es den Lesben damals wie heute, sie verschwanden hinter den Bezeichnungen. Alle diese Begriffe, darunter auch Inversion, Invertierte, Homoeroten, sind fast vergessen. Durchgesetzt haben sich Kertbenys Kreationen „homosexuell" und „heterosexuell". Doch auch sie finden keinen ungeteilten Beifall. Als Bundestagspräsident Jenninger sich im Parlament gegen die Bezeichnungen Lesben und Schwule mit der Begründung sträubte, diese Worte gehörten nicht zur deutschen Hochsprache, griffen die Abgeordneten der Grünen auf Ulrichs „Urninge" und „Urninden" zurück, weil sie das Wort „homosexuell" nicht verwenden wollten.

„Homosexualität" scheint objektiv, wird aber mitunter abgelehnt, „...weil da so der Sex im Vordergrund steht". Auch das Wort „Homophilie" ist kein Ausweg. Die griechische Wurzel philos steht laut Herkunftswörterbuch des Bibliographischen Instituts Mannheim/Wien/Zürich für: Liebender, Freund und Gesinnung. Bibliophile sind Leute, die Bücher mögen. So etwas gilt nicht als pervers oder unnormal, weil es nicht mit Sex in Verbindung gebracht wird. Zur Liebe zwischen Frauen (oder zwischen Männern) gehören jedoch auch sexuelle Beziehungen. Homophilie könnte allenfalls freundschaftliche Beziehungen zwischen Frauen (Männern) meinen. Denn: Eine Frau, die mit Männern arbeitet, mit Männern ihre Freizeit verbringt, aber mit einer Frau schläft, ist heterophil und homosexuell. Ein Mann, der mit Männern arbeitet, mit Männern seine Freizeit verbringt und mit einer Frau schläft, ist homophil und heterosexuell.

Selbstbezeichnung oder Selbstbezichtigung?

In der DDR wurden mit den beginnenden Organisierungsbestrebungen der Lesben und Schwulen zeitweilig die Ausdrücke „homophil" und

„Homophile" benutzt, um den Wortbestandteil „sexuell" aus der Bezeichnung zu eliminieren. Ursache für diese Wortwahl waren Hemmungen im verbalen Umgang mit Sexualität. Die Ausdrücke „Lesben" und „Schwule" kamen damals noch weniger in Betracht, weil sie im Bewußtsein der mit Homosexualität konfrontierten Personen als Beschimpfungen rangierten. Bis Mitte der achtziger Jahre stießen sie auf Protest, sowohl bei Heterosexuellen als auch bei Homosexuellen.

1978 luden Frauen in Berlin Lesben zu einem Treffen ein. In der Einladung wandten sie sich an „alleinstehende Kolleginnen", „Freundinnen mit einschlägigen Ambitionen", „Gleichgesinnte". Diese Umschreibungen lassen erkennen, wie groß der Widerstand war, sich mit Begriffen wie „lesbisch" oder „homosexuell" zu identifizieren. Briefe des Freund-Innenkreises (und späteren Sonntags-Clubs) an Behörden und die SED verwenden den Begriff „homophil" ebenso wie die 1985 vorgelegte Studie der interdisziplinären WissenschaftlerInnengruppe „Homosexualität" der Humboldt-Universität: „Zur Situation homophiler Bürger in der DDR".

Auf den Tagungen zu psychosozialen Aspekten der Homosexualität wurde mehrheitlich von Homosexuellen gesprochen. Die Ankündigung 1985 in Leipzig, eine Lesbe und ein Schwuler würden referieren, wurde als Sensation gewertet. Unter den übrigen ReferentInnen befanden sich weitere Lesben und Schwule, aber sie wurden ebensowenig wie die Heterosexuellen mit ihrer sexuellen Orientierung als RednerInnen angekündigt. Während der Tagung 1990 in Jena gehörten die Ausdrücke „Lesben" und „Schwule" schon zum allgemeinen Vokabular, und die Tatsache, daß auch Lesben und Schwule sprachen, war inzwischen Normalität. Das beweist eine schnelle Veränderung des Selbstverständnisses bei Lesben und Schwulen und eine entsprechende Akzeptanz bei den beteiligten Heterosexuellen. Zwischen den wissenschaftlichen Tagungen 1985, 1988, 1990 und der Emanzipationsbewegung gab es Wechselbeziehungen. Die Tagungen boten eine Plattform zur Artikulation, was sich stimulierend auf diejenigen auswirkte, die sich in den Gruppen engagierten. Andererseits nahm die erstarkende Bewegung Einfluß auf Inhalt und Verlauf der Tagungen.

Die Bedeutung von Bezeichnungen zeigt sich auch in anderen Details. Im Sommer 1987 erschien auf dem Programm des Berliner Sonntags-Clubs erstmals die Unterzeile „... nicht nur für homosexuelle Bürger". Dem ging eine heftige Debatte voraus. Einerseits sollte die Unterzeile darüber informieren, wer die OrganisatorInnen und für wen die Veranstaltungen in erster Linie gedacht waren. Andererseits mußte der Vorwurf abgewehrt werden, Lesben und Schwule würden sich in ein selbstgewähltes Ghetto begeben. Die Schreibweise „BürgerInnen" mit dem großen „I" war den Lesben und Schwulen des Sonntags-Clubs damals noch nicht bekannt.

In Dresden lief im März 1987 die erste Veranstaltung zum Thema Homosexualität unter dem Titel „Wenn der Dieter mit dem Frieder und die Moni mit der Loni...". Mit dieser Umschreibung gelang es, die Reizworte zu vermeiden, und trotzdem war klar, worum es ging. Die intensive Auseinandersetzung mit dem Thema und das erstarkende Selbstbewußtsein der engagierten Lesben und Schwulen in den verschiedenen Gruppen ließen die Bedenken in bezug auf die Bezeichnungen schwinden, obwohl es immer wieder Diskussionen über Sinn und Zweck der Wortwahl gab. Die Umwertung aus dem negativen Bereich in den positiven hielten viele für illusorisch. Dennoch haben sich die meisten SkeptikerInnen entschlossen, ebenfalls von Lesben und Schwulen zu reden, und fördern so den angestrebten Prozeß. Beide Bezeichnungen weisen nicht permanent auf das Sexuelle hin, obwohl sie es enthalten.

Trotzdem gibt es immer noch Lesben und Schwule, die zwar ihre homosexuellen Bedürfnisse entdecken und für sich selber akzeptieren, sich aber weder als Lesben und Schwule noch als Homosexuelle bezeichnen möchten. Sie würden gern eine Bezeichnung erfinden, die zutrifft und neutral ist. Dabei übersehen sie, daß jedem neuen Begriff das gleiche Schicksal zuteil würde wie den bisher existierenden.

Lesben und Strafrecht

Ein wesentliches Hindernis für die Akzeptanz von Homosexualität war die unterschiedliche strafrechtliche Behandlung von Heterosexualität und Homosexualität. In unserem von der christlichen Religion geprägten Kulturkreis wurden weibliche und männliche Homosexualität lange Zeit strafrechtlich verfolgt. Im 3. Buch Moses wird bekanntlich die Todesstrafe für homosexuelles Verhalten gefordert. Der Apostel Paulus verurteilte Sexualität im allgemeinen und Homosexualität im besonderen moralisch. Mittelalterliche Strafgesetze bedrohten alle sexuellen Verhaltensweisen, die nicht der Zeugung in der Monogamie dienten, und forderten für Homosexualität den Feuertod. Frauen wurden auch bestraft, wenn sie Männerkleider trugen.

Die Bestrebungen der Aufklärung, mittelalterliche Enge zu überwinden, wirkten sich während der französischen Revolution auch positiv auf Homosexuelle aus. Homosexualität tauchte in dem neuen Code penal (dem französischen Strafgesetzbuch) nicht mehr als Straftat auf.

Die Errungenschaften der französischen Revolution wurden von anderen europäischen Ländern übernommen. In der Folge tilgten verschiedene deutsche Länder den Strafparagraphen aus ihren Gesetzbüchern, so Elsaß-Lothringen, Bayern, Hannover, Württemberg, Braunschweig und Baden. In den übrigen deutschen Ländern existierte er weiter. 1851 wurde in Preußen ein neues Strafrecht eingeführt. Dabei gingen die Juristen von dem Begriff Päderastie aus, der männliche Homosexualität meinte. Durch diese Wortwahl und ihre Übersetzung kam eine Formulierung des Strafparagraphen zustande, die in Preußen fortan nur noch die männliche Homosexualität mit Strafe bedrohte. Die weibliche Homosexualität fiel aus dem Strafrecht heraus. Nicht etwa, weil sie akzeptiert worden wäre, sondern weil es sie scheinbar gar nicht gab.

Mit der Reichseinigung 1871 wurde ein Reichsstrafgesetzbuch erarbeitet, dem die preußische Fassung zugrunde lag. Die bis dahin straffreien Länder bekamen wieder einen Strafparagraphen, und in den Ländern, die vorher Lesben und Schwule mit Strafe bedroht hatten, galt der Paragraph nur noch für männliche Homosexualität. Seit dem Ende des vergangenen Jahrhunderts gab es Bestrebungen, das Strafrecht zu reformieren. 1909 lag ein Entwurf vor, in dem auch die Bestrafung weiblicher Homosexualität verlangt wurde. Der vorgeschlagene Paragraph 250 lautete: „Die widernatürliche Unzucht mit einer Person gleichen Geschlechts wird mit Gefängnis bestraft." Die Einbeziehung der Lesben in das Strafrecht wurde mit „Beseitigung bisheriger Ungleichheit" begründet und mit einer „Gefahr für das Familienleben". Einerseits wurde eingeräumt, weibliche Homosexualität sei nicht so häufig wie männliche, andererseits wurde befürchtet, weibliche Homosexualität nehme zu und müsse eingedämmt werden. Im gleichen Entwurf wurde der Vorschlag abgelehnt, Dienstherren zu bestrafen, die ihre Arbeiterinnen sexuell erpressen. Frauenrechtlerinnen wie Helene Stöcker polemisierten gegen den Strafrechtsentwurf. Auch Juristen sprachen sich dagegen aus. Bei ihnen war nicht Akzeptanz das Motiv, sondern eher die Vorstellung, daß das keine „richtige Sexualität" sei, was die Frauen da trieben. Käthe Schirmacher und Anna Pappritz aus der Frauenbewegung, die weibliche Homosexualität nicht unbedingt akzeptierten, verwiesen darauf, daß von diesem Paragraphen alle Frauen bedroht seien, die aus wirtschaftlichen Gründen zusammen in einer Wohnung lebten. Spätere Strafrechtsentwürfe verzichteten darauf, Lesben zu verfolgen. Keiner der Entwürfe wurde zum Gesetz erhoben.

Die Nazis verschärften 1935 den Paragraphen 175, und viele homosexuelle Frauen und Männer fanden sich in Konzentrationslagern wieder. Die Schwulen trugen dort den rosa Winkel. Da für Lesben kein Strafparagraph existierte, wurden sie mit dem schwarzen oder grünen Winkel als Asoziale oder Kriminelle gebrandmarkt. In Österreich war weibliche Homosexualität bis 1972 verboten. In der BRD existiert der Paragraph 175 in veränderter Fassung bis heute. Inzwischen besteht die begründete Aussicht, daß er gestrichen wird.

In der SBZ (der Sowjetisch Besetzten Zone), der späteren DDR, galt das Reichsstrafgesetzbuch in seinen wesentlichen Teilen bis 1968. Im Zuge der Strafrechtsreform wurde der Paragraph 175 gestrichen. An seiner Stelle erschien im Strafgesetzbuch der DDR der Paragraph 151. Die KPD hatte in den zwanziger Jahren im Reichstag (erfolglos) die Streichung des Paragraphen 175 beantragt. Die Begründung stützte sich auf die Argumentation, daß zwei erwachsene Menschen selbst dafür verantwortlich seien, was sie in gegenseitigem Einvernehmen miteinander tun, und daß Bestrafung Homosexualität nicht verhindere. Diese Argumente mögen zur Streichung des Paragraphen 175 in der DDR beigetragen haben. Vorhanden ist aber bis heute die Furcht vor „Verführung", und so bedrohte der Paragraph 151 homosexuelle Kontakte von Personen über mit Personen unter achtzehn Jahren. Die Formulierung bezog Frauen ein. So kamen Lesben in deutschen Landen nach rund hundert Jahren wieder zu einem Strafparagraphen.

Erst am 28. Dezember 1988 beschloß die Volkskammer, Heterosexuelle und Homosexuelle strafrechtlich gleichzustellen. Seit dem 1.7.1989 galten in der DDR für sexuelle Kontakte zwischen Erwachsenen und Jugendlichen die Paragraphen 149 und 150. Sie regelten die Strafbarkeit oder Straffreiheit von hetero- und homosexuellen Kontakten in gleicher Weise. Sie gelten in den ostdeutschen Bundesländern, ebenso wie das „Gesetz über die Unterbrechung der Schwangerschaft" (vom 9. März 1972), bis 1992, falls nicht vom Bundestag eine andere Regelung getroffen wird.

Ob und wie viele Verurteilungen von Frauen es in der DDR nach Paragraph 151 gegeben hat, darüber wurden keine statistischen Angaben veröffentlicht. Urteile gegen Schwule hat es gegeben, das ist bekannt. Es ist anzunehmen, daß sehr viel mehr Schwule als Lesben belangt wurden. Das hängt unter anderem auch mit dem Jugendkult zusammen, der bei einem Teil der Schwulen ausgeprägt ist und den es in dieser Form bei den Lesben nicht gibt.

Die gesetzliche Regelung sexueller Kontakte zwischen Jugendlichen und Erwachsenen machte in der DDR keinen Unterschied zwischen Frauen und Männern. Die Beurteilung der Strafbarkeit ging von der sexuellen und moralischen Reife der Jugendlichen aus. Außerdem wurde berücksichtigt, ob Abhängigkeit, Nötigung oder Gewalt eine Rolle gespielt hatten.

Pädosexualität

Meine Tochter war sechs Jahre alt und ging in die erste Klasse, als ein Mann sie unter einem Vorwand in einen Hausflur lockte. Dort preßte er sie an die Wand, zog ihr den Schlüpfer herunter und holte seinen Penis aus der Hose. Glücklicherweise kamen zufällig Mieter aus einer Wohnung und knipsten das Licht im Hausflur an. Der Mann erschrak, meine Tochter konnte sich losreißen und flüchten. Sie war schwer erschüttert und weinte. Lange konnte sie nicht darüber reden. Ich drängte sie nicht. Ich ging zur Polizei. Und was fragte mich der Genosse Leutnant? „Hat Ihre Tochter den Mann ermutigt?"

Die Ungeheuerlichkeit dieser Frage machte mich damals sprachlos. Aber der Vorgang brachte mich dazu, hinzuhören, wenn es um Pädosexualität geht.

In der Diskussion der Lesben- und Schwulengruppen der DDR war das Thema „Pädophilie" bis zur Wende nicht relevant. Gruppen und Zeitschriften von Pädosexuellen existierten nicht.

Der Ausdruck Pädophilie ist eine irreführende Bezeichnung. Er kommt aus dem Griechischen und setzt sich aus den Worten „Kind" und „Freund" zusammen. Deshalb sind eigentlich alle Erwachsenen, die Kinder mögen, pädophil. Das, was gemeinhin unter Pädophilie verstanden wird, ist Pädosexualität. Der verwaschene und verharmlosende Ausdruck „Pädophilie" verweist darauf, wie unklar die Definitionslage ist. Verfechtern der Legalisierung pädosexueller Beziehungen kann das nur recht sein. Bietet doch die unklare Definition (samt Bezeichnung) mehr Möglichkeiten für demagogische Argumentationen.

Pädosexualität meint sexuelle Kontakte zwischen Erwachsenen und Kindern, zwischen sexuell reifen und sexuell noch nicht reifen Individuen. Deshalb berührte die Streichung des Paragraphen 151 in der DDR die

Wünsche der Pädosexuellen nicht. Die Paragraphen 149 und 150 erlauben sexuelle Kontakte zwischen Jugendlichen und Erwachsenen. Kriterium der Straflosigkeit ist die sexuelle und moralische Reife der Jugendlichen. Sexuelle Reife meint nicht nur die biologische Fähigkeit zur Fortpflanzung.

Vom Jugendforschungsinstitut in Leipzig wurde angegeben, daß die meisten jungen Frauen und Männer mit 16 oder 17 Jahren ihren ersten Orgasmus erleben. Da dies ein statistischer Mittelwert ist, gibt es natürlich Abweichungen nach oben und unten. Pädosexualität zielt nicht auf den sexuellen Kontakt mit Personen, die die Pubertät durchlaufen haben, sondern auf solche, die sie noch vor sich haben. Pädosexuelle Erwachsene wünschen sich sexuelle Kontakte mit Kindern. Sobald Kinder die Puberät hinter sich gebracht haben, sind sie für Pädosexuelle nicht mehr interessant.

Organisierte pädosexuelle Männer entwickelten eine raffinierte Art der Argumentation. Sie verweisen auf sexuelle Bedürfnisse von Kindern, die befriedigt werden müßten, wenn die Kinder keinen Schaden an ihrer Persönlichkeit erleiden sollen. Sexuelle Bedürfnisse befriedigen Kinder aber mit Gleichaltrigen, und was sie da tun, unterscheidet sich von dem, was Erwachsene anstreben. Erwachsene haben das Bedürfnis nach Geschlechtsverkehr, welche konkreten Formen sie auch immer bevorzugen mögen. Da Kinder sexuell noch nicht reif sind, können sie nicht die gleichen Bedürfnisse wie Erwachsene haben.

Kinder brauchen Zärtlichkeit. Alle Eltern, die ihre Kinder lieben, werden dieses Bedürfnis befriedigen. Umarmungen, Streicheln, Schmusen, Kitzeln gehören dazu. Es bedarf keiner Gesetzesänderung, um zärtliche Körperkontakte zu Kindern zu legalisieren.

Kinder haben ein Recht auf Liebe und Schutz. Sie haben ein Recht darauf, von Eltern, Großeltern, Tanten, Onkeln, Geschwistern, Cousinen und Cousins, LehrerInnen, NachbarInnen geliebt und geschützt zu werden. Die Legalisierung sexueller Kontakte von Erwachsenen mit Kindern hat aber nach meiner nichts mit Kinderliebe zu tun, sondern würde dem sexuellen Mißbrauch nur Tür und Tor öffnen.

Das Zahlenverhältnis zwischen Homo-Pädosexualität und Hetero-Pädosexualität ist mit Sicherheit das gleiche wie zwischen Homosexualität und Heterosexualität überhaupt. Das bedeutet, daß die überwiegende Mehrheit der Pädosexuellen heterosexuell ist. Das Familienministerium der BRD hat Zahlen veröffentlicht: Von 13 179 sexuell mißbrauchten Kindern im Jahre 1988 waren 80 Prozent Mädchen. Täter waren zu 98 Prozent Männer, überwiegend Familienangehörige. Die organisierten homo-pädosexuellen Männer, die für das Recht auf Sex mit Knaben plädieren, wissen, daß es viele hetero-pädosexuelle Männer gibt. Sie beteuern, sexuellen Mißbrauch und sexuelle Ausbeutung verhindern zu wollen. Sie erklären nicht, auf welche Weise sie das erreichen wollen. Sie weisen darauf hin, daß ihre Organisationen von der Polizei überwacht werden und deshalb nur wenige Pädosexuelle sexuellen Mißbrauch wagen. Sie argumentieren, Kinder seien in den Familien viel gefährdeter. Die homo-pädosexuellen Männer haben jedoch in heterosexuellen Familien keinen Einfluß, so daß sie dort gar keinen Mißbrauch verhindern können. Im Gegenteil, bei einer Legalisierung pädosexueller Kontakte gäbe es keine Möglichkeiten mehr, sexuellen Mißbrauch innerhalb der Familien zu verhindern und zu ahnden. Organisationen wie „Wildwasser - Arbeitsgemeinschaft gegen sexuellen Mißbrauch an Mädchen" verweisen auf die gegenwärtig erschreckend hohe Dunkelziffer sexuell mißbrauchter Mädchen.

Pädosexuelle sprechen nicht von ihren eigenen Wünschen. Sie argumentieren stets mit den sexuellen Bedürfnissen der Kinder, auf die sie ihre eigenen Wünsche projizieren. Ihrer Argumentation zufolge müßten sich vorpubertäre Mädchen nach Geschlechtsverkehr mit erwachsenen Männern sehnen, das heißt, sie müßten sich wünschen, vergewaltigt zu werden.

Pädosexuelle behaupten, Kinder brauchten nur zu lernen, „Ja" oder „Nein" zu sagen. Kinder befinden sich aber in grundsätzlicher Abhängigkeit von Erwachsenen. Es besteht ein enormes Machtgefälle zwischen Erwachsenen und Kindern. Bei einer Legalisierung pädosexueller Kontakte hätten Kinder keine Chance, sich dagegen zu wehren, besonders angesichts der Art, wie Pädosexuelle argumentieren. Erinnern wir uns: Meine Tochter hatte nichts weniger im Sinn als sexuelle Kontakte, und doch stellte der Polizist sofort die unsinnige Frage, ob sie den Mann ermutigt habe. Wenn sie in Unkenntnis, aus Angst oder kindlicher Naivität „Ja" gesagt hätte, würde ihr die Schuld zugeschoben, dann hätte sie „es" ja gewollt.

Pädosexualität richtet sich gegen die Interessen der Kinder, stört ihre psychische Entwicklung, verletzt ihre Würde und oft genug ihre Körper. Es ist nicht nur egoistisch, sondern unverantwortlich, Kinder des gesetzlichen Schutzes berauben zu wollen. Pädosexuelle Forderungen zu unterstützen ist ein Angriff auf die Menschenrechte im allgemeinen und die Rechte der Kinder im besonderen. Kinder sollen gleichberechtigt sein, aber sie verfügen nicht über die gleiche Entscheidungssouveränität wie Erwachsene und können sich nicht selbst in die öffentliche Debatte einbringen. Sie brauchen unseren Schutz und unsere Zuwendung, nicht die Konfrontation mit den Wünschen von Pädosexuellen. Es ist kein Zufall, daß fast alle Lesben wie auch heterosexuellen Frauen die Legalisierung pädosexueller Kontakte ablehnen.

Was Kinder brauchen, ist eine unverklemmte, altersgemäße Aufklärung über Sexualität und Partnerschaft. In einer entspannten Familienatmosphäre ist Sexualität für Kinder insoweit interessant, als sie wissen wollen, was das ist und wie es geschieht. So, wie Kinder nach allem fragen, was sie umgibt, fragen sie auch nach Sexualität. Ihre eigenen Wünsche und ihre Neugier befriedigen sie untereinander mit gegenseitigem Vorzeigen und Anfassen. Das gehört zum Erkunden des eigenen Körpers sowie der Umwelt und hat herzlich wenig mit der Sexualität Erwachsener zu tun.

Organisierte Gruppen von Pädosexuellen sind meines Erachtens nur akzeptabel, wenn sie die Sublimierung oder Ablenkung ihrer pädosexuellen Wünsche zum Ziel haben. Dies bedarf in der Regel einer Zusammenarbeit mit Psychotherapeuten und darf pädosexuelle Wünsche nicht legitimieren.

Pornographie oder Erotographie?

Ein Mann, gefesselt und mit verhülltem Gesicht, wird gefoltert. Das Bild geht durch die Presse und löst eine Welle der Empörung aus. Eine Frau in der gleichen Situation, Darstellerin in einem sogenannten Hard-Core-Erotic-Video, also einem Porno-Film, erzeugt bei männlichen Konsumenten sexuelle Lust.

Im Strafgesetzbuch der DDR hieß es unter Paragraph 125: „Wer pornographische Schriften oder andere pornographische Aufzeichnungen, Abbildungen, Filme oder Darstellungen verbreitet oder sonst der Öffentlichkeit zugänglich macht, sie zu diesem Zweck herstellt, einführt oder sich verschafft, wird mit öffentlichem Tadel, Geldstrafe, Verurteilung auf Bewährung oder mit Freiheitsstrafe bis zu zwei Jahren bestraft."

Zwar gab es in der DDR einen funktionierenden Porno-Schwarzmarkt, aber ohne Mühe oder gute Beziehungen kam keiner in den Besitz derartiger Produkte. Pornozeitschriften aus dem Westen wurden unter der Hand weitergegeben. Doch im allgemeinen blieben BürgerInnen und besonders deren Kinder verschont. Manche haben das bedauert, vielen war es recht. Wie auch immer: Die Ablehnung diskriminierender Pornographie hat nichts mit Verklemmtheit zu tun.

In den zwanziger Jahren machte sich eine Homosexuellen-Zeitung über die Prüderie der Gesellschaft lustig, indem sie sich über die schamlos pornographische Baumblüte in Werder mokierte, wo die Pflanzen hemmungslos ihre Geschlechtsorgane präsentieren, massenhaft vor aller Augen Befruchtungen vor sich gehen und die Insekten ganz unverschämt und skrupellos ihr Mütchen kühlen. In der DDR gab es Darstellungen von Nacktheit regelmäßig in den Zeitschriften „Eulenspiegel" und „Magazin". Es waren vorwiegend weibliche Akte, selten männliche. Ein Poster mit drei nackten Männern, Mitte der achtziger Jahre angeboten, war rasch verkauft, nicht nur an schwule Kunden.

Die Medienlandschaft der DDR war weitgehend frei von Reklame, die Produkte mit Abbildungen nackter Frauen „an den Mann" zu bringen suchte. Männermagazine, in denen es von Betthäschen wimmelt, die sexy posieren, gab es nicht. Die tägliche Konfrontation mit auf Sex reduzierter Weiblichkeit blieb den Frauen in der DDR so ziemlich erspart. Dies und durch Berufstätigkeit mögliche Selbstbestimmtheit ließen sie sich stärker als Subjekte fühlen, auch als Sexualsubjekte.

In verschiedenen Zeitschriften wurde nach der Wende überrascht konstatiert, daß DDR-Frauen zusammen mit ihren Männern Beate-Uhse-Läden aufsuchen. Es war ihnen nicht jahrelang suggeriert worden, daß sexuelle Lust allein Männersache sei. Und nun teilen viele von ihnen die Neugier der Männer auf die „Sex-Lust-Industrie". Mögen Frauen Pornographie? Einschlägige Zeitschriftenbeiträge werden nicht müde, das zu behaupten. Doch in der Pornographie, die das Land jetzt überschwemmt, geht es nicht um die sexuellen Bedürfnisse von Frauen. Es geht um die Wünsche der Männer, und Frauen haben sie zu befriedigen. Auch die sogenannten Lesbenpornos sind nicht für Lesben produziert, sondern für die voyeuristischen Bedürfnisse von Männern. Ganz abgesehen davon, daß es auch nur selten Lesben sind, die in den entsprechenden Videos agieren. Ginge es um die Wünsche von Frauen, müßten Magazine auch gut gekleidete Frauen zeigen, die sich mit Politik, Wirtschaft, Wissenschaft, Technik und Sport beschäftigen, denen sich junge, schlanke, hübsche Männer anbieten, indem sie sexy posieren. In den Printmedien, die über die ehemalige DDR hereingebrochen sind, finden Frauen solche Lustbarkeiten allerdings nicht, was sie in Leserinnenbriefen auch des öfteren beklagen.

Im Streit um die Definition dessen, was Pornographie eigentlich ist, erhitzen sich die Gemüter. Die in der DDR gegründete Sex-Liga verwendete für Darstellungen von Nacktheit und sexuellen Kontakten den Begriff Erotographie, um sich von den Gewalt-Pornos zu distanzieren, in denen Frauen besonders kraß und auffällig diskriminiert werden.

Die Diskussion, ob Pornographie prinzipiell verboten werden sollte oder nicht, ist schon alt. Kriterium für eine Entscheidung, Erlaubnis oder Verbot, könnte die Antwort auf die Frage sein, ob Frau, Kind (oder Mann) in ihrer/seiner Würde verletzt werden. Es ist eine Binsenweisheit, daß die Hälfte der Bevölkerung Frauen und die andere Hälfte Männer sind. Angesichts der Männermagazine, der Reklame, der Sex-Meilen in den Städten könnte es scheinen, als gäbe es nur Männer als Konsumenten.

Um der Benachteiligung der Frauen ein Ende zu machen, müßte jede Firma, jede Redaktion und jede Person, die zu Reklamezwecken eine nackte Frau präsentiert, verpflichtet sein, nackte Männer in gleicher Anzahl und Pose anzubieten. Hersteller, Verleger, Filmemacher müßten per Gesetz verpflichtet werden, jeder Darstellung einer Frau als Sexualobjekt die Darstellung eines Mannes als Sexualobjekt in gleicher Weise gegenüberzustellen. Das würde auch den Begriffsstutzigsten schnell und deutlich zeigen, was abläuft.

Als im „Magazin" einmal ein nackter Mann zu sehen war, schrieb ein entrüsteter Herr, er fühle sich dadurch zum Objekt degradiert. Quotenregelungen sind nicht nur für den politischen Bereich relevant. Männermagazine, die auf jeder zweiten Seite eine intelligente, souveräne, gut angezogene Frau und ein männliches Betthäschen zeigen, könnten Weltbilder ins Wanken bringen. Bei Lesben-Pornos, wenn es denn welche gäbe, und ebenso bei Schwulen-Pornos, die es reichlich gibt, stellt sich die Frage der Diskriminierung so nicht. Da die Beteiligten dem gleichen Geschlecht angehören und daher als Subjekte und Objekte austauschbar sind, transportieren diese Pornos keine Diskriminierung eines Geschlechts. Sie können allerdings in anderer Weise herabwürdigend und verletzend sein.

Die organisierte Lesbenbewegung in der DDR

Am 18. Juni 1989 sollte im Klub der Berliner Bauarbeiterjugend über „Randgruppen im Sozialismus" diskutiert werden. Die Veranstaltung hatte der Sonntags-Club organisiert. Kurz vor dem Termin erschienen beim gastgebenden Klubleiter zwei unauffällige Herren, die ihn darauf aufmerksam machten, daß dieses Thema nicht erwünscht sei. Besorgt um die Arbeitsmöglichkeiten des Klubs und um seine Stellung, entfernte der Klubleiter die Ankündigung und sagte die Veranstaltung bei den OrganisatorInnen ab. Trotz intensiver Bemühungen war im nachhinein nicht mehr festzustellen, wer da eigentlich sein Veto eingelegt hatte. Die Abteilung Kultur des Stadtbezirks Friedrichshain verwies auf die FDJ und die SED, diese schoben die Vertreter der Kommune vor.

„Im Sozialismus gibt es keine Randgruppen!"

Honecker hatte 1988 geäußert: „Der Sozialismus braucht alle und hat Platz für alle." Lesben und Schwule nutzten diesen Satz, um sich gegen Ausgrenzung zu wehren. Besonders gern hielten sie das Zitat SED-Funktionären entgegen, die sich homosexuelle Menschen nicht als „sozialistische Persönlichkeiten" vorstellen konnten. Die stellvertretende Leiterin einer öffentlichen Einrichtung äußerte beispielsweise in einer Auseinandersetzung: „Wenn ich Partei und Homosexualität in einem Satz höre, dreht sich mir der Magen um."

Nach der herrschenden Lehrmeinung teilte sich die Gesellschaft in Klassen und Schichten, also soziale Gruppen, die sich durch ihr Tätigkeitsprofil, ihre Lebensweise und ihre Rolle beim Aufbau der sozialistischen Gesellschaft unterschieden. „Der Marxismus ist allmächtig, weil er wahr ist", stand auf einem riesigen Transparent an einer Landstraße im Norden Berlins. Die Einteilung der Gesellschaft in Gruppen nach anderen Kriterien als sozialen stellte nach Meinung führender Gesellschaftswissenschaftler den Marxismus-Leninismus in Frage. Es grenzte an Ketzerei, Lesben und Schwule als einen Teil der Bevölkerung mit eigenen Gruppeninteressen zu begreifen. Außerdem suggerierte die Bezeichnung Randgruppe, daß da jemand am Rande steht, benachteiligt wird, von „Vater Staat" vergessen. Das mußte bei Funktionären natürlich auf Widerstand stoßen, weil es der These widersprach, daß alle Werktätigen gleichberechtigt und schöpferisch am Aufbau der entwickelten sozialistischen Gesellschaft mitwirkten.

Die Weigerung, Lesben und Schwule als Gruppe der Bevölkerung zur Kenntnis zu nehmen, führte dazu, daß alle Probleme auf der individuellen Ebene blieben und nicht auf die Gruppenebene gelangten. Erst wenn Individuen aus ihrer Vereinzelung hervortreten und sich in Gruppen profilieren können, sind sie in der Lage festzustellen, worin sich ihre Befindlichkeiten von denen anderer Gruppen der Gesellschaft unterscheiden. Haben sie ihre spezifischen Interessen definiert, können sie diese in den gesellschaftlichen Diskurs einbringen. Und erst dann besteht die Möglichkeit der Integration.

In der DDR wurde fast alles, was von der Einteilung des marxistischen Klassensystems abwich, negiert. Lesben und Schwule, die Treffpunkte organisieren wollten, traf der Vorwurf, sie würden sich in ein Ghetto begeben und sich dadurch von der übrigen Bevölkerung isolieren. Solche Unterstellungen verhinderten die Thematisierung spezifischer Interessen und zementierten die isolierende Vereinzelung der Lesben und Schwulen.

Anfang des Jahres 1988 wäre der Berliner Sonntags-Club (einer der wenigen Treffpunkte homo- und bisexueller BürgerInnen) dieser Strategie beinahe zum Opfer gefallen. Der Magistrat hatte mitgeteilt, es werde eine „Konzeption für den Umgang mit homosexuellen Bürgern" geben. Hinter dieser Ankündigung verbarg sich der Vorschlag: „In jedem Jugendklub können zwei Homosexuelle in den Klubrat aufgenommen werden, um die Interessen der Homosexuellen zu vertreten. Veranstaltungen für Homosexuelle müssen nicht öffentlich als solche ausgewiesen werden. Damit ist der Sonntags-Club überflüssig. Wenn Veranstaltungen mit einem Titel wie: 'Männer, Moden und Schminke' auf Klubplakaten angekündigt werden, da wissen die Leute schon, wer gemeint ist."

Dennoch hatten sich Lesben und Schwule längst in Gruppen zusammengetan und schufen so nicht nur Bedingungen für bessere individuelle Lebensbewältigung, sondern auch Voraussetzungen für politische Artikulation und Einflußnahme. Konflikte des individuellen coming out wurden diskutiert, und nach und nach entstand ein Forderungskatalog, der 1989 dem Zentralrat der Freien Deutschen Jugend (FDJ) übergeben wurde. Um die Funktionäre nicht gleich zu erschrecken, nannte sich das Papier „Vorschläge (Diskussionsangebot) der Arbeitsgruppen Homosexualität zur weiteren Integration und Gleichstellung homosexueller Bürger innerhalb unserer Gesellschaft". Aufgezählt wurden die Bereiche, in denen nach Meinung der Lesben und Schwulen Veränderungen notwendig waren. Dazu gehörten Recht und Justiz, Wohnungswesen, Kulturpolitik, Sexualerziehung, Wissenschaft, Gesundheitswesen und Dienst in den bewaffneten Organen. Weil die Gruppen vielfach von Schwulen dominiert waren, wurde der Forderungskatalog mehrheitlich von ihnen ausgearbeitet.

„Wer steht hinter Ihnen?"

Nach 1945 waren sich SED und Kirche zunächst einig in ihrem Schweigen über Homosexualität. Der Paragraph 175 wurde zwar von den meisten Gerichten nicht in der von den Nazis verschärften Fassung angewendet, aber eine Thematisierung von Homosexualität fand nicht statt.

Der Schock der Nazizeit steckte den Lesben und Schwulen noch lange in den Knochen. Dazu kam, daß sich verdächtig machte, wer sich ohne Auftrag der Partei engagierte, wofür auch immer. Noch in den achtziger Jahren mußten sich Frauen und Männer fragen lassen, wer sie denn veranlaßt hätte, Lesben- und Schwulengruppen zu organisieren. Hinter jeder Aktivität wurde der „Klassenfeind" vermutet.

Im Jahre 1984 wandten sich Lesben an das Zentralinstitut für Bibliothekswesen und baten darum, Literatur über Homosexualität zugänglich zu machen. Die Nazis hatten diese Literatur in den „Giftschrank" verbannt. Da stand sie noch immer. Neuerscheinungen waren rar. Da die Bibliothekare nicht antworteten, machte sich eine Lesbe auf den Weg in das Institut, um das Anliegen persönlich vorzutragen. „Woher kommen Sie denn?" wurde sie von einer Sachbearbeiterin gefragt. „Von zu Hause", antwortete die Lesbe wahrheitsgemäß. Verblüffung bei der Sachbearbeiterin: „Aber das geht doch nicht!" „Warum nicht?" erwiderte die Lesbe. „Mit dem Bus ist die Verbindung hierher ganz gut." Die Dame hinter dem Schreibtisch wurde unwillig: „Sie wissen schon, was ich meine. Wer steht denn hinter Ihnen?" Die Lesbe drehte sich um: „Hinter mir ist die Wand." Das war zuviel. „Lassen Sie den Unsinn! Von wem haben Sie den Auftrag?" „Ich habe mir den Auftrag selber gegeben", gestand die Lesbe.

Dieser Dialog ist nicht satirisch, sondern typisch. Die strapazierte Losung „Plane mit, arbeite mit, regiere mit" auf solche Weise ernstzunehmen, das war nicht üblich. Wer sich nicht darauf verließ, daß „die da oben" es schon machen werden, und auf eigene Faust loszog, machte meist die Erfahrungen Don Quijotes. Nicht nur Lesben und Schwulen erging es so, sondern auch Umweltschützern, Friedensgruppen, Wehrdienstverweigerern und vielen anderen.

Das Machtmonopol der SED und die damit verbundene Unüberprüfbarkeit von Entscheidungen erzeugte bei vielen Menschen Verbitterung, das Gefühl der Abhängigkeit und des Ausgeliefertseins. Andererseits hatte die Utopie einer gerechten Gesellschaft eine Faszination, die trotz der Kluft zwischen Theorie und Praxis ihre Anziehungskraft nie ganz verlor.

Die Strategie der kleinen Schritte

In der Verfassung der DDR waren bürgerliche Rechte wie beispielsweise Presse- und Meinungsfreiheit, das Recht auf Vereinigung durchaus aufgezählt. Realisiert wurden sie nicht. Die Gründung eines Vereins war nicht denkbar, es sei denn, sie wurde vom SED-Politbüro angeregt oder abgesegnet. Mitte der achtziger Jahre diskutierte eine Lesbe mit einem Wissenschaftler der Abteilung für Staatsrecht des Zentralkomitees der SED. Er räumte ein, daß Lesben und Schwule laut Verfassung das Recht hätten, eine Organisation zu gründen, und fügte hinzu: „Aber das geht nicht." „Dann ist die Verfassung eins von Grimms Märchen", stellte die Lesbe fest und kam sich dabei sehr kühn vor.

Daß Menschen eines Tages aufgaben und aus der DDR ausreisten, ja flohen, ist verständlich. Doch die trotzige Überzeugung, es sei möglich, etwas zu verändern, war ebenfalls verbreitet. Immer wieder diskutierten homosexuelle Frauen und Männer in ihren Gruppen und mit SympathisantInnen, wie „Mängel und Schwächen" beseitigt oder wenigstens verringert werden könnten. Es ging ihnen vor allem um die Möglichkeit, sich ungehindert für die Akzeptanz ihrer sexuellen Orientierung und Lebensweise zu engagieren, sich zu organisieren und zu publizieren.

Sie hatten sich in den bestehenden Verhältnissen eingerichtet, so gut es eben ging, unternahmen kleine und kleinste Schritte und suchten unter den SED-Funktionären Menschen, die das Verständnis und die Geduld aufbrachten, zuzuhören. Fanden sie solche, mußten sie vorsichtig ermitteln, ob und wie weit Unterstützung möglich sei. Mut gehörte auf beiden Seiten dazu, denn „Weisungen von oben" gab es nicht und eigene Entscheidungen waren nicht gefragt. Da nahm der Abteilungsleiter einer Bezirksleitung der SED die Hände auf den Rücken, um den Brief einer Gruppe nicht weiterleiten zu müssen, und empfahl den Lesben und Schwulen die Kirche als Adresse ihrer Probleme. Als sein Chef es anordnete, empfing er die VertreterInnen der Lesben- und Schwulengruppe im schwer gesicherten Parteigebäude, um mit ihnen zu verhandeln.

Der administrative Apparat wirkte wie ein schwarzes Loch: Was hineinging, verschwand meist auf Nimmer-Wiedersehen und ohne Echo. Der ehemalige Oberbürgermeister von Berlin, Erhard Krack, antwortete auf Briefe und Eingaben ebensowenig, wie dies Kurt Hager, weiland Mitglied des SED-Politbüros, oder Konrad Naumann, einst 1. Sekretär der Bezirksleitung der SED Berlin, taten. Unvorhersehbar verwandelte sich der administrative Apparat in eine black box, die unkalkulierbar reagierte. Manchmal gaben die gleichen Kommandostrukturen, die jahrelang jegliche Veränderungen abgeblockt hatten, positive Entscheidungen mit ähnlich autoritärer Konsequenz weiter, wie vorher ihre Ablehnungen. „Weisungen" wurden „durchgestellt" - die übliche Formulierung beschreibt den Vorgang treffend. Die Bereitschaft auf mittleren und unteren Ebenen, solche Weisungen umzusetzen, war unterschiedlich. Im Kulturbereich, nicht nur in Berlin, war sie mitunter vorhanden. In den meisten anderen Bereichen hatten Lesben und Schwule die Wahl, sich entweder im Gerangel mit der Macht zu verschleißen oder sich auf leisen Sohlen an Funktionäre heranzupirschen, um ihnen geduldig klarzumachen, welch gutes Werk sie tun könnten, wenn sie homosexuelle Frauen und Männer in „unsere" sozialistische Gesellschaft integrierten.

Karrierismus, Überzeugung, Bereitschaft zum Gehorsam sowie der Unfehlbarkeitsanspruch der Führung festigten ein System, in dem Anspruch und Realität weit auseinanderklafften. Die offensichtliche Wahlfälschung im Mai 1989 erschütterte auch bei vielen, die bis dato noch an die grundsätzliche Richtigkeit der Politik geglaubt hatten, das Vertrauen in Partei und Regierung. Die Reaktion der Staatsmacht auf kritische Stimmen brachte den Topf zum Sieden. Die Massenflucht nach Westen via Osten ließ ihn überlaufen. Das war der Anlaß zur bekannten Wende. Die Ursachen jedoch lagen tiefer.

Lesben und Schwule können sich heute in die Brust werfen und stolz darauf verweisen, daß sie lange vor dem Herbst 89 die Initiative ergriffen und sich tapfer und ausdauernd darum bemüht hatten, Veränderungen (für sich) herbeizuführen. Sie erinnerten die Parteiführung daran, daß die KPD in der Weimarer Republik Forderungen homosexueller Frauen und Männer unterstützt hatte. In „Partei-Chinesisch" versuchten sie den Genossen verständlich zu machen, warum und wieso Lesben und Schwule akzeptiert werden sollten. Die Terminologie der Partei zu verwenden war notwendig, um eine Verhandlungsbasis herzustellen. Der Verhandlungsspielraum war klein, weil geäußerte Zweifel an der Führungsrolle der Partei oder am Marxismus-Leninismus überhaupt die Gespräche beendet hätten. Trotzdem erschienen Lesben und Schwule nicht nur als Bittsteller. Sie erstritten, ertrotzten, erschmeichelten sich das „Abnicken" der Genossen. Immerhin: Partei und Regierung duldeten das Treiben der Bewegung, benutzten sie kurz vor der Wende sogar als Beispiel ihres Veränderungswillens, ihrer Toleranz und Flexibilität.

Nicht alle Lesben und Schwulen strebten danach, mehr als nur etwas für die eigene Person zu erreichen. Sie verhielten sich nicht anders als der größte Teil der Bevölkerung. Die Freiräume für selbstbestimmtes Handeln waren schmal. Kreativität und Energie entluden sich vor allem in den privaten Nischen. Nach der Wende entstanden neue Voraussetzungen für gesellschaftliches Engagement. Die Situation hatte etwas Befreiendes: Vereinsgründungen waren endlich möglich, Druckgenehmigungen für Veranstaltungsprogramme und Infozettel entfielen, eigene Räumlichkeiten konnten gemietet werden. Die Grenzen der neu geordneten Verhältnisse zeigten sich erst allmählich. Wurde vor der Wende eine harmlose Demonstration zu einem Politikum, interessierte sich nach der Wende kaum noch jemand für friedlich demonstrierende Menschen.

Vor der Wende setzte die SED ihre Politik repressiv und oft ohne rechtliche Grundlagen durch. Eigneten sich Gesetzestexte als Begründung für die Ablehnung von Forderungen, wurden sie in diesem Sinne verwendet. Die Interimsregierung der DDR zwischen Wende und Beitritt nahm es mit der Rechtsstaatlichkeit auch nicht so genau. Praktische Erfahrungen mit den neuen Rechtsverhältnissen und dem anderen Rechtsverständnis stehen noch aus.

Die Aufgabe, Oppositionellen Schutz und ein Dach über dem Kopf zu gewähren, fiel in der DDR der Kirche zu. Den Kirchenoberen verursachte dies gemischte Gefühle. Die Kirche war die einzige Institution neben der Partei, die über notwendige Strukturen, Möglichkeiten und auch Machtpositionen verfügte. Die Religion bot Anknüpfungspunkte für vom marxistischen Dogma abweichendes Denken. Die Kirche verfügte über Räume, über Möglichkeiten zur Vervielfältigung unzensierter Texte für den internen Gebrauch und konnte so eine, wenn auch begrenzte, Öffentlichkeit herstellen. Viele Gruppen nutzten den Freiraum Kirche, auch Lesben und Schwule. Sie regten TheologInnen an, sich dem Thema Homosexualität auf neue Weise zu nähern. Problemlos war das nicht.

Auseinandersetzungen um Für und Wider zogen sich über Jahre hin und halten an. Begonnen hatte die Diskussion jedoch außerhalb der Kirche.

Die fünfziger und sechziger Jahre

Als nach dem zweiten Weltkrieg auf dem Gebiet der SBZ (Sowjetisch Besetzte Zone) und späteren DDR die gesellschaftlichen Strukturen aufgebaut wurden, war männliche Homosexualität noch strafbar. Obwohl die Lesben von keinem Strafparagaphen bedroht waren, trafen sie Tabu und moralische Verurteilung ebenso. Es gab keine Organisation oder Institution, die die Emanzipation der Lesben zum Ziel gehabt hätte. Jegliches Anliegen bedurfte der Legitimation durch eine Autorität. Menschen, die sich für homosexuelle BürgerInnen einsetzten, konnten sich auf eine solche nicht berufen. Weder bei Marx und Engels noch bei Lenin ließ sich eine positive Äußerung über Homosexualität finden, die als Rechtfertigung hätte dienen können.

Der Dresdner Psychiater Rudolf Klimmer sowie der adlige Offizier und kommunistische Schriftsteller Ludwig Renn bemühten sich um die Streichung des Paragraphen 175. Renns Homosexualität war weitgehend unbekannt und wurde von der SED-Führung stillschweigend geduldet.

Der Initiative von Renn, Klimmer und dem Juristen Kurt Hiller war es zu verdanken, daß der Sächsische Landtag 1951 beschloß, den Paragraphen 175 aufzuheben. Kurt Hiller hatte sich in dem von Magnus Hirschfeld 1898 gegründeten Wissenschaftlich-Humanitären Komitee engagiert, bis es sich nach der Machtübernahme der Nazis 1933 auflösen mußte. Wilhelm Koenen hatte sich als KPD-Abgeordneter des Reichstags in den zwanziger Jahren für die Streichung des Paragraphen 175 eingesetzt. Deshalb unterstützte er in den fünfziger Jahren als Landesvorsitzender der SED in Sachsen diese Bestrebungen, hatte aber wegen des Widerstandes von Walter Ulbricht keinen Erfolg. Verschiedene Gerichtsurteile plädierten schon Ende der vierziger Jahre für eine großzügige Auslegung der Gesetzesformulierungen, aber erst seit 1968 waren dann in der DDR homosexuelle Kontakte erwachsener Männer nicht mehr strafbar. Dafür wurde der Paragraph 151 eingeführt. Belege für den Anteil der damaligen Justizministerin Hilde Benjamin, die sich für den Wegfall des Paragraphen 175 eingesetzt haben soll, sind noch nicht publiziert. Seit 1969 wurden auch in der BRD erwachsene homosexuelle Männer nicht mehr strafrechtlich belangt. Die Lesben in der DDR erfuhren - wie schon gezeigt - mit dem Paragraphen 151 eine negative Form der Gleichberechtigung, weil sie nach rund hundert Jahren wieder von einem Strafparagraphen bedroht wurden.

Es gab die naive Auffassung, daß sich mit dem Sieg des Sozialismus/Kommunismus der „Nebenwiderspruch" Homosexualität von selbst löse. Diese Meinung teilten nicht alle Lesben und Schwulen.

Rosa von Praunheims Film wird zum Signal

Die Kunde von den Ereignissen am 28.6.1969 in der Christopher Street von New York drang nicht über die Medien der DDR ins Land. Ermutigt durch die Bewegung gegen den Vietnamkrieg, die Frauenbewegung und die Black-Power-Movement hatten sich Lesben und Schwule in der Bar „Stonewall" gegen eine Polizeirazzia zur Wehr gesetzt. Der Auftrieb, den die Emanzipationsbewegung der Lesben und Schwulen in den USA dadurch erhielt, wirkte mit zeitlicher Verschiebung über die BRD bis in die DDR. Rosa von Praunheims Film „Nicht der Homosexuelle ist pervers, sondern die Situation, in der er lebt" lief im Januar 1973 im Fernsehen der BRD. Auch Ost-Berliner Lesben und Schwule sahen ihn und fühlten sich durch dieses Erlebnis ebenso wie viele homosexuelle Frauen und Männer in der BRD ermutigt, sich zu engagieren, zu organisieren.

Eine Gruppe von Lesben und Schwulen machte sich 1973 mit einem Transparent „Wir Homosexuelle der Hauptstadt begrüßen die Teilnehmer der X. Weltfestspiele und sind für den Sozialismus in der DDR" auf den Weg zur Abschlußveranstaltung. Ihre Absicht wurde von den Sicherheitskräften vereitelt. Ein Jahr später entstand die Homosexuelle

Interessengemeinschaft Berlin (HIB). Die Gruppe wollte nach dem Vorbild der in der BRD wirkenden Bürgerinitiativen arbeiten. Doch das war zu diesem Zeitpunkt in der DDR unmöglich.
Trotzdem wurden die Beteiligten in vielen Bereichen aktiv. Die Interessengemeinschaft richtete Eingaben an die Polizei, die Volkskammer und andere Institutionen. 1976 veranlaßte sie die URANIA, ein Forum zum Thema Homosexualität durchzuführen. Es kamen Hunderte von BesucherInnen. Einige Schwule der Gruppe gehörten zu den Initiatoren des Freikörperkultur-Strandes am Müggelsee in Berlin-Friedrichshagen. Die FreundInnen der Interessengemeinschaft trafen sich mehr oder weniger regelmäßig zu Diskussionen und Geselligkeiten im Keller des Gründerzeitmuseums Lothar Berfeldes in Berlin-Mahlsdorf. Es wurde ein Cabaret gegründet, und am 1. Mai zogen einige als Mini-Marschblock durch die Berliner Karl-Marx-Allee, allerdings ohne sich zu offenbaren. Im Zeitalter der vorgefertigten Transparente und vorgeschriebenen Losungen hätten sie sich zu Märtyrern gemacht, wenn sie sich wirkungsvoll in Szene gesetzt hätten.
Die Interessengemeinschaft verstand sich als Wahlfamilie für Lesben und Schwule. Schon damals entstand ein Plan für ein Lesben- und Schwulenhaus als Kommunikationszentrum und Alternative zur Gaststättenszene. Doch offizielle Anerkennung als Verein oder Bürgerinitiative war nicht zu erlangen. So blieb, trotz Sticker mit Emblem, alles letztlich privat und halblegal.
Lesben waren von Anfang an beteiligt. Nachdem jedoch alle Bemühungen gescheitert waren, der Gemeinschaft einen legalen Status zu geben, zogen sich die meisten Frauen langsam zurück. Durch Kontakt zu PsychologInnen fand sich ein Dutzend Lesben zu einem Gesprächskreis im Berliner „Haus der Gesundheit" zusammen. Es kam zu Differenzen, weil die Gespräche auf Band aufgenommen wurden. So löste sich der Kreis wieder auf. In Mahlsdorf trafen sich Schwule und einzelne Lesben weiterhin zu Geselligkeiten und Diskussionen.
Solche Zusammenkünfte erforderten Risikobereitschaft und Selbstbewußtsein der OrganisatorInnen und TeilnehmerInnen. Ein Beispiel mag dies belegen: 1978 hatten zwei Lesben nach langem Suchen den Treffpunkt in Mahlsdorf gefunden und nahmen sich vor, dort ein Treffen für Lesben zu veranstalten. Sie verschickten entsprechende Einladungen an Frauen, die sie per Briefwechselannonce in der „Wochenpost" kennengelernt hatten. Die angeschriebenen Lesben kannten ihrerseits weitere Frauen, und die Information über den geplanten Lesbentreff ver-

breitete sich nach dem Schneeballsystem. Eine Woche vor dem Termin wurde eine Veranstalterin ins Präsidium der Volkspolizei „zwecks Klärung eines Sachverhaltes" bestellt. Einen ganzen Tag lang wurde sie über Sinn und Zweck des Treffens verhört, bemühte sich, einen Hauptmann und einen Major über den Zusammenhang der Begriffe homosexuell, lesbisch und schwul aufzuklären, und versuchte, ihnen beizubringen, daß es um das ganz persönliche Lebensglück von ein paar Lesben ginge und nicht um eine politische Verschwörung oder einen Staatsstreich. Die Genossen im Präsidium waren sich wohl nicht einig in der Einschätzung der Angelegenheit. Sie entließen die Lesbe mit der Zusicherung, das Treffen könne stattfinden. Als es soweit war, versperrten zwei Polizisten den Zugang zu den Räumlichkeiten in Mahlsdorf. Schriftlich hatten sich vierzig Lesben angesagt. Tatsächlich kamen etwa hundert. Der Polizei ausweichend, verteilten sie sich auf zwei Gaststätten und eine Wohnung. Sie informierten sich über die Interessengemeinschaft, diskutierten, lernten einander kennen, schlossen Freundschaften, und einige fanden Partnerinnen. Eine aus dem Harz angereiste Frau sprach aus, was manche gefühlt haben mag: „So viele Lesben in einem Raum habe ich noch nie gesehen! Mir fällt ein Stein vom Herzen, daß ich nicht die einzige auf der Welt bin."

Dieser Abend, es war der 8. April 1978, blieb nicht ohne Folgen. Von nun an durften im Keller des Museums keine Feiern mehr stattfinden. Das betraf sowohl Homosexuelle als auch Heterosexuelle. Darüber hinaus wurde kurze Zeit später eine Verordnung erlassen, die besagte, daß private Feiern anmeldepflichtig seien, sofern sie eine bestimmte Personenzahl überschritten.

Ein Jahr später, 1979, bot die Abteilung Psychologie im Berliner „Haus der Gesundheit" den Lesben erneut einen Gespächskreis an. Mehr als zwanzig Lesben folgten der Einladung. Die PsychologInnen erwarteten neben Ergebnissen für ihre wissenschaftliche Arbeit eine Verbesserung der psychischen Stabilität bei den Teilnehmerinnen. Zu den diskutierten Themen gehörten Schwierigkeiten im Beruf, Bisexualität und coming out. Bei einer Zusammenkunft sprach Prof. Günther Dörner über seine Forschungen und die von ihm geplante Hormontherapie zur Prävention von Homosexualität. Obwohl er die Frage, wieso Homosexualität überhaupt verhindert werden müsse, nicht beantwortete, fand sich die Mehrheit der anwesenden Lesben zu einer Blutspende für Hormontests bereit. Die Zusage, über die Ergebnisse der Untersuchung zu berichten, wurde nicht eingehalten.

Um sich politisch und wissenschaftlich abzusichern, überraschte der Leiter der Abteilung Psychologie die Teilnehmerinnen mit einer „Rahmenordnung", die er „Aufgaben und Zielstellung der Selbsterfahrungsgruppe lesbisch orientierter Frauen" nannte.

In dem Papier wurde den Lesben zugestanden, ihr coming out zu befördern, allerdings ohne jegliche Aktivitäten nach außen. Er legte fest, daß sich der Gesprächskreis nicht als Organisationsform für Lesben oder Feministinnen zu verstehen habe. Es ist anzunehmen, daß der Gesprächskreis nur unter diesen Bedingungen den Segen „von oben" erhielt.

Die meisten Lesben, die sich im „Haus der Gesundheit" trafen, wollten jedoch nicht nur ihr individuelles coming out bewältigen, sondern sie strebten nach einem Anlaufpunkt für alle Lesben mit coming-out-Problemen und suchten die dazu erforderliche Öffentlichkeit. Als sie sich reglementiert sahen und darüber hinaus noch gedrängt wurden, sich als Patientinnen behandeln und in Forschungen einbeziehen zu lassen, verweigerte sich die Mehrheit, und auch dieser Gesprächskreis löste sich auf.

In der folgenden Zeit konzentrierten sich die Bemühungen der Lesben auf Briefwechsel und Gespräche mit Institutionen und Autoritäten. Briefe gingen an Zeitungen und die DEWAG, um zu erreichen, daß eindeutige Partnerschaftsanzeigen aufgegeben werden konnten.(siehe Dokumentation). Das Ministerium des Innern wurde aufgefordert, Geselligkeiten von Lesben und Schwulen zu genehmigen. Die Einrichtung eines Kultur- und Beratungszentrums wurde vorgeschlagen. Lesben setzten sich in Verbindung mit den Ministerien für Kultur, Volksbildung, Gesundheit und Inneres. Selbst das Ministerium für Staatssicherheit wurde angeschrieben. In diesem Fall mit dem Bemühen, der Kriminalisierung lesbischer Aktivitäten vorzubeugen. Es gingen Briefe an die SED-Führung, den Magistrat, den Kulturbund, die URANIA, das Institut für Bibliothekswesen. Es kam zu zahlreichen Gesprächen, von denen mehrere wahrscheinlich verdeckt mitgeschnitten wurden.

Das Ringen um Informationen und Treffpunkte

Hauptprobleme der Lesben waren das völlige Fehlen eines Informationsnetzes und der Mangel an Treffpunkten. Für die meisten boten Anzeigen in der Zeitung die einzige Möglichkeit, einander kennenzulernen. Eindeutige Formulierungen wie „Sie sucht Freundin" wurden nicht angenommen, also wichen die Frauen auf die erlaubten unverbindlichen Briefwechselwünsche aus.

Worte wie „unkonventionell" signalisierten InsiderInnen, worum es ging. Zahlreiche Eingaben von Lesben und Schwulen zeitigten zunächst ein negatives Ergebnis. Anfang der achtziger Jahre verschwanden die Briefwechselanzeigen. 1982 zeigte sich ein Silberstreif am Horizont: Die „Berliner Zeitung" wagte es drei Monate lang, eindeutige Anzeigen zu veröffentlichen. Erst ab September 1985 wurde die Weisung „durchgestellt", Kontaktanzeigen homosexueller Frauen und Männer zuzulassen. Verkündet wurde diese Mitteilung bei der Verteidigung der Dissertation von Rainer Warcok, der zur Jugendsexualität unter besonderer Berücksichtigung gleichgeschlechtlicher Liebe promovierte. Damals versuchten Lesben und Schwule vergeblich herauszubekommen, wem die DEWAG - in der DDR für Anzeigen zuständig - eigentlich unterstand. Erst während der Wende stellte sich heraus, daß auch sie ein SED-Betrieb war.

Somit hatte die SED nicht nur das Werbemonopol, sondern kontrollierte sämtliche Anzeigen, die in der DDR aufgegeben wurden. Die Verfilzung von SED und Stasi legt es nahe, daß von diesen Informationen Gebrauch gemacht wurde. Im Tagungsband der Friedrich-Schiller-Universität Jena von 1989 findet sich dazu eine Rechtfertigung von Torsten Seifert: „So werden alle Inserenten einer gleichgeschlechtlichen Annonce gemeldet und mit der Angabe der persönlichen Daten, Kennchiffre, erfaßt und registriert, um eventuell schützend eingreifen zu können. Dies sollte nicht beunruhigen, wer nichts zu verbergen hat, braucht diese sicher umstrittene Maßnahme nicht zu verdammen." Woher der Autor seine Informationen bezog, ist nicht bekannt. Sie bestätigten jedoch den Verdacht, den SkeptikerInnen schon lange äußerten. Akten, die die Stasi angelegt hatte, wurden auf diese Weise um Informationen über sexuelle Orientierungen der Betreffenden ergänzt.

In den fünfziger Jahren soll es in Berlin und in Dresden jeweils ein Lokal für Lesben gegeben haben. Aber auch damals war die Kenntnis davon Insiderwissen, zu dem Lesben, die mit ihrem coming out gerade begannen, keinen Zugang hatten. Die Aussichtslosigkeit, ohne Anzeigen und ohne Treffpunkte eine Partnerin zu finden, veranlaßte verzweifelte Lesben mitunter, Ehe- und Sexualberatungsstellen aufzusuchen. Die Leiterin der Ehe- und Sexualberatung im Berliner Stadtbezirk Treptow, Dr. Ilona Stoiber, reagierte, indem sie Gruppengespräche für Lesben und Schwule organisierte. Drei Problemkreise standen dabei im Vordergrund:

Die Selbsterkenntnis - Bin ich lesbisch/schwul oder nicht?
Das Bekenntnis - Wann und wie sage ich es meinen Eltern?
Die Partnerschaft - Wie finde ich eine/n PartnerIn?
Lesben dominierten die Gruppe im Laufe der Zeit. Auch bei diesen Zusammenkünften ging es nicht um eine organisierte Interessenvertretung von Lesben oder Schwulen, aber mittelbar wirkten sich die Gespräche, ebenso wie vorher im „Haus der Gesundheit", positiv auf das Entstehen einer organisierten Bewegung aus, weil Lesben und Schwule ermutigt wurden.

Tanzveranstaltungen und andere Geselligkeiten genehmigte die Polizei bis Mitte der achtziger Jahre nicht. Deshalb deklarierten Lesben und Schwule sie als Brigadefeiern, Familienfeste oder ähnliches, um sie bei der Polizei anmelden zu können.

Geselligkeiten homosexueller Frauen und Männer wurden mit der Begründung abgelehnt: „Da kommen Personen mit gleichen Interessen und Zielen zusammen. Das verstößt gegen die Vereinigungsverordnung." In den Verhandlungen um Informationsmöglichkeiten und Treffpunkte empfahlen wohlmeinende Funktionäre den homosexuellen Frauen und Männern, nach einem „Träger" zu suchen, einer vorhandenen Organisation, die es über sich brächte, offen lebende Lesben und Schwule in ihren Reihen zu dulden. Ein Wissenschaftler schlug allen Ernstes vor, sich als lesbisch-schwule Kaninchenzüchter beim Verband für Kleingärtner, Siedler und Kleintierzüchter einzuschreiben.

Welche Organisation war als Träger geeignet? Der Demokratische Frauenbund Deutschlands (DFD) war damals nicht bereit, Lesbengruppen bei sich zu dulden. Obwohl Frauenorganisation, war der DFD für Lesben nicht akzeptabel, weil er, wie die Blockparteien auch, kaum eigene Initiativen entwickelte. Eine Thematisierung weiblicher Homosexualität im DFD hätte vorausgesetzt, daß überhaupt nonkonforme Probleme von Frauen thematisiert würden. Das fand jedoch nicht statt. Für die Schwulen, mit denen die Lesben sich bei ihrer Suche nach dem „Träger" verbündet hatten, wäre in der Frauenorganisation schon gar kein Platz gewesen.

Die Freie Deutsche Jugend (FDJ) kümmerte sich bis Mitte der achtziger Jahre nicht um Lesben und Schwule, ganz abgesehen davon, daß ein großer Teil von ihnen, besonders der Funktionäre längst dem FDJ-Alter entwachsen war.

Parteien und Gewerkschaften betraf jeweils nur ein Teil der Gesamtproblematik, mit der Lesben und Schwule sich auseinanderzusetzen hatten. Die URANIA, eine Gesellschaft zur Verbreitung wissenschaftlicher Erkenntnisse, versicherte, Verständnis für homosexuelle Probleme zu haben. Sie könne aber nicht mehr tun, als das Thema ab und an auf die Tagesordnung zu setzen.

Geeignet als Träger erschien der Kulturbund. Seine Mitglieder waren beiderlei Geschlechts, gehörten zu allen Altersgruppen, konnten Mitglieder aller Parteien sein. Lesben und Schwule betonten in Gesprächen mit Funktionären besonders den kulturellen Aspekt ihrer Thematik, um nicht immer in die Patienten-Ecke geschoben zu werden. Sie fanden hier zwar aufmerksame Zuhörer, erhielten aber die Auskunft, daß eine eigenständige Kulturbundgruppe für sie nicht denkbar sei. Der Kulturbund war bereit, Diskussionen zum Thema zu veranstalten, aber für alle Mitglieder. Lesben und Schwulen wurde empfohlen, sich nicht abzukapseln, sondern sich „vertrauensvoll an das Gesundheitswesen" zu wenden. Das Gesundheitsministerium verwies auf das Ministerium des Inneren. Dieses fühlte sich auch nicht zuständig. Ein „Träger" wurde nicht gefunden.

WissenschaftlerInnen und Homosexuelle

Die ablehnenden Briefe und das abgrundtiefe Mißtrauen, das in vielen Gesprächen spürbar war, machten die Lesben und Schwulen wütend. In einem Brief an das Ministerium des Innern bezweifelten Lesben Anfang des Jahres 1984 die Fachkenntnisse der zuständigen Genossen. Sie forderten sachkundige Begründungen ablehnender Bescheide. Kurze Zeit später bekamen sie eine Aufforderung zu einem Gespräch beim Berliner Magistrat, und dort wurde ihnen eröffnet, die ganze Angelegenheit müsse erst wissenschaftlich erforscht werden. Die engagierten Lesben und Schwulen hatten nichts gegen eine wissenschaftliche Beschäftigung mit Homosexualität, wiesen aber darauf hin, daß dies ihre Forderungen nur mittelbar berühre. Sie nutzten die Gelegenheit, die Sachlage zum wiederholten Male darzustellen, auf Schwerpunkte hinzuweisen und personelle Vorschläge für wissen-schaftliche Gremien zu machen. Im Ergebnis dieser Gespräche berief der Prorektor für Gesellschaftswissenschaften der Humboldt-Universität, Prof. Dieter Klein, eine interdisziplinäre Forschungsgruppe, die sich mit Homosexualität beschäftigen sollte. Ihr Leiter wurde zunächst Prof. Reiner Werner vom Bereich forensische Psychologie der Sektion Kriminalistik. Interessierte Lesben und Schwule boten ihre Mitarbeit an, wurden aber nicht einbezogen. In der WissenschaftlerInnengruppe durften zunächst nur Beschäftigte der Humboldt-Universität mitarbeiten. Die Abgrenzung ging sogar soweit, daß vom Leiter die Weisung erging: „Keine Informationen an Frau Sillge und ihren Freundeskreis."

Im Frühjahr 1985 legten die WissenschaftlerInnen einen Text vor, der eine im Wesentlichen positive Bewertung homosexueller Interessengruppen enthielt. Diese Gruppen sollten aber unmittelbar mit psychologischer und Sexualberatung kombiniert werden. Das Papier wurde dem ZK der SED, der Bezirksleitung der SED Berlin, dem Magistrat und weiteren „zuständigen" Stellen zugeleitet, blieb jedoch in den Schubladen oder Panzerschränken liegen.

Kooperativer gestaltete sich die Zusammenarbeit Heterosexueller und Homosexueller mit VertreterInnen der Sozialhygienischen Gesellschaft der DDR. Die Schwulen und Lesben des Leipziger Arbeitskreises Homosexualität der Evangelischen Studentengemeinde Leipzig hatten Prof. Lykke Aresin und Dr. Kurt Bach von der Sektion Ehe und Familie sowie Prof. Erwin Günther von der Sektion Andrologie angeregt, eine Tagung zu organisieren. Diese fand am 28. Juni 1985 in Leipzig statt und stellte sich dem Thema „Psychosoziale Aspekte der Homosexualität". Hier konnten sich Lesben und Schwule von Anfang an einbringen. Die Lesben waren jedoch, wie Frauen in den meisten Gremien, in der Minderheit. Nachfolgende Tagungen fanden am 23. April 1988 in Karl-Marx-Stadt und am 3. Februar 1990 in Jena statt.

Indessen hatten sich Lesben und Schwule in Berlin für ein Kultur- und Beratungszentrum eingesetzt. Es war ihnen bedeutet worden, daß kein Geld, keine Räume, keine Planstellen vorhanden seien. Und so ein großes Haus für die „wenigen homophilen Bürger und Bürgerinnen" - das sei, als schieße jemand mit Kanonen nach Spatzen.

Um den Kontakt mit den Behörden nicht abreißen zu lassen, unterbreiteten Lesben und Schwule den Vorschlag, einen „Klub für homosexuelle Werktätige" zu gründen. Mitte bis Ende der sechziger Jahre gab es eine Gründungswelle von Klubs der Werktätigen. Sie war jedoch vorbei, und neue Klubs dieser Art waren nicht mehr erwünscht.

1987 endlich versicherten Vertreter der Nationalen Front - eines Bündnisses verschiedener Parteien und Massenorganisationen -, sie würden die Lesben und Schwulen nicht behindern, falls sie ein geeignetes Lokal fänden, in dem sie sich etablieren könnten. Aber genau das war ja das Problem: eine Einrichtung zu finden, die aufnahmewillig war.

Die kirchlichen Arbeitskreise

Am 9.2.1982 wählte die Leiterin der Evangelischen Akademie Berlin-Brandenburg, Elisabeth Adler, „Theologische Aspekte der Homosexualität" zum Thema einer Veranstaltung. Das Echo war so groß, daß in der Folge mehrere kirchliche Gesprächs- und Arbeitskreise entstanden, darunter Ende 1982 der Arbeitskreis „Homosexualität" der Evangelischen Studentengemeinde Leipzig. Initiatoren waren Matthias Kittlitz und Eduard Stapel.

In Berlin entstanden zwei gemischte Lesben- und Schwulengruppen. Eine entwickelte sich später zu einer reinen Schwulengruppe. Die andere teilte sich ein Jahr später in eine Lesben- und eine Schwulengruppe. Die Lesbengruppe fand Räume bei der Gethsemane-Gemeinde im Stadtbezirk Prenzlauer Berg. Dort konnten die Frauen Texte vervielfältigen und sich im Sommer bei einer Friedenswerkstatt in der Erlöserkirche der Öffentlichkeit vorstellen.

Das große Interesse am Thema Homosexualität, das auf der Tagung der Evangelischen Akademie sichtbar wurde, löste die Erarbeitung einer Studie aus, deren Autor Dr. Manfred Punge war, Mitarbeiter der Theologischen Studienabteilung beim Bund Evangelischer Kirchen der DDR. Im Mai 1984 erschien Nr. 12 der Berliner Beiträge zur gesellschaftlichen Diakonie und hatte den Titel „Homosexuelle in der Kirche?". Der Text präsentierte eine geraffte Darstellung der Terminologie, der Geschichte und der Erkenntnisse der Humanwissenschaften, um sich dann intensiver den Aussagen der Bibel zur Homosexualität und der Diskussion in den Kirchen zu widmen.

In den folgenden Jahren beschäftigte sich besonders die Evangelische Akademie Sachsen-Anhalt mit dem Thema. Dies war dem Engagement des Journalisten und Theologen Eduard Stapel zu danken, dem zwar bis heute die Ordinierung verweigert wird, der aber Mitte der achtziger Jahre als Mitarbeiter für Homosexuellen-Arbeit bei der Stadtmission Magdeburg angestellt wurde. In anderen Gruppen gab es bis zum Ende der DDR keine hauptamtlichen MitarbeiterInnen. Trotz ständiger Auseinandersetzungen mit verschiedenen Kirchenleitungen konnten die Lesben und Schwulen kirchliche Presse und Kirchentage nutzen, um sich an die Öffentlichkeit zu wenden. Im Laufe der Jahre entstanden kirchliche Arbeitskreise auch in Magdeburg, Dresden, Jena, Erfurt, Brandenburg, Halle, Karl-Marx-Stadt (Chemnitz), Rostock. Die jährlichen MitarbeiterInnentreffen entwickelten sich zu Gremien, in denen die

VertreterInnen der kirchlichen Gruppen sich untereinander und mit anderen Interessierten verständigten und austauschten. MitarbeiterInnentreffen fanden 1983 in Leipzig, 1984 in Berlin, 1985 in Jena, 1986 in Magdeburg, 1987 in Erfurt, 1988 in Leipzig und 1989 in Karl-Marx-Stadt (Chemnitz) statt. Für die republikweite Vernetzung der kirchlichen Gruppen entstanden außerdem eine Koordinierungsgruppe, eine Theoriegruppe und eine AIDS-Gruppe.

Die Konzeption für den Bereich Homosexuellen-Arbeit der Stadtmission Magdeburg beinhaltete 1986: „Die Arbeit ist im wesentlichen kirchliche Arbeit für andere und wird vom Gedanken 'Kirche für andere' getragen. Sie soll die Betroffenen in die Lage versetzen, sich als Betroffene in die Gesellschaft zu integrieren. Daneben wird es den Angestellten für Homosexuellen-Arbeit darauf ankommen, sie auch in die kirchliche Arbeit zu (re-)integrieren und sie u. U. zu Taufe und Kircheneintritt zu begleiten."

Im Rahmen der Aktivitäten ihrer Gruppe wollten die Berliner Kirchenlesben am 20.4.1985 an der Gedenkveranstaltung im ehemaligen Konzentrationslager für Frauen in Ravensbrück teilnehmen. Ein Kranz sollte niedergelegt werden. Die Lesbe, die das Gebinde bestellt hatte, wurde eine Woche vor dem Termin auf das nächste Polizeirevier bestellt, „zur Klärung eines Sachverhalts". Die Polizei teilte ihr mit, die Teilnahme der Gruppe an der Veranstaltung sei nicht genehmigt. Die Lesben beschlossen daraufhin, einzeln und ohne Kranz zu fahren. Auf dem Bahnhof Fürstenberg wurden die Frauen festgehalten, zu stundenlangem Verhör gebracht und von Transportpolizisten beleidigt. Sie mußten unverrichteter Dinge wieder nach Berlin zurückfahren. Auf ihre schriftliche Beschwerde hin entschuldigten sich zwei Beauftragte des Ministeriums des Innern bei ihnen. Über dieses Erlebnis schrieben sie einen Bericht, den sie während der Friedenswerkstatt 1985 verteilten (siehe Dokumentation). Fast alle Arbeitskreise begannen ihre Tätigkeit als gemischte Gruppen von Lesben und Schwulen. Die meisten Gruppen wurden von Schwulen dominiert. Deshalb separierten sich die Lesben vielerorts und arbeiteten mit den Schwulen nur mehr punktuell zusammen. Die Frauen des kirchlichen Arbeitskreises in Jena geben seit 1989 eine Lesbenzeitung mit dem Titel „frau anders" heraus. Dieses Blatt erschien bisher sechsmal im Jahr. Bis zur Wende betrug die Auflage etwa 1oo Stück. Inzwischen haben sich die technischen Möglichkeiten verbessert. Das wirkte sich positiv auf Gestaltung und Auflagenhöhe aus.

Lesben kirchlicher Arbeitskreise organisierten mehrere Treffen, darunter ein Frauengruppentreffen im Mai 1989 in Jena und einen Lesben-Workshop im März 1990 in Magdeburg. Am 25.11.1989 widmete sich eine Tagung der Evangelischen Akademie Sachsen-Anhalt in Halle dem Thema „Lesbische Frauen im Umfeld der Kirche". Dort wurde unter anderem festgestellt, Lesben seien später als Schwule aktiv geworden. Abgesehen von Berlin, Dresden und Leipzig engagierten sich Lesben in der Kirche tatsächlich erst gegen Ende der achtziger Jahre. In Berlin waren Lesben in- und außerhalb der Kirche von Anfang an aktiv. Sie ermunterten auch Schwule, aus ihren Nischen herauszutreten und ihre Untätigkeit aufzugeben. Obwohl die Gruppen vom Anspruch her für alle Lesben offen waren, profilierten sie sich auf Grund unterschiedlicher Positionen und Ansprüche im Laufe der Zeit, und es gab bald zum Teil beträchtliche Differenzen zwischen ihnen.

Für alle war die Kritik an der herrschenden Ideologie im geschützten Raum der Kirche leichter möglich als außerhalb. Konflikte mit Gemeinden und ihren PfarrerInnen, denen die Frauen zu aufmüpfig waren, blieben nicht aus, führten jedoch selten zu Brüchen.

Der Sonntags-Club

Ohne das schützende Dach einer vergleichbaren Institution wie der Kirche wehte den Lesben und Schwulen der Wind schärfer ins Gesicht. Sie waren gezwungen, diplomatisch zu lavieren, denn die Existenz ihrer Gruppen stand oft auf dem Spiel. Die Lesben und Schwulen in den weltlichen Gruppen verstanden sich mehrheitlich als loyale BürgerInnen, waren aber trotzdem gesellschaftlich und politisch engagiert und verstanden ihren Kampf um Gleichberechtigung, um Akzeptanz und Berücksichtigung ihrer Interessen als Versuch, die Gesellschaft zu verbessern. Sie vermieden Provokationen und handelten mehr nach dem Motto, daß steter Tropfen den Stein höhlt.

Nachdem die interdisziplinäre WissenschaftlerInnengruppe der Humboldt-Universität ihr Papier zur Homosexualität vorgelegt hatte, reagierten die Behörden noch immer ablehnend gegenüber den Bemühungen, einen Anlaufpunkt für homosexuelle BürgerInnen zu schaffen. Die Hoffnung auf Unterstützung durch staatliche oder kommunale Stellen erfüllte sich ebensowenig wie die Hoffnung auf Genehmigung einer irgendwie gearteten Organisationsform. Dennoch gab der Berliner FreundInnenkreis nicht auf. Die Suche nach einem „Träger" ging weiter, und Anfang des Jahres 1986 fand sich ein Jugendklub, dessen Leiterin und Stellvertreter bereit waren, das Wagnis einzugehen. Der Klub in der Veteranenstraße hatte sich als Mittzwanzigerklub, also für nicht ganz junge Leute, etabliert und veranstaltete unter anderem ein Lesetheater. Dort wurden Texte von Genet, Rimbaud, Verlaine, Cocteau, Whitmann, Tennessee Williams, James Baldwin, Platen und anderen schwulen Autoren vorgestellt, die bis dahin beim heterosexuellen Publikum nicht allzuviel Interesse gefunden hatten. Der FreundInnenkreis informierte die „homosexuelle Szene" über „Buschfunk", und die Räume füllten sich. Ab April 1986 gab es im Wechsel mit dem Lesetheater jeden zweiten Sonntag Veranstaltungen für Lesben und Schwule. Als die Abteilung Kultur des Stadtbezirkes Mitte merkte, auf welche Weise der Mittzwanzigerklub sich inhaltlich profilierte, kam es zu erbitterten Auseinandersetzungen, in denen die Klubleitung harten Angriffen ausgesetzt war. Im Winter 1986/87 wurde der Klub geschlossen, und der FreundInnenkreis von Lesben und Schwulen hatte kein Domizil mehr. Wanderungen, Museumsbesuche, Dampferfahrten und Treffs in Klubgaststätten halfen über diese Zeit.

1987 beschloß der FreundInnenkreis, sich „Sonntags-Club" zu nennen. Programme vervielfältigten die OrganisatorInnen zunächst mit der Schreibmaschine, das einzige ihnen zugängliche Verfahren, das nicht verboten war. Später benutzten einzelne Beteiligte Wachsmatrizengeräte (Ormigk) in ihren Betrieben - natürlich ohne die Genehmigung ihrer LeiterInnen. Ein Mitarbeiter der SED-Zeitung „Neues Deutschland" setzte heimlich die technischen Möglichkeiten des Parteiorgans ein, um Programme zu kopieren. Das war nicht ganz problemlos, weil er dies nur an den Tagen tun konnte, an denen er ungehinderten Zutritt zu den Geräten hatte. Je größer die Auflage des Programms war, um so riskanter wurde das ungenehmigte Vervielfältigen. Schließlich erdachten sich die Aktiven des Sonntags-Clubs eine Drucknummer, und danach beantragten sie Druckgenehmigungen. Das war ausgesprochen umständlich, zeitraubend und mit Einschränkungen verbunden. Informationen über kirchliche Arbeitskreise, Gruppen in den sozialistischen Nachbarländern oder gar über Gruppen im westlichen Ausland fielen entweder der Selbstzensur zum Opfer oder wurden nicht genehmigt. Zu Beginn des Jahres 1988 untersagte es der damalige Stadtrat für Gesundheitswesen, einen Aufklärungstext über AIDS auf der Rückseite des Programms zu veröffentlichen. Die Lesben des Sonntags-Clubs setzten sich darüber hinweg und gaben die Rückseite trotzdem in die Druckerei. Das brachte viel Ärger ein, aber sie hielten es für an der Zeit, mit der AIDS-Aufklärung zu beginnen. Mehrfach dienten die Kontakte zu den Ehe- und Sexualberatungsstellen als Legitimation für die Existenz des Sonntags-Clubs und als Brücken der Vermittlung. Der Vorschlag, in Berlin ein Telefon des Vertrauens (TdV) wie in Leipzig einzurichten, trug sicher dazu bei, daß dieses Vorhaben endlich in die Tat umgesetzt wurde. Leiterin und MitarbeiterInnen des TdV in Berlin, Leipzig, Dresden und später auch in Magdeburg und Neustrelitz bekamen regelmäßig das Programm des Sonntags-Clubs, das auch die Adressen der weltlichen Gruppen in anderen Städten enthielt. Kirchliche Gruppen teilten diesen Sonderberatungsstellen ebenfalls ihre Anlaufadressen und Veranstaltungen mit. Auf diese Weise drangen Informationen in viele Städte und Gemeinden.

Im Sonntags-Club waren Lesben die treibenden Kräfte. Die Bereitschaft, mit Schwulen zusammenzuarbeiten, stand nie grundsätzlich zur Debatte. So entwickelte sich die Parität zwischen Lesben und Schwulen in Entscheidungspositionen zu einem der Grundprinzipien der Arbeit im Sonntags-Club.

Die Zahl der BesucherInnen wuchs bei den Veranstaltungen des Clubs zeitweilig auf etwa hundert an. Bei Tanzveranstaltungen waren es mehr. In einem solch großen Rahmen haben die meisten Menschen Hemmungen, über sich und ihre Probleme zu reden. Sich auszusprechen war jedoch ein Bedürfnis und ein wichtiges Motiv, den Club aufzusuchen. Einen Ausweg aus dem Dilemma bot die Einrichtung von Untergruppen. Gesprächskreise für Bisexualität, homosexuelle Eltern sowie Interessengruppen für Literatur, Film, Fotografie, Motoristik (Trabantfahrerinnen), Wandern entstanden. Wurden weitere thematische Gruppen gewünscht, mußten sich eine Lesbe oder ein Schwuler finden, die die organisatorischen Belange in die Hand nahmen. Ein umfängliches Betätigungsfeld war die Beantwortung der Briefe, die aus der ganzen DDR kamen. Die Postgruppe war neben der Veranstaltungsorganisation einer der wichtigsten Bereiche.

Im Laufe der Zeit bildeten die LeiterInnen aller Gruppen einen Clubrat. Diese gewachsene Struktur geriet in Gefahr, als ein Statut erarbeitet wurde. Ein Schwuler, vorher Funktionär in einer Bezirksleitung der FDJ, wollte den Sonntags-Club in ein Strukturschema pressen, wie er es von dieser Organisation kannte. Ein anderer, der mehrmals bei entsprechender Gelegenheit auf seine Kontakte zur Stasi verwies, gründete heimlich mit mehreren Schwulen eine SED-Gruppe im Sonntags-Club und intrigierte gegen mich als Leiterin. Dieses Grüppchen war nicht bereit, die

Parität von Lesben und Schwulen in der Leitung des Clubs zu akzeptieren, und wandte sich gegen die Unterstützung bei der Gründung weiterer weltlicher Gruppen in anderen Städten. Lesben hatten Vertreter aller weltlichen Gruppen der DDR zu einem Erfahrungsaustausch nach Berlin eingeladen und damit den Anstoß zu einer republikweiten Zusammenarbeit gegeben. Gleichzeitig war vom Sonntags-Club der Antrag zur Gründung eines Komitees für Lesben und Schwule ausgegangen. Parallel dazu wurden seit 1987/88 intensivere Kontakte nach Polen, der CSSR (jetzt CSFR), Ungarn und Wien geknüpft. Seit dem Frühjahr 1988 kam es zu ständigen Attacken und inneren Auseinandersetzungen, die die Existenz des Sonntags-Clubs mehr bedrohten als alle äußeren Auseinandersetzungen vorher. An meine Stelle als Leiterin sollte ein sicherer Kader rücken: Mitglied der SED und Lehrer für Marxismus/Leninismus (ML) an einer FDJ-Schule. Von mir befragt, ob er sich nicht schäbig vorkomme, erwiderte er: „Ich stelle mich dieser Aufgabe." Die Bezirksleitung der SED interessierte sich dafür, ob sich die Interessengruppen und Gesprächskreise des Sonntags-Clubs als Ortsgruppen einer landesweiten Organisation verstanden. Um Mißverständnisse zu vermeiden, einigte sich der Club mit der Bezirksleitung der SED darauf, von Interessengebieten statt von Interessengruppen zu sprechen. Im Ergebnis der Auseinandersetzungen innerhalb des Sonntags-Clubs trennte sich der Clubrat von fünf Schwulen, die später die Gruppe „Courage" gründeten. Die Aktion gegen den Club war begleitet von Verleumdungen gegen mich und andere Mitglieder, an denen sich auch verschiedene Lesben und Schwule kirchlicher Gruppen beteiligten. Die Aktiven des Sonntags-Clubs waren anfangs von SED-Funktionären aufgefordert worden, sich kirchlichen Arbeitskreisen anzuschließen, anstatt eine eigene Gruppe zu organisieren. Die Kirchenkreise waren offensichtlich so mit inoffiziellen MitarbeiterInnen der Stasi durchsetzt, daß die Genossen glaubten, die Vorgänge dort besser unter Kontrolle zu haben. Im Sonntags-Club hatten sie diese Gewähr nicht. Der Sonntags-Club war nicht intensiv kontrolliert von einem „Träger", weil diese Trägerschaft im Gegensatz zu der anderer weltlicher Gruppen in der DDR eigentlich gar nicht existierte. Es gab nicht mal etwas Schriftliches darüber, sondern nur mündliche Absprachen mit VertreterInnen der Kommune. Der „Träger" erfuhr erst später von der ihm zugedachten Aufgabe, aber auch das hatte in bezug auf die „Trägerschaft" keine weiteren Konsequenzen.

Die relativ selbständige Existenz des Sonntags-Clubs verlangte von den engagierten Mitgliedern viel Kraft und Energie. Doch der Einsatz lohnte, denn der Sonntags-Club erreichte Lesben und Schwule, die es nicht gewagt hätten, sich einer kirchlichen Gruppe anzuschließen, oder die sich nicht missionieren lassen wollten. Die Strategie des Sonntags-Clubs zielte darauf, BesucherInnen punktuell einzubeziehen, um Hemmschwellen überwinden zu helfen, die bei den meisten vorhanden waren, wenn sie das erste Mal kamen. Praktische Aktivitäten überschritten nicht den Rahmen dessen, was die BesucherInnen leisten konnten oder wollten. Gruppenerlebnis, Kommunikation und Beteiligung förderten Selbstbewußtsein und damit das coming out.

Anfangs standen dem Sonntags-Club die Medien nicht zur Verfügung, wohl aber denen, die seine Bemühungen argwöhnisch verfolgten. So wurde 1987 in der Zeitschrift „Deine Gesundheit" vor „sogenannten Homosexuellenclubs" gewarnt, weil sie „eigenartige Moralauffassungen" fördern würden. Oft drohte dem Sonntags-Club das Verbot, aber letztlich gelang der Drahtseilakt immer wieder. Der Club konnte sich als erste Vereinigung von Lesben und Schwulen in der DDR eintragen lassen: „Sonntags-Club e.V. - Berliner Vereinigung lesbischer, schwuler und bisexueller BürgerInnen". 1990 war er die mitgliederstärkste Organisation von Lesben und Schwulen in ganz Berlin.

Weitere weltliche Gruppen

Das Berliner Beispiel machte Schule. Schon im Sommer 1987 begannen Lesben und Schwule in Dresden mit der Abteilung Kultur beim Rat der Stadt zu verhandeln, um einen Treffpunkt einzurichten. Am 28.3.1987 fand in einem Jugendklub in Dresden-Neustadt das erste Forum zum Thema Homosexualität statt. Es wurde im Programm des Jugendklubs ausgedruckt und war eine Sensation. Der Saal war überfüllt.

Im Jahre 1988 fand sich eine Gruppe bei der Ehe- und Sexualberatung der Stadt Gera zusammen. Dort waren damals laut Aussage eines Schwulen Lesben nicht erwünscht. Anders in Potsdam, Weimar und Leipzig, wo ebenfalls 1988 in Kulturhäusern Veranstaltungsreihen für Lesben und Schwule begannen. Die Weimarer nannten ihren Klub damals „Felix Halle" (heute „felix") nach dem Juristen der KPD, der in den zwanziger Jahren die Streichung des Paragraphen 175 verlangt hatte. Die Leipziger änderten den Namen „Sonntags-Club Leipzig" in „Rosa Linde", und die Potsdamer schufen sich das Kürzel HiP (Homosexuelle in Potsdam), welches sie später änderten in HIP (Homosexuelles Integrations-Projekt). Die Gründung von „Rosa Linde" erforderte langwierige Verhandlungen. Lesben und Schwule suchten die Unterstützung der FDJ, um den Funktionären der Stadtverwaltung Zusagen abzuringen. Die Potsdamer schafften es ohne FDJ. Alle verwiesen auf das Berliner Beispiel, den Sonntags-Club, der seine Erfahrungen bereitwillig weitergab.

Um das Informationsnetz dichter zu knüpfen, lud der Sonntags-Club am 16.1.1988 zum ersten Erfahrungsaustausch nach Berlin ein. Der zweite fand am 1.2.1989 in Dresden statt. Das dritte geplante Treffen fiel aus. Die Wende kam dazwischen, und die politischen Verwicklungen hielten auch homosexuelle Frauen und Männer in Atem. 1989 wurde auf Weisung des Politbüros der SED der Freidenkerverband der DDR gegründet, der sich nach anfänglichem Zögern auch für Homosexuelle einsetzen wollte. Zahlreiche Lesben und Schwule nahmen daraufhin Kontakt mit dem Verband auf. In Halle, Zittau, Cottbus, Leipzig und Berlin entstanden Untergruppen für homosexuelle Frauen und Männer.

Im gleichen Jahr etablierten sich Gruppen unabhängig von Kirche und Freidenkerverband in Kulturhäusern und Jugendklubs in Magdeburg, Schwerin, Karl-Marx-Stadt (Chemnitz), Neustrelitz, Rostock, Ilmenau und Frankfurt/Oder. Anfang 1990 waren Suhl und Neubrandenburg die einzigen Bezirksstädte, in denen noch keine Lesben- und Schwulengruppen existierten. In den meisten Klubs arbeiteten Lesben und Schwule zusammen, allerdings dominierten die Schwulen. Starke Positionen konnten die Lesben in Leipzig und Dresden aufbauen. Die Dresdener Gruppe „Gerede" organisierte vom 23. bis 25.6.1989 in Dresden-Leubnitz ein Treffen für Lesben ab 35 Jahre, für Frauen also, deren Interessen von denen jüngerer abweichen. Es gelang der Gruppe sogar, Ankündigungen in zwei Zeitungen zu veröffentlichen, eine davon erstaunlicherweise am 17. Mai 1989 im SED-Organ der Bezirksleitung Dresden „Sächsische Zeitung".

Das Verhältnis zwischen kirchlichen und weltlichen Gruppen

Als der Sonntags-Club entstand, war der einzige freie Abend, der den Lesben und Schwulen im gastgebenden Mittzwanzigerklub zur Verfügung stand, der Sonntag. Aber auch die Schwulen des kirchlichen Arbeitskreises „Homosexuelle Selbsthilfe" trafen sich sonntags. Gegenüber den Behörden argumentierten Lesben und Schwule des Sonntags-Clubs und anderer Gruppen, daß kirchliche Treffs als Kontaktmöglichkeit für homosexuelle BürgerInnen nicht ausreichen. Dies wurde von Mitgliedern kirchlicher Arbeitskreise als Angriff aufgefaßt. Weltliche Gruppen wehrten sich gegen Vereinnahmungs-tendenzen und Konkurrenzdenken. In Leipzig und Dresden ent-wickelten sich kooperative Verhältnisse zwischen den Gruppen. Bei einem Lesbentreffen 1990 in Leipzig wiesen sich die Lesben von „Rosa Linde" und die Lesben vom Arbeitskreis der Evangelischen Studentengemeinde gleichermaßen als Organisatorinnen aus.

Die Beziehungen zwischen kirchlichen Arbeitskreisen und weltlichen Gruppen wurden auch durch das aktuelle Verhältnis zwischen Kirche und Staat beeinflußt. Klub-Vertretern wurden von ihren Vorgesetzten Vorträge in kirchlichen Arbeitskreisen untersagt. In mehreren kirchlichen Gruppen gehörten dennoch Mitglieder der SED zum ständigen BesucherInnenkreis oder sogar zum aktiven Kern. OrganisatorInnen mehrerer kirchlicher Gruppen wiesen wiederholt darauf hin, daß sie nicht religiös seien, sondern die Möglichkeiten nutzten, die die Kirche ihnen bot.

In der gespannten Atmosphäre dieser Jahre kam es zu Verdächtigungen verschiedener Art. Die verdächtigten Personen waren machtlos, weil sie sich nicht verteidigen konnten. Da wurden Gerüchte über informelle Kontakte zur Staatssicherheit oder über Ausreiseanträge verbreitet. Mißtrauen und Unsicherheit stellten sich ein. Das hatte natürlich Konsequenzen für die Effektivität des Engagements. Dem Sonntags-Club wurde von kirchlich organisierten Lesben vorgeworfen, er würde sich bei der Partei anbiedern. Vertreter der Gruppe „Courage" meinten dagegen, der Sonntags-Club sei nicht parteilich genug und ich als Leiterin wäre „politisch nicht tragbar". Der Sonntags-Club war sowohl für GenossInnen der SED offen als auch für Lesben und Schwule, die sich religiös gebunden fühlten, ungeachtet ihrer Konfession. ParteisekretärIn und gläubiger Katholik konnten miteinander ins Gespräch kommen. Und das geschah auch. Nach der Wende waren Mitglieder von FDP, CDU, SPD und PDS ebenso vertreten wie die anderer Parteien und Gruppierungen. Lediglich Rechtsradikale tauchten nicht auf.

Den Lesben unter dem Dach der Kirche hatten sich anfangs überwiegend junge Frauen angeschlossen, die das gesellschaftliche System der DDR radikal ablehnten und sich gegen alles Etablierte wandten. Ein großer Teil von ihnen verließ vor, während und nach der Ausreisewelle die DDR. In der Folge bekamen die kirchlichen Gruppen von ihren ehemaligen Mitgliedern reichlich Literatur und Informationen über die westdeutsche Frauenbewegung geschickt. Dadurch inspiriert, versuchten sie, eine Art Gegenkultur in der patriarchalischen Gesellschaft DDR zu etablieren. Viele Lesben in kirchlichen Gruppen lehnten jegliche hierarchische Strukturen ab und versuchten sich in absoluter Gleichheit. Dies entsprach ihrer Vorstellung von Demokratie. Wirksame Interessenvertretung erfordert in einer arbeitsteiligen Gesellschaft wie der unseren Strukturen.

Die Lesben, die sich im Sonntags-Club engagierten, gehörten vorwiegend zu den nicht ganz jungen Frauen. Sie lehnten Strukturen nicht rundweg ab, sondern setzten sich für deren Demokratisierung ein. Organisatorisch gestalteten sich die Beziehungen im Sonntags-Club nicht sehr straff. Wer Lust hatte, konnte mitmachen, wer keine Lust hatte, hörte auf. Es gab weder Auftrag oder Disziplin noch das allzu bekannte „freiwillige Muß". Niemand hatte einen beruflichen, finanziellen oder sonstigen Vorteil davon, sich zu engagieren. Motiv und Belohnung waren das Gefühl und die Gewißheit, uneigennützig wirksam geworden zu sein, gebraucht zu werden. Nicht zuletzt sammelten die Lesben und Schwulen, die sich engagierten, zahlreiche Erfahrungen menschlicher und gesellschaftlicher Art, erwarben Kenntnisse. Die Gruppe als Übungsfeld für Aktion und Bekenntnis zur eigenen Homosexualität erhöhte Konfliktfähigkeit und Durchsetzungsvermögen. Versuchten einzelne, sich durch die Gruppenarbeit extrem zu profilieren und Machtpositionen zu erlangen, um sie auszunutzen, kam es zu Auseinandersetzungen, in denen zu klären versucht wurde, wer Gruppeninteressen als Vorwände für ganz persönlichen Geltungsdrang benutzte.

Internationale Kontakte

Die Lesben des späteren Sonntags-Clubs knüpften schon 1985 über Prag Kontakte zur International Lesbian and Gay Association (Internationale Lesben- und Schwulenorganisation, ILGA). Die Homosexuelle Initiative Wien (HOSI) hatte innerhalb der ILGA den Eastern Europe Information Pool (Informationszentrum Osteuropa, EEIP) übernommen und half, Kontakte zwischen den Gruppen in den sozialistischen Ländern zu knüpfen. Das EEIP bei der HOSI Wien unterstützte auch die Konferenzen der Gruppen, die jeweils im April 1987 in Budapest, 1988 in Warschau, 1989 in Budapest und 1990 in Leipzig stattfanden. Die Wahl der Konferenzorte hing von den Reisemöglichkeiten der TeilnehmerInnen ab, aber auch von den organisatorischen Potenzen der Gruppe, die es in der jeweiligen Stadt gab.

Eine ordentliche Mitgliedschaft in der ILGA war weder für Gruppen, noch für Einzelpersonen der DDR möglich. Anträge auf Ausreise zur Teilnahme an internationalen Konferenzen wurden jahrelang immer wieder gestellt und ebenso regelmäßig ohne Begründung abgelehnt. Ein gewisser Durchbruch zeichnete sich 1989 ab, als sechs Schwule und eine Lesbe aus der DDR an der Internationalen Jahrestagung der ILGA in Wien teilnehmen konnten. Drei Schwulen ermöglichte es ihr „Träger", die Kirche, als Dienstreisende zu fahren. Die Mitglieder der Gruppe „Courage" fuhren mit Dienstvisa der FDJ. Ein Schwuler hatte einen britischen Paß. Alle anderen InteressentInnen, darunter viele langjährige AktivistInnen der Bewegung, mußten im Lande bleiben.

Die meisten Lesben und Schwulen in der DDR hatten erst nach der Wende Gelegenheit, sich anzusehen, wie Gruppen im westlichen Ausland arbeiten. Ausgereiste Mitglieder kirchlicher Gruppen sorgten für Kontakte, die sich zunächst auf gelegentliche Besuche und Briefe beschränkten. Die Pastorin Birgit Neumann (Halle/Saale) wurde 1989 Co-Präsidentin des Europäischen Forums Christlicher Schwulen- und Lesbengruppen.

Im Dezember 1989, als DDR-BürgerInnen schon Reisefreiheit, aber noch keine DM hatten, wäre die Teilnahme der Lesben aus Ostberlin an der Europäischen Regionaltagung in Athen unmöglich gewesen, wenn nicht Westberliner Lesben die Finanzierung der Reise- und Konferenzkosten übernommen hätten. An der 12. Internationalen Jahrestagung der ILGA 1990 in Stockholm nahmen schon zahlreiche Lesben und Schwule aus osteuropäischen Ländern teil, sogar aus der Sowjetunion. Inzwischen sind mehrere Vereinigungen aus der DDR Mitglieder der ILGA geworden. Die Europäische Regionaltagung der ILGA im Dezember 1991 soll in Berlin stattfinden und erstmals vorwiegend von Lesben organisiert werden.

Lesben zwischen Frauen- und Schwulenbewegung

Im Oktober des Jahres 1949 wurde die DDR gegründet. Unterstützt von der Sowjetunion, Siegermacht in diesem Teil Deutschlands, besetzten Kommunisten Leitungspositionen vom Bürgermeister und Betriebsleiter bis zum Präsidenten. Sie sahen sich einer vom Nationalsozialismus geprägten Mehrheit des Volkes gegenüber, die mit dem Kommunismus nicht viel im Sinn hatte, der Demokratie entwöhnt und durch den verlorenen Krieg demoralisiert war. Die Kommunisten sahen sich als Elite, obwohl sie zugleich das Gefühl der Überforderung hatten, das sich bei Menschen einstellt, die ihren Aufgaben fachlich kaum gewachsen sind. Die Gewohnheit der Illegalität, aus allem ein Geheimnis zu machen, das Ringen um Macht und Anerkennung, stalinistisches Kommandosystem, Parteiauftrag, Parteidisziplin, Mißtrauen gegenüber allen und jedem, die wirtschaftliche Überlegenheit des Westens und schließlich das Einmauern der eigenen Bevölkerung - es entstand und festigte sich ein System, das zunehmend in seinen Strukturen erstarrte.

Die doppelt belasteten DDR-Frauen

Bereits vor der Gründung der DDR entstand am 8. März 1947 der Demokratische Frauenbund Deutschlands (DFD). Diese Organisation sollte helfen, die sozialen Probleme der Frauen zu lindern und ihre Gleichberechtigung zunehmend zu verwirklichen. Am 27. September 1950 beschloß die Volkskammer das Gesetz über Mutter- und Kinderschutz und die Rechte der Frau. Es wurden Möglichkeiten geschaffen, in Schnellkursen Berufe zu erlernen. Gleichzeitig entstanden Einrichtungen zur Kinderbetreuung. Die traditionelle Rollenverteilung existierte jedoch weiter. Der naheliegende Gedanke, daß Mann und Frau sich die Hausarbeit teilen könnten, verbreitete sich erst viel später.

Rechtliche Regelungen, soziale Maßnahmen, Schwangerenbetreuung, Mütterberatung, Kinderkrippen, Kindergärtern, Schulhorte, Schulspeisung, Ferienlager (kostenlos oder gegen geringes Entgelt) sollten den Frauen nicht nur die Berufstätigkeit, sondern auch die Teilnahme am gesellschaftlichen Leben ermöglichen. Der DFD, zunehmend am kurzen Gängelband der SED-Führung, kümmerte sich um Nähzirkel, Kochkurse, Schulspeisung und die Betreuung älterer Frauen genauso wie um die Solidarität mit den Entwicklungsländern und die Vermittlung marxistisch-leninistischen Wissens an den organisationseigenen Frauen-akademien. Die tatsächliche Situation vieler Frauen und deren tiefgreifende Veränderung in der Gesellschaft beschäftigten den DFD nicht. Seine Funktionärinnen waren fast ausnahmslos Mitglieder der SED, in deren Programm als gegeben verkündet wurde: „Er (der sozialistische Staat, d.A.) garantiert gleiches Recht für Männer und Frauen in allen Bereichen des staatlichen, wirtschaftlichen und kulturellen Lebens."

Der Nationalsozialismus propagierte bis 1945 das Bild von der treusorgenden, kinderreichen und opferbereiten Mutter. Nach dem zweiten Weltkrieg vollzog sich auf dem Gebiet der DDR ein Wandel. Die ideale Frau war nun Facharbeiterin oder Genossenschaftsbäuerin, politisch auf dem laufenden, attraktiv, mütterlich, konsequent, mit „Sinn für alles Gute und Schöne", als Ehefrau treu und selten krank. Eine Frauenbewegung wurde nur akzeptiert, soweit sie sich im DFD abspielte. Feminismus war verpönt. „Das kleine Fremdwörterbuch" des Bibliographischen Instituts Leipzig von 1972 erklärte Feminismus mit „Überbetonung des Weiblichen". Die 16. Auflage des Großen Dudens, die 1971 im gleichen Verlag erschien, definierte Feminismus ebenso und fügte hinzu „weibische Art; Verweiblichung bei Männern". Von dieser negativen, reduzierten Interpretation des Begriffs, die ihre Wurzeln in der Nazizeit hat, konnte sich die SED bis zur Wende nicht lösen.

Lesben hatten in der DDR mit den gleichen Problemen wie ihre heterosexuellen Geschlechtsgenossinnen zu ringen. Ihre speziellen Schwierigkeiten des coming out und der Partnerinnensuche kamen noch hinzu.

Im Unterschied zur BRD, wo bisher nur etwa die Hälfte der Frauen berufstätig ist, waren es in der DDR über Jahre hinweg über neunzig Prozent. Das Spektrum der Berufe war für Frauen schmaler als für Männer. Frauen verdienten durchschnittlich weniger. Trotzdem konnten sie im Laufe der Zeit ein gewisses Maß an Selbstbewußtsein und Eigenständigkeit entwickeln.

Trotz fehlender öffentlicher Diskussion über tatsächliche Benachteiligungen und des daraus resultierenden mangelnden Problembewußtseins hatten Frauen in der DDR eine andere gesellschaftliche Position als Frauen in der BRD. Dennoch verspürten sie zunehmend Unbehagen über ihre Situation. Das Problem, Berufstätigkeit und Haushalt unter einen Hut zu bringen, war Gesprächsgegenstand in privaten Zirkeln, aber auch Inhalt sich häufender Beiträge in verschiedenen Zeitschriften.

Beschlüsse von Partei und Regierung zielten darauf ab, den Frauen die Berufstätigkeit durch verbesserte Dienstleistungen und Kinderbetreuungseinrichtungen zu erleichtern. Diesen Bemühungen war in einem unflexiblen, ineffektiven Wirtschaftssystem jedoch nur begrenzt Erfolg beschieden. Da die gesellschaftliche Thematisierung der Defizite bei der Realisierung des Gleichberechtigungsanspruchs fehlte, wurde die Lösung des Konflikts zwischen Beruf und Familie der Frau als Individuum aufgebürdet. Wenn sie die Doppelbelastung nicht meisterte, schien es an ihrer persönlichen Unfähigkeit zu liegen. Die Medien porträtierten Frauen, die „ihren Mann standen", beruflich erfolgreich waren, obwohl sie mehrere Kinder hatten.

Die sozialpolitischen Maßnahmen charakterisierten die zunehmend feudalen Züge der DDR-Gesellschaft. Babyjahr und 40-Stunden-Woche für Mütter mit mehreren Kindern waren ein Geschenk des Landesvaters beziehungsweise der alten Herren des Politbüros. Die jungen Frauen hatten gefälligst dankbar zu sein. Doch ein Teil von ihnen kritisierte die „großzügigen Maßnahmen", wollte nicht per Gesetz in die traditionelle Frauenrolle zurückverwiesen werden, forderte, die Männer stärker einzubeziehen. Diese Diskussionen entbrannten vor dem Hintergrund sozialer Sicherheit, was vielen Frauen in der DDR wohl bewußt war. Wenn tatsächlich viermal mehr Männer als Frauen in die BRD ausreisten, dann nicht nur wegen des großen Risikos, mit Kindern ins Ungewisse zu gehen. Besonders alleinerziehende Frauen rechneten sich, im Gegensatz zu alleinstehenden Männern ohne Kinder, kaum Chancen aus, in der BRD Arbeit und Kindergartenplätze zu finden.

Vom Gleichgewicht der Macht

In der BRD erlebte die Frauenbewegung von ihren Anfängen bis in die Gegenwart viele Auseinandersetzungen und reichlich Niederlagen. Ein Teil der Frauen zog sich in den Schmollwinkel zurück, legte Karten, atmete nach dem Prinzip von XYZ, baute am Ökohof und bastelte am Feindbild Mann. Den privilegierten Mann, der an den Schalthebeln der Macht sitzt, als Individuum zum Feind zu erklären, das stieß bei vielen Frauen in der DDR auf Unverständnis. Dieses Unverständnis konnten sich Frauen in der BRD nur als Zurückgebliebenheit erklären. Den Vorwurf der Zurückgebliebenheit empfanden die Frauen in der DDR als typisch westlich arrogant. So konnten sich Mißverständnisse hochschaukeln und verfestigen.

Mit der Wende begannen viele Frauen in der DDR ihre Lage intensiver zu analysieren. Sie strebten die Demokratisierung der Verhältnisse an, aber im Unterschied zu vielen Gruppen in der BRD nicht gegen „den Mann", sondern mit einsichtigen Männern, die ihre Erfahrungen teilten.

Ein nicht zu unterschätzendes Problem besteht immer noch darin, daß Frauen, die als Frauen sozialisiert sind, nicht einfach über ihren Schatten springen können. Ebenso geht es Männern, selbst problembewußten. Weil benachteiligt, sind Frauen stärker motiviert, etwas zu verändern. Männer müssen auf Privilegien verzichten, so zweifelhaft diese sind. Also müssen Frauen Motor für Bewegung sein. Das bleibt ihnen nicht erspart, auch wenn es oft ausgesprochen belastend ist. Frauen sind klug beraten, auf die Unterstützung der Männer, die aus ihrer Rolle ausbrechen wollen, nicht zu verzichten.

Frauen und Männer leben in einer Welt. Gleichberechtigung kann nur erstritten werden gegen die, die sich ihr widersetzen. Der Verzicht auf die Auseinandersetzung ist ein Rückzug in die Nische. Nur wenn Frauen an der Macht teilhaben, an politischen, wirtschaftlichen, kulturellen, juristischen Entscheidungen paritätisch beteiligt sind, ist Gleichberechtigung möglich. Die Gewaltenteilung gehört zu den Grundprinzipien eines funktionierenden Staatswesens. Die Teilung der Macht zwischen Männern und Frauen gehört zu den Voraussetzungen menschlichen Gemeinwesens überhaupt. In unserem Kulturkreis ist das Gleichgewicht der Macht schon viel zu lange gestört, als daß dies dem menschlichen Zusammenleben noch bekömmlich sein könnte.

Alle sind gleich, aber Männer sind gleicher!

Lesben sind als Frauen sozialisiert. Sobald Kinder erkennen, daß sie weiblich sind, versuchen sie, dem zu entprechen, was ihnen als weiblich vorgezeigt, vorgelebt und definiert wird.

Aktives Verhalten, Durchsetzungsvermögen, Interesse an Technik und Politik gelten aber nach wie vor als eher männliche Eigenschaften. Wenn Frauen solche Interessen und Regungen bei sich feststellen, geraten sie in einen Konflikt zwischen ihren Wünschen und den Erwartungen der Umwelt, ihre Identität stellt sich in Frage. Ein Teil der Lesben interessiert sich nicht nur für Politik, sondern engagiert sich politisch im Rahmen der Frauenbewegung. Andere Lesben treiben Sport oder beschäftigen sich mit dem Auto oder dem Computer. Die Tradition unseres Kulturkreises, einen alternativen Dualismus zwischen den Sozialrollen von Frau und Mann zu kultivieren, macht das Ausbrechen aus der vorgegebenen weiblichen Rolle automatisch zum männlichen Verhalten.

Die gesamte Umwelt liefert Informationen und Beispiele dafür, daß Frauen angeblich oder tatsächlich anders sind als Männer. Führende Positionen in Politik, Wirtschaft und Wissenschaft sind mit Männern besetzt, so daß Mädchen oder Frauen sich kaum damit identifizieren können, ohne bewußt oder unbewußt mit ihrer weiblichen Sozialrollen-Identität in Konflikt zu geraten. Jungen oder Männer können sich an solchen Führungspositionen problemloser orientieren, nach ihnen streben und werden vielfältig darin bestärkt.

Jahrhundertelang galt in unseren Breiten die Bibel als oberste Richtschnur. Bei Paulus im Neuen Testament ist zu lesen: „Das Weib schweige in der Gemeinde." Marx mochte an den Frauen am meisten ihre Schwäche. Im Bürgerlichen Gesetzbuch von 1897 hieß es: „Dem Manne steht die Entscheidung in allen das gemeinschaftliche eheliche Leben betreffenden Angelegenheiten zu; er bestimmt insbesondere Wohnort und Wohnung." Die Frau war „... verpflichtet, das gemeinschaftliche Hauswesen zu leiten". Für Schiller waren die Frauen, die sich an der Französischen Revolution beteiligten, „Hyänen". Die Aufzählung ließe sich fortsetzen. Fest zementiert war das Leitbild von der emotionalen, schwachen, feigen, hinterlistigen, schwatzhaften, dummen Frau. In der DDR kollidierte dieses Leitbild mit dem Anspruch auf Gleichberechtigung von Mann und Frau. Artikel 20 der Verfassung verhieß: „Mann und Frau sind gleichberechtigt und haben die gleiche Rechtsstellung in allen Bereichen des gesellschaftlichen, staatlichen und persönlichen Lebens. Die Förderung der Frau, besonders der beruflichen Qualifizierung, ist eine gesellschaftliche und staatliche Aufgabe." Die Praxis lehrte allerdings etwas anderes: Alle sind gleich, aber einige sind gleicher!

Frauenprobleme sind auch Lesbenprobleme

Während der Wende formierte sich die Frauenbewegung der DDR mit beeindruckender Geschwindigkeit. Dabei wurde sichtbar, daß die sogenannten weiblichen Eigenschaften menschliche Eigenschaften sind, die bei Frauen lediglich durch Sozialisation verstärkt werden. Die heftigen Auseinandersetzungen im Herbst 1989 zeigten, wie viele angeblich männliche Eigenschaften und Verhaltensweisen in Frauen stecken. Lang aufgestaute Aggressivität, aber auch verborgene Kreativität traten hervor. Viele Frauen hatten sich dem Unabhängigen Frauenverband (UFV) mit der Erwartung angeschlossen, dort ginge es friedlich, freundlich und harmonisch zu, ganz anders als bei Männern. Der teilweise scharfe Ton erschreckte sie. Die weibliche Welt als aggressionsfreie Welt ist meines sicherlich nur eine Fiktion, ähnlich wie die Vorstellung vom besseren Menschen im Kommunismus.

Das Heraustreten aus der traditionellen weiblichen Rolle ist kein Sonntags-Spaziergang, sondern ein von Frauen und Männern gleichermaßen skeptisch oder gar argwöhnisch beobachtetes Vordringen in Neuland. Ungewohntes ist immer anstrengend.

Zur zweifachen Bürde von Beruf und Haushalt kommt noch die dritte, das Abschütteln der gewohnten Sozialrolle. Es ist nicht verwunderlich, daß sich viele Menschen von Frauen, die nicht ihren Erwartungen entsprechen, bedroht fühlen. Personen, die Gewohntes in Frage stellen, sind fast immer als Gefahr angesehen worden. Auch Lesben werden als bedrohlich empfunden, weil sie mit ihrem coming out die Frauenrolle in einem wesentlichen Punkt verlassen. Sie begnügen sich in der Partnerschaft nicht mit dem zweiten Platz, werden nicht zum Echo eines Mannes, sondern sie bevorzugen Frauen. Damit betrachten sie per se Frauen als eigenständige, von Männern unabhängige Persönlichkeiten. Ein richtiger Macho kann gar nicht anders, als ihnen das heftig übelzunehmen.

Lesben müssen den Konflikt zwischen Frauenleitbild und tatsächlicher Befindlichkeit bewältigen. Dafür bleibt den Lesben zumeist die (all)-tägliche Auseinandersetzung mit dem männlichen Lebenspartner erspart.

Lesben gehörten zu den BegründerInnen des Unabhängigen Frauenverbandes und ließen ihre Interessen in das Programm einfließen, darunter die Forderungen: „... Abbau von Denk- und Erziehungsinhalten, die eine heterosexuelle Orientierung einseitig dominierend festschreiben" und „... die Gleichstellung der sozialen, politischen und wirtschaftlichen Ansprüche gleichgeschlechtlicher, insbesondere lesbischer Partnerschaften und der von ihnen betreuten Kinder."

Der Unabhängige Frauenverband hat vorwiegend Mitglieder in den großen Städten und versteht sich als Avantgarde gegenüber dem „gewendeten" DFD. In den Reihen des UFV engagieren sich vor allem jüngere, problembewußte und intellektuelle Frauen. Daraus ergibt sich eine unterschiedliche Profilierung der beiden Organisationen, deren Kooperation in vielen Fragen durchaus effektiv sein könnte. Für Lesben in Dörfern und kleinen Städten sind oft weder der UFV, noch Lesben- und Schwulengruppen problemlos erreichbar.

Frauenzeitungen wie „Ypsilon" aus dem Verlag BasisDruck, „FI" (Fraueninitiative) vom DFD und „Zaunreiterin" aus Leipzig sind für Lesben auf dem Land von großer Bedeutung, wenn sie Beiträge und Informationen von und für Lesben enthalten. Überhaupt ermöglicht die Akzeptanz von seiten der Frauenorganisationen vielen Lesben, sich psychisch zu stabilisieren, Mut zu schöpfen und ihr coming out besser zu bewältigen. Die Frauenbewegung bietet ihrem gesellschaftlichen Engagement ein Betätigungsfeld.

Frauentreffpunkte können auch Treffpunkte für Lesben sein. Im UFV gab es Bedenken, der Verband könnte als Lesbenverein abgetan werden. Es bleibt abzuwarten, ob sich solche Befürchtungen verstärken oder verringern.

Lesben, Schwule und Heteras in einem Boot

Die Lesben des Sonntags-Clubs wurden von BRD-Frauen regelmäßig gefragt, warum sie mit Schwulen, also Männern, zusammenarbeiten. Sie sollten dies theoretisch begründen und sich manchmal sogar dafür rechtfertigen.

In der DDR stellten Lesben und Schwule zunächst fest, daß sie in einem Boot sitzen, was ihre Diskriminierung betrifft. Die Aktiven der Bewegung solidarisierten sich mehr oder weniger unabhängig vom Geschlecht. Sowohl Schwule als auch Lesben hatten das Gefühl, dem Mißtrauen, dem Vorurteil, den schier unüberwindlichen Schwierigkeiten nur gemeinsam gewachsen zu sein. Allerdings dominierten Männer die meisten Gruppen, weil sie die entsprechenden Voraussetzungen mitbrachten. Es kam ihnen gar nicht in den Sinn, daß sie die gesellschaftlichen Mechanismen der Unterdrückung von Frauen befolgten, und die Lesben mußten sich wehren. In den meisten kirchlichen Arbeitskreisen reagierten die Lesben mit Rückzug, grenzten sich ab und überließen den Schwulen zunehmend das Feld. Ihre weibliche Sozialisation hatte sie nicht befähigt, sich effektiv zur Wehr zu setzen. Orientiert an Vorstellungen, daß nicht der Mißbrauch von Strukturen verwerflich, sondern Strukturen an sich männlich, also patriarchalisch und damit unheilvoll seien, lehnten sie diese ab. Damit beraubten sie sich einer Voraussetzung organisatorischer Arbeit.

Der Versuch, aus den Begrenzungen der weiblichen Rolle herauszutreten, kann auch in eine andere Richtung gehen. Im Sonntags-Club beispielsweise versuchten die Lesben, zwischen Mann und Macho zu unterscheiden, sich einzubringen und die unentbehrlichen Strukturen bewußt zu nutzen. Die Parität von Lesben und Schwulen in der Leitung sollte sichern, daß Frauen und Männer gleichermaßen an Entscheidungen beteiligt sind. In den Phasen, in denen Lesben den Club dominierten, wurden Interessen der Schwulen immer wieder erfragt, um Parität aufrechtzuerhalten, was bis in die Gegenwart gelungen ist.

Die 50-Prozent-Quote zwischen Lesben und Schwulen wurde im Sonntags-Club zu einer Zeit zum Grundprinzip erhoben, als in der DDR noch niemand über Quotierung sprach. Bei der Registrierung des Clubs als eingetragener Verein wurde das Prinzip der Parität bei Entscheidungen und in Leitungsfunktionen Bestandteil der Satzung. Schwule, die die Geschlechterparität ablehnten und deshalb abschaffen wollten, mußten sich vom Sonntags-Club trennen. Das führte zu Debatten.

Manche Lesben hielten Auseinandersetzungen mit schwulen Männern für Energieverschwendung, andere betrachteten die Forderung nach Parität als unangemessen und nicht realisierbar. Die Lesben und Schwulen des Sonntags-Clubs verstanden und verstehen ihr Paritätsprinzip als Modell für die Realisierung von Gleichberechtigung zwischen Frauen und Männern.

Bis zur geschlechterparitätischen Besetzung aller politischen Legislativen des Landes ist noch ein weiter Weg. Aber homosexuelle und heterosexuelle Frauen und Männer müssen ihn gehen, in der Gemeinde, auf Länderebene und im Parlament. Selbst wenn die Frauen zunächst nur einen Zipfel der Macht erlangen, haben sie damit doch das Ende eines Fadens in der Hand. Es könnte erfolgreich sein, kräftig zu ziehen, bis Parität durchgesetzt ist. Macht existiert, und solange Frauen an ihr nicht in ausreichendem Maße teilhaben, kehrt sich die Macht gegen sie.

Die Gesellschaft besteht aus Frauen und Männern, Heterosexuellen, Bisexuellen und Homosexuellen. Die Interessen dieser Gruppen werden sich, soweit sie unterschiedlich sind, auch weiterhin gegenüberstehen. Frauen, und unter ihnen Lesben, müssen vorhandene Strukturen und Mechanismen nutzen, um ihre Interessen zu artikulieren, zu vertreten und sie schließlich zu realisieren. Solange sich Frauen aus dem gesellschaftlichen Bereich ausklammern und auf die individuelle Reproduktionssphäre beschränken lassen, bleibt Gleichberechtigung unerreichbar. Die Mehrheit der Frauen kann sich in den gesellschaftlichen Diskurs nur in dem Maße einbringen, wie Verantwortung und Vertretung in der Gesellschaft auf beide Geschlechter verteilt sind. Je mehr Positionen Frauen in den Auseinandersetzungen erringen, um so erfolgreicher und motivierter werden sie weibliche Interessen durchsetzen.

Seit 1911 können sich Frauen an deutschen Universitäten immatrikulieren, seit dem Ende des ersten Weltkriegs haben sie das Wahlrecht. In allen Legislativen ist die Parität zwischen Frauen und Männern längst überfällig, ebenso wie die berufliche Chancengleichheit. Je mehr Frauen Entscheidungsbefugnisse in den verschiedenen gesellschaftlichen Bereichen erhalten, je mehr Frauen in Politik, Wirtschaft und Technik drängen, um so leichter werden geschlechtsspezifische Hindernisse überwunden. Auf die Macht verzichten heißt, sich in die Defensive zu begeben, dahin, wo der Konservatismus die Frauen schon immer haben und festhalten wollte: in der Küche, in der Kirche, bei den Kindern.

Ein besonderes Problem für Lesben besteht immer noch darin, daß sie schneller „enttarnt" werden können, wenn sie sich exponieren. Einerseits ist das für sie eine Hemmschwelle, andererseits eine Herausforderung, nicht nur besser als Männer, sondern auch besser als heterosexuelle Frauen zu sein. Bleiben Lesben unter sich, werden weder heterosexuelle Frauen noch Schwule oder heterosexuelle Männer mit ihren Erwartungen und Möglichkeiten konfrontiert. Damit reduzieren sich Kritik und Empörung auf Selbstverständigung im begrenzten Raum.

Lesben müssen über zwei Schatten springen, über ihren Schatten als Frau und über ihren Schatten als Lesbe. Wenn sie sich von Konsequenz leiten lassen, gelingt es. Der kecke Satz „Ist der Ruf erst ruiniert, lebt es sich ganz ungeniert" kann der lesbischen Emanzipationsbewegung ganz nützlich sein. Die Tunten haben ihn sich zu eigen gemacht. Wenn sie in der Bewegung agieren, tun sie es radikaler, kompromißloser, allerdings auch irrationaler als angepaßte Schwule, die ihre Homosexualität verstecken. Damit verschrecken sie zwar diejenigen, die sich dem Thema vorsichtig tastend nähern wollen, aber sie werden sichtbar und hörbar. Lesben müssen ihre verinnerlichten Einstellungen, Meinungen und Erwartungen in bezug auf weibliches und männliches Verhalten als das erkennen, was sie sind: Sozialisationsprodukte. Das ist im täglichen Leben für viele eine fast unlösbare Aufgabe.

Schuldzuweisungen an „die Frauen", „die Lesben", „die Männer" sind einfacher, verdichten sich nach und nach zu Feindbildern, die den Blick auf das verstellen, worum es eigentlich geht: die Veränderung der Verhältnisse.

Zusammenhänge müssen durchschaut, praktische Möglichkeiten erkannt und ergriffen werden. Hier sind Lesben und Schwule gefordert, Frauen und Männer. Zunehmend wird deutlich, daß sich nicht nur Frauen aus Schablonen befreien, sondern auch Männer. Heterosexuelle und homosexuelle Männer können zu Mitstreitern der Frauenbewegung und der Lesbenbewegung werden. Die „ewigen Machos" und „Heimchen am Herd", die ihre Rolle nicht missen können und wollen, sollten Frauen und Männer nicht hindern, mit wachsender Souveränität an einer Gesellschaft zu bauen, die allen faire Bedingungen bietet.

Die Frauenbewegung kämpft um die Beteiligung an der Macht. Da die Macht im Besitz von Männer ist, gibt es keine vergleichbare Männerbewegung, denn die spärlichen Keime einiger Männergruppen können nicht als Pendant der Frauenbewegung betrachtet werden. Eine Männerbewegung müßte die Vaterrolle neu bewerten, ihr einen neuen Inhalt geben und die männliche Geschlechtsrolle diskutieren. Schwule befinden sich im Konflikt mit ihrer Rolle als Mann, aber sie können sich nicht in eine Männerbewegung eingliedern, die über das Heraustreten aus der traditionellen Männerrolle nachdenkt. Sie haben teil an den männlichen Privilegien, solange sie ihr Schwulsein erfolgreich verstecken. Werden sie als Schwule erkannt, müssen sie mit offener Diskriminierung rechnen. Als Männer sind sie jedoch konditioniert, sich damit auseinanderzusetzen.

Lesben, Schwule und heterosexuelle Frauen können sich als potentielle Verbündete zusammenfinden im Kampf gegen die Macht der heterosexuellen Männer. Überläufer finden sich bei allen. Die Lesben können sich streiten, wer sie mehr enttäuscht hat, die Schwulen oder die Heteras. Das ist die pessimistische Variante. Die optimistische Version sieht die Lesben zum Sieg gerüstet und auf die Niederlage vorbereitet. Das heißt, sie kalkulieren ein, daß nicht alle heterosexuellen Frauen und nicht alle Schwulen die zu erwartenden Auseinandersetzungen an ihrer Seite überstehen, aber sie verzichten deshalb nicht auf Zusammenarbeit. Ein praktischer Ausdruck kooperativen Strebens hätten die Bemühungen um die Streichung der Paragraphen 218 und 175 sein können. Sie waren es nur vereinzelt. Die Abschaffung des Paragraphen 175 und die strafrechtliche Gleichstellung mit Heterosexuellen sind immerhin geplant. Allerdings ist die Motivation für diesen plötzlichen Entschluß ebenso undurchsichtig, wie die 1988 in der DDR für die Streichung des Paragraphen 151. Gemeinsame Aktionen von Frauen-, Lesben- und Schwulenbewegung gab es schon in den zwanziger Jahren. Damals wie heute gab und gibt es heterosexuelle Männer, die sich daran beteiligen.

Zusammenarbeit von Lesben und Schwulen erfordert gegenseitige Akzeptanz. Beschränkt sie sich auf Lippenbekenntnisse, ist ein Zusammenwirken kaum möglich. Es ist unerläßlich, sich mit den Problemen der jeweils anderen zu befassen, Einblicke zu gewinnen, damit Verständnis entsteht. Die Probleme der Schwulen sind den meisten Lesben bekannt, weil sie in der öffentlichen Diskussion präsent sind. Viele Schwule haben ihrerseits kaum Vorstellungen, worin die Probleme der Lesben bestehen. Einige bedienen sich der Lesben, um sich auszusprechen und sich psychisch aufzubauen. Ein Teil der Lesben und der heterosexuellen Frauen genießt dieses Gebrauchtwerden und leistet den Dienst gern. Beruhte das Ganze auf Gegenseitigkeit, wäre nichts einzuwenden. Zur Dienstleistung wird es durch Einseitigkeit. Wie die Gesellschaft heute beschaffen ist, geht alles Einseitige zwischen Frauen und Männern zu Lasten der Frauen. Nur wenn Schwule bereit sind, mit Lesben auf gleicher Ebene zu kooperieren, sich zu solidarisieren, sich mit deren Problemen zu beschäftigen, kann Zusammenarbeit funktionieren. Lesben müssen auf Schwule zugehen. Negative Erfahrungen müssen verarbeitet, Enttäuschungen überwunden werden. Frauen und Männer sollten Empfindlichkeiten zügeln, Überreaktionen einordnen, damit sie nicht Gleiches mit Gleichem vergelten.

Wenn Schwule beispielsweise in einer Gruppe den Lesben „großzügig" eine Frauenbeauftragte zugestehen, kann das die Parität nicht ersetzen, sondern nur ein erster Schritt von der Männerdominanz zur ausgewogenen Balance zwischen Schwulen und Lesben sein. Einen eigenen Verband haben Lesben im Gegensatz zu den Schwulen in der ehemaligen DDR bisher nicht gegründet. Ein Teil der engagierten Lesben ist im Frauenverband organisiert. Daneben noch eine dem Schwulenverband vergleichbare Organisation zu schaffen überstieg bisher die Kräfte der

Frauen. Immerhin brachten Lesben sich in die AIDS-Hilfe ein, obwohl es nur wenige lesbische Infizierte und Patientinnen gibt, und unterstützten die gesamtdeutsche Kampagne nach Streichung des Paragraphen 175. Dem würde entsprechen, wenn Schwule sich solidarisch für die Abschaffung des Paragraphen 218 einsetzten oder für das Verbot frauenverachtender Pornographie.

Solidarität erfordert, daß Schwule die Forderungen der Frauenbewegung mittragen. Die Frauenbewegung ihrerseits kann Interessen von Schwulen vertreten, sofern sie ihren eigenen nicht zuwiderlaufen. Lesben und Schwule sind in unterschiedliche Informationsnetze eingebunden. Daraus entsteht für gemischte Gruppen ein Vorteil, weil die Informiertheit für die Effektivität des Engagements ebenso von Bedeutung ist wie die verschiedenen Wirkungsfelder oder die unterschiedlichen Arten des Herangehens. Die Vorteile, die Schwule als Männer haben, sollten sie nicht nur im eigenen, sondern auch im Interesse der Lesben in die Zusammenarbeit einbringen.

Kooperation zwischen Lesben- und Schwulenbewegung kann zum gegenseitigen Vorteil gereichen. Aber Lesben müssen sich auf die ungleichen Voraussetzungen der Zusammenarbeit mit Schwulen einstellen und einlassen. Schwule sollten versuchen, Sensibilität zu entwickeln, sich mit feministischen Standpunkten vertraut machen. Das kann ihr Problembewußtsein nur fördern. Sie werden viele Parallelen zwischen der Diskriminierung von Frauen und Homosexuellen entdecken. Dann können die Lesben ihre Verteidigungsstellungen verlassen, in die sich viele eingegraben haben. Sie werden souveräner und damit erfolgreicher. Das nimmt den Beziehungen zwischen Lesben und Schwulen einige Spannungen. Deshalb müssen Lesben und Schwule ihr Refugium, in dem sie unter sich sind, nicht völlig aufgeben. Die partielle Separierung braucht die Ergänzung gemeinsamen Handelns.

Abkürzungsverzeichnis

ABV - Abschnittsbevollmächtigter
AG - Arbeitsgruppe
AK - Arbeitskreis
AR - Armee-Rundschau
BL - Bezirksleitung
DEWAG - Deutsche Werbeagentur
DFD - Demokratischer Frauenbund Deutschlands
ESB - Ehe- und Sexualberatung
ESG - Evangelische Studentengemeinde
FDJ - Freie Deutsche Jugend
GK - Gesprächskreis
HA - Hauptabteilung
IG - Interessengruppe, Interessengebiet
ILGA - International Lesbian and Gay Association
IM - Informeller Mitarbeiter (der Staatssicherheit)
JK - Jugendklub
KKH - Kreiskulturhaus
MdI - Ministerium des Innern
ML - Marxismus-Leninismus
NSW - Nichtsozialistisches Wirtschaftsgebiet
NVA - Nationale Volksarmee
PA - Personalausweis
PDS - Partei des Demokratischen Sozialismus
STGB - Strafgesetzbuch
SV - Sozialversicherung
UFV - Unabhängiger Frauenverband
VP - Volkspolizei
VPKA - Volkspolizei-Kreisamt
ZK - Zentralkomitee

Dokumente
Aufgaben und Zielstellung der
Selbsterfahrungsgruppe lesbisch orientierter Frauen
(1979)

1. Die Selbsterfahrungsgruppe lesbisch orientierter Frauen ist eine psychoprophylaktische Arbeitsgruppe der Abt. für Psychotherapie und Neurosenforschung des Hauses der Gesundheit Berlin.
Für die Tätigkeit dieser Arbeitsgruppe sind daher die Prinzipien medizinischer Einrichtungen verbindlich. Dies bedeutet insbesondere:
 1.1. für die Arbeitsgruppe ist eine leitende psychotherapeutische Mitarbeiterin der Abteilung fachlich und organisatorisch voll verantwortlich;
 1.2. sämtliche Angaben und Mitteilungen aus der Arbeitsgruppe unterliegen der ärztlichen Schweigepflicht. Jede Teilnehmerin verpflichtet sich zur Verschwiegenheit;
 1.3. dies gilt auch für die persönlichen Daten der Teilnehmerinnen sowie alle Unterlagen über die Arbeitsgruppe, die entsprechend gesichert aufzubewahren sind. Eine anonyme Teilnahme ist nicht zulässig.

2. Diese Selbsterfahrungsgruppe wurde gebildet, um lesbisch orientierten Frauen die Möglichkeit zu geben, ihre individuell-subjektiven, familiären, beruflichen und gesellschaftlichen Probleme, Fragen und Schwierigkeiten gemeinsam zu erörtern und zu beraten mit dem Ziel,
 2.1. einzelnen, vorübergehend oder seit langem isolierten Frauen Möglichkeiten zu zwischenmenschlichen Kontakten zu eröffnen,
 2.2. selbstunsicheren und gehemmten Teilnehmerinnen Verständnis und Aufgeschlossenheit im Kreis Gleichgesinnter zu vermitteln,
 2.3. die Kontakt- und Bindungsfähigkeiten, Toleranz und Verantwortungsbewußtsein, Eigenaktivität und Eigenständigkeit der Teilnehmerinnen über die Gruppe zu verstärken,
 2.4. sozial negative Wesenszüge wie Überempfindlichkeit, Egoismus, Einseitigkeit, Bequemlichkeit usw. zu vermindern,

2.5. und damit letztlich über das Verständnis und die Hilfe für andere das eigene Selbstverständnis, Selbstsicherheit und Zufriedenheit zu verbessern.

3. Grundlage der Arbeit von Selbsterfahrungsgruppen ist der Abbau einseitiger Abhängigkeitsbeziehungen und die schrittweise Entwicklung einer wechselseitigen vertrauensvollen Partnerschaft zwischen den Gruppenmitgliedern und zum Gruppenleiter.
Voraussetzung für ein optimales Gelingen dieser gemeinsamen Arbeit sind:
3.1. von seiten der psychotherapeutischen Mitarbeiter vor allem Unvoreingenommenheit, echtes Engagement, Aufgeschlossenheit und Verständnis sowie eine produktive Neugier;
3.2. von seiten der Teilnehmerinnen vor allem Offenheit, ehrliches Bemühen um Selbsterkenntnis, Spontanität und aktive Mitarbeit sowie die zunehmende Bereitschaft, Haltungen, Einstellungen und Verhaltensweisen von sich und anderen in Frage zu stellen und zu überprüfen.

4. Die Selbsterfahrungsgruppe lesbisch orientierter Frauen soll zugleich die Möglichkeit bieten, neue Erkenntnisse und Erfahrungen über Hintergründe, Zusammenhänge und Bedeutung usw. lesbischer Verhaltensweisen für den einzelnen und die Gruppe zu erarbeiten. Insoweit verfolgt sie auch ein wissenschaftliches Interesse, wobei davon ausgegangen wird,
4.1. daß die wissenschaftliche Erforschung der menschlichen Sexualität und des Sexualverhaltens des Menschen einschl. der Variationsbreite im Vergleich zu anderen Wissensbereichen erst in den Anfängen steckt, daß insbesondere aber im Hinblick auf lesbische Einstellungen und Verhaltensweisen bisher praktisch kaum wissenschaftlich begründbare Aussagen möglich sind,
4.2. daß zwischen der männlichen Homosexualität und lesbischen Beziehungen neben vielen Gemeinsamkeiten jedoch auch eine Reihe von grundlegenden Unterschieden zu bestehen scheinen, so daß Erkenntnisse und Schlußfolgerungen aus einem Bereich nicht ohne weiteres auf den anderen Bereich übertragen werden können,
4.3. daß "lesbische Liebe", "weibliche Homosexualität", "Tribadie" usw. rein beschreibende Begriffe sind, unter denen sehr vielfältige Arten der Betätigung, des Verhaltens, der Einstellungen, letztlich Erscheinun-

gen zusammengefaßt werden, ohne jedoch die scheinbar sehr unterschiedlichen Ursachen, Hintergründe, Anlässe und Zusammenhänge dieser Erscheinungen zu berücksichtigen,

4.4. daß wir beim derzeitigen Erkenntnisstand davon ausgehen müssen, daß lesbisches Verhalten auf einem Bedingungsgefüge beruht, in dem konstitutionelle Faktoren, frühkindliche Erziehungseinflüsse, psychosoziale Bedingungen der Pubertät, allgemeine und spezifische Faktoren der psychosexuellen Entwicklung und Reifung, situative und allgemeine gesellschaftliche Faktoren u.a. von Bedeutung sind. Weder über die besondere Rolle eines dieser Faktoren im allgemeinen noch über das spezifische Zusammenwirken der verschiedenen Faktoren im Einzelfall sind bisher verallgemeinerungsfähige Aussagen möglich. Dies gilt auch in bezug auf die allgemeine Verbreitung unter den jeweiligen konkreten gesellschaftlichen Bedingungen, für die Bevorzugung bestimmter Berufsgruppen usw.

5. Psychoprophylaktische Arbeit im Rahmen einer derartigen Selbsterfahrungsgruppe muß dem komplizierten Wechselverhältnis von spezifischen Persönlichkeitsbedingungen und ihren konkreten sozialen Beziehungen Rechnung tragen.

Hierbei muß u.a. berücksichtigt werden,

5.1. daß unter den Teilnehmerinnen sowohl eindeutig lesbisch orientierte, als auch bisexuelle und auch heterosexuell empfindende Frauen vertreten sein werden,

5.2. daß neben dieses "So-Sein" voll akzeptierenden Mitgliedern andere verunsicherte, unglückliche und darunter leidende Frauen teilnehmen,

5.3. daß neben sozial voll integrierten und erfolgreichen Mitgliedern viele Teilnehmerinnen beruflich unzufrieden, in ihrer sozialen Entwicklung eingeengt, behindert, z.T. gescheitert sind,

5.4. daß ein Teil der Teilnehmerinnen vereinsamt, neurotisch, häufig deprimiert, selbstmord- und/oder suchtgefährdet ist.

6. Die Grenzen dieser Selbsterfahrungsgruppe sind mit dieser psychoprophylaktischen Aufgabenstellung eindeutig festgelegt. Es handelt sich NICHT um eine psychotherapeutische Behandlung. Eine notwendige Therapie muß, falls erforderlich, gesondert erfolgen. Es handelt sich auch eindeutig nicht um eine irgendwie geartete gesellschaftliche Organisationsform für Lesbierinnen (Feministische Arbeitsgruppe, Club

u.dgl.).
Dies bedeutet u.a.:
6.1. daß von dieser Selbsterfahrungsgruppe keinerlei Aktivitäten nach außen erfolgen,
6.2. daß die Teilnehmerinnen anerkennen, daß der Abbau von Unsicherheit, Voreingenommenheit und mangelnder Toleranz auf dem Gebiet der weiblichen Homosexualität äußerst mühsam, kompliziert und nur schrittweise möglich ist,
6.3. daß eine entscheidende Grundlage für einen derartigen Prozeß die Erhöhung des eigenen Wissens, Überwindung eigener Einseitigkeiten und Voreingenommenheit, Erhöhung des eigenen Verständnisses, Offenheit, sozialer und gesellschaftlicher Bezogenheit usw. ist,
6.4. daß letztlich Verständnis von anderen das Verständnis für andere, Verständnis von "Anderssein" Verständnis für "Anderssein" voraussetzt.

Dr.sc.med. K. Höck, Chefarzt der Abteilung für Psychotherapie und Neurosenforschung des Hauses der Gesundheit Berlin

Protokoll über ein Gespräch beim Ministerrat am 20.9.1979 zu den Eingaben "Sozialistische Freizeitgestaltung einer Minderheit" vom 22.10.1978, 23.2.1979 und 9.6.1979, in denen der Umgang der Staatsmacht mit Schwulen und Lesben kritisiert wurde

Teilnehmer:

Von seiten des Ministerrates der DDR
Herr Schäfer, Stellvertreter des Leiters der Abteilung Eingaben beim Ministerrat, ein Teilnehmer anonym
Von seiten der Unterzeichner der Eingabe
Michael Eggert, Ursula Sillge, Frank Koyka, Peter Rausch, Siegfried Spremberg
Charakter des Gesprächs: offiziös

Der Gesprächsleiter, Herr Schäfer, hat nach eigener Angabe mit dem Ministerium für Kultur Rücksprache genommen. Daraus leitet er folgende Kernpunkte ab:
  Die Beteiligung der Homosexuellen am gesellschaftlichen Leben ist gegeben; das heißt, alle Bürger haben die gleichen Möglichkeiten, mit einigen Einschränkungen, z.B. sind Jugendklubs nur für Jugendliche da.
  Eine Orientierung in der von den Unterzeichnern der Eingaben gewünschten Richtung wird nicht für möglich und nicht für erforderlich gehalten.
  Die Homosexuellen müßten sich organisieren können.(...)
  Die Probleme der Homosexuellen werden verstanden; aber es kann nicht sein, daß der Staat die Homosexuellen fördert. Dazu die Klärung folgender Grundfrage:
  Bei den staatlichen Organen ist in der Frage Homosexualität eine gewisse Reserviertheit vorhanden, weil sie andere gesellschaftspolitische Ziele verfolgen. Das bedeutet, Partnerbeziehungen müssen in erster Linie dem Ziel der Erhaltung der Gesellschaft (Erhaltung der Art) dienen.
  Gewiß spielen Liebe und Sexualität auch eine gewisse Rolle. Clubs der Alleinstehenden ebenso wie Jugendclubs sollen daher einzig und allein

dazu dienen, das natürliche Streben nach Partnerbeziehungen zu unterstützen, aber nur solcher Partnerbeziehungen, die der Erhaltung der Art dienen.

Nach Meinung des Herrn Schäfer werden Vorbehalte gegen Homosexuelle auch in Zukunft bestehen; auch in Zukunft würden Lösungen in dem von uns gewünschten Sinne nicht gefunden werden.(...)
Organisationen von Homosexuellen werden auch deshalb nicht gestattet, um Jugendliche, die noch schwanken, ob sie der einen oder der anderen Richtung zuneigen, zu bewegen, sich für die "bessere", gemeint ist die die heterosexuelle Seite, zu entscheiden.

U. Sillge: Zwei Drittel der lesbischen Frauen haben Kinder. Ein großer Teil war (ist) verheiratet. Den Jugendlichen (Mädchen) sollte die Möglichkeit gegeben werden, rechtzeitig die richtige Partnerbeziehung anzustreben, um den Frauen die Scheidung zu ersparen.

Herr Schäfer: Wir haben erkannt, daß die Kinder am besten in der Familie aufwachsen. Daher die sozialpolitischen Maßnahmen, die es den Müttern erlauben, nach der Geburt des Kindes ein Jahr zu Hause zu bleiben. Die Nestwärme in der intakten Familie ist für das Kind das beste.

Unser Bestreben geht dahin, erst gar keine alleinstehenden Mütter zu haben. Sie dürfen sicher sein, daß wir uns im Hause eingehend mit dem Problem befaßt haben ...

S. Spremberg: Welcher Art wird die Tätigkeit der staatlichen Organe bzw. des Ministerrates in dieser Sache künftig sein?

Herr Schäfer: Sie wird darin bestehen, Argumente zu sammeln sowohl für als auch gegen solche Art Bestrebungen. Allerdings besteht wenig Neigung, diese Probleme in Ihrem Sinne zu lösen. Dabei spielt das Geld nicht die ausschlaggebende Rolle. Die staatlichen Organe haben vordringlichere Aufgaben zu lösen. Das Schwierigste besteht darin, ein Gremium zusammenzubekommen, das die Probleme in ihrer ganzen Komplexität bearbeiten kann.

Erwarten Sie bitte keine weitere Nachricht auf Ihre Eingabe.

gez. Peter Rausch

Einladung zur Regionaltagung der Evangelischen Kirche der Kirchenprovinz Sachsen zum Thema "Homosexualität und Homosexuelle in unserer Gesellschaft" am 1. Oktober 1983 in Halle

Ein Plädoyer gegen tiefsitzende Vorurteile

Vielen Christen wird zunehmend bewußt, daß Gott sich allen Menschen zuwendet - auch denen, die anders leben als man selbst. Dies sollte auch unseren Umgang mit Minderheiten bestimmen.

Eine nach wie vor völlig unbeachtete und ins Abseits gedrängte Minderheit sind die etwa eine halbe Million homosexuell Liebenden in der DDR. Ihnen geht es wie oft auch anderen Minderheiten: Kaum jemand kennt sie persönlich, man weiß nicht, wie sie leben. Darum übernimmt man leicht und ungeprüft Meinungen von anderen. Wir bewegen uns hierbei allesamt in einem für die Betroffenen fürchterlichen Dilemma: Gesellschaft und Kirche können ihnen nicht helfen, weil sie völlig un- und desinformiert sind und keinen Anlaß für Hilfen sehen; und die Betroffenen, ohnehin schon mit der ständigen Angst lebend, entdeckt zu werden, fürchten Repressalien verschiedenster Art, würden sie ihr "unerhörtes Schweigen" brechen. Das gilt für die übergroße Mehrheit Homosexueller, wenn ihr Doppelleben seit der Strafrechtsreform 1968 auch nicht mehr diese Totalität hat. Da die Strafrechtsreform von keinerlei aufklärenden Maßnahmen begleitet wurde, reagieren viele Menschen immer noch mit Verachtung, Aggressionen und Distanzierung. So bleibt die Fremdheit, bleiben Meinungen und Vorurteile, an deren Entstehen die Kirchen wesentlichen Anteil haben.

Wir wissen, daß die meisten Homosexuellen in dieser schwierigen Situation ängstlich ihr Anderssein verbergen, sich ständig um Anpassung oder sogar um besondere Vorbildlichkeit bemühen. Nur wenige ringen um ein offenes, sinnerfülltes Leben mit sozialer Anerkennung als homosexueller Mensch und haben dabei mit Hemmnissen und Anfeindungen zu kämpfen.

Viele stehen diese Kämpfe nicht gesund durch; oft führt die Ablehnung durch die Gesellschaft zum Selbstmord.

Wir sollten die Schwierigkeiten, die den Homosexuellen und der Gesellschaft mit ihnen zu schaffen machen, zum Anlaß nehmen, sorgfältig über Möglichkeiten und Gefahren des Zusammenlebens von Menschen nachzudenken. Das gilt besonders für Christen.

Deshalb lädt die Evangelische Akademie Sachsen-Anhalt für den 1. Okt. 1983 zu einer Regionaltagung mit dem Thema:
"Ein Plädoyer gegen tiefsitzende Vorurteile - Homosexualität und Homosexuelle in unserer Gesellschaft" nach Halle ein.

Auf dieser Tagung wird es möglich sein, mit Betroffenen ins Gespräch zu kommen und Informationsdefizite abzubauen. - Nach allem, was man heute über Homosexuelle und ihr Leben weiß, eine gerade für seelsorgerisch Tätige unbedingte Notwendigkeit.

Über die psychosoziale Situation Homosexueller spricht Frau Prof. Dr. Lykke Aresin (Leiterin der Ehe- und Sexualberatungsstelle an der Universitäts-Frauenklinik Leipzig).

Über die theologischen und historischen Grundlagen und Bedingungen dieser Situation referiert Herr Dr. Manfred Punge (Studienabteilung des Bundes, Berlin).

Evangelische Akademie Sachsen-Anhalt
3010 Magdeburg, Hegelstr.18

Bericht über den gescheiterten Versuch, eine Faschingsveranstaltung für Homosexuelle in Leipzig zu organisieren

Am 24.01.1984 stellte ich bei der zuständigen Dienststelle der VP den "Antrag auf Erteilung einer Erlaubnis" für die Durchführung einer Faschingsveranstaltung in der HO-Gaststätte "Stehfest" mit Verlängerung der Polizeistunde bis 02.00 Uhr. Ich wurde intensiv über die Ausgestaltung des geplanten Abends befragt und anschließend auf die Bearbeitungszeit von 5 Tagen hingewiesen. Am 31.01.84 sollte ich mir Bescheid abholen.
Am gleichen Tag wurde von dieser Dienststelle aus in der Gaststätte angerufen. Man wollte wissen:
- Ist eine Veranstaltung am 03.03.84 geplant?
- Wer ist der Veranstalter?
Am 31.01.84 bekam ich eine Absage mit der Begründung: Es sei ungewöhnlich, daß eine Privatperson solch eine Veranstaltung organisiert.
Jetzt teilte ich den Genossen der VP (Hptm. Größler und Gen. Seiffert) mit, daß es eine Veranstaltung für Homosexuelle ist. Auch jetzt wurde wieder telephonische Rücksprache mit der Gaststätte getroffen: Sie sollen sich auf keine krummen Touren einlassen, die Veranstaltung sei abgelehnt.
Am 03.02.84 stellte ich einen erneuten Antrag, nur jetzt war die Formulierung offener: Ich bezeichnete die Art der Veranstaltung als "Fasching für Homosexuelle". Ich wurde sofort in ein anderes Zimmer gewiesen, zu Gen. Seiffert. Man schien sich offenbar mit meinem Anliegen näher beschäftigt zu haben, denn sofort sagte man mir, daß auch dieser Antrag abgelehnt sei. Und jetzt hatte man eine andere Begründung parat:
1. weil ich keine rechtskräftige Vereinigung bin,
2. weil ich mit dieser Veranstaltung gegen die "Verordnung über die Gründung und Tätigkeit von Vereinigungen" verstoße.
* Da ich immer wieder betonte, daß das MdI der Meinung ist, wir Homosexuelle hätten keine Schwierigkeiten bei der Durchführung von

Tanzveranstaltungen, und ich immer wieder erklärte, daß ich keinerlei Vereine gründen wolle, sondern lediglich mit meinen Freunden Fasching feiern wolle, gab man mir eine letzte Chance:

Am 14.02.84 solle ich abermals nachfragen; bis dahin wolle man sich mit der zuständigen Stelle beim MdI in Verbindung setzen. Zur Erleichterung der Arbeit der Genossen nannte ich den Namen und die Adresse einer Berlinerin, welche wegen dieses Problems bereits mit Genossen vom MdI im Gespräch war.

Am 14.02.84 hielt ich telephonisch Rücksprache, wobei mir folgendes mitgeteilt wurde:

Man könne mir noch keinen Bescheid geben, ich solle es aber nicht als Hinhaltetaktik auffassen. Mein Antrag müsse erst noch "umfassend geprüft" werden. Einen endgültigen Bescheid, der dann auch für die Zukunft rechtskräftig sei, könne man mir erst am 22.02.84 geben. Dann wäre die "Überprüfung" beendet.

Am 22.02.84 erfuhr ich dann wieder telephonisch, daß das MdI meinen Antrag abgelehnt habe. Als Begründung wurden wieder die zwei Aussagen gemacht, wie ich sie bereits am 03.02.84 bekam. Ich solle meine Gäste ausladen, man werde die HO-Gaststätte am 03.03.84 kontrollieren.

gez. "Micco", Leipzig, März 1984

Antwortschreiben des Ministeriums des Innern auf eine Eingabe, in der die Zulassung von Veranstaltungen für Homosexuelle gefordert wurde

Ministerrat der Deutschen Demokratischen Republik
Ministerium des Innern
Hauptabteilung Schutzpolizei
1086 Berlin
Mauerstraße 29-32

28.03.84

Werte Frau Sillge!

In Beantwortung Ihrer Eingabe vom 24.02.1984 wird Ihnen folgendes mitgeteilt:
Die Verordnung vom 30.06.1980 über die Durchführung von Veranstaltungen (GBl. I, Nr. 24, S.235) bietet allen Bürgern die Möglichkeit, uneingeschränkt an Veranstaltungen, die der Entfaltung eines kulturvollen sozialistischen Gemeinschaftslebens und der weiteren Ausprägung der sozialistischen Lebensweise dienen, teilzunehmen. Ausgehend von diesen Grundsätzen wird Ihnen, das bringen Sie in Ihrer Eingabe selbst zum Ausdruck, das gleiche Recht wie jedem anderen Bürger zugestanden, an solchen öffentlichen Veranstaltungen teilzunehmen, um Ihren Bedürfnissen nach Geselligkeit, Tanz und Unterhaltung nachzugehen.
   Die gesellschaftliche Praxis hat gezeigt, daß eine über diese Grundsätze hinausgehende Sonderregelung entsprechend Ihrem Anliegen nicht erforderlich ist.
   Ihre Eingabe wird hiermit als erledigt betrachtet.

Hochachtungsvoll

Ferner
Generalmajor

Auszüge aus der Ordnung für die Annahme und Veröffentlichung von Anzeigen in Zeitungen, Zeitschriften und anderen Druckerzeugnissen sowie Anzeigenaushängen

(bestätigt durch Beschluß des Ministerrates vom 16.5.1980)

10. Heiraten, Briefwechsel, Freizeitgestaltung
10.1. Heiratsanzeigen
(...) Die Formulierungen dürfen der sozialistischen Moral und Ethik nicht widersprechen.
10.2. Briefwechselgesuche/Freizeitgestaltung
Analog zu 10.1, Partner- und Briefwechselgesuche für Freizeitgestaltung sind nur zulässig, soweit im Anzeigentext das Interessengebiet benannt wird und keine Formulierungen wider die sozialistische Moral und Ethik enthalten sind.
(Unter 18 J. soll verwiesen werden auf Junge Welt und AR)
(...)
13.1. Veranstaltungen
(...) Die Veröffentlichung der Veranstaltungsanzeigen von Kirchen oder anderen Religionsgemeinschaften obliegt der Entscheidung des Chefredakteurs des jeweiligen Publikationsorgans.
(...)
15.1. In Zweifels- oder Streitfällen entscheidet über die Veröffentlichung bzw. Nichtveröffentlichung eines Anzeigentextes in Zeitungen und Zeitschriften der Chefredakteur.(...)

Voraussetzungen für die Annahme und Veröffentlichung von Anzeigen
Nicht veröffentlicht werden Anzeigen:
(...)
- die gegen Rechtsvorschriften verstoßen
- die mit den Grundsätzen der sozialistischen Moral unvereinbar sind.

Antwortschreiben des Ministeriums für Kultur auf eine Beschwerde über die Zensurierung von Kontaktanzeigen

Ministerrat der Deutschen Demokratischen Republik
Ministerium für Kultur
- Rechtsstelle -
1020 Berlin
Molkenmarkt 1-3

21.3.1984

Sehr geehrte Frau Sillge!

Ihre an den Minister für Kultur gerichtete Bitte, Einfluß auf die Praxis der Annahme und Veröffentlichung von Anzeigen zur Partnersuche zu nehmen, können wir aus Zuständigkeitsgründen nicht realisieren.
 Die geltende Ordnung für die Annahme und Veröffentlichung von Anzeigen, bestätigt durch Beschluß des Ministerrates, wurde nicht vom Ministerium für Kultur erarbeitet.
 Unseres Wissens enthält sie jedoch für Anzeigen zur Frage "Heiraten, Briefwechsel, Freizeitgestaltung" lediglich die Festlegung, daß Formulierungen unzulässig sind, die gegen die sozialistische Moral und Ethik gerichtet sind.
 Die Auslegung dieser Festlegung in der Praxis entzieht sich unserer Zuständigkeit. Doch neigen auch wir zu der Auffassung, daß jegliche Kontaktwünsche, die sexuell motiviert sind (gleichgültig, ob hetero- oder homosexuell), als solche nicht veröffentlicht werden sollten, hingegen andere Kontaktwünsche, die keinen sexuellen Bezug erkennen lassen, kaum unzulässig sein dürften. Wir räumen ein, daß die Abgrenzung zwischen beiden Möglichkeiten in der Praxis mitunter schwierig sein kann und es für die Formulierung von Anzeigen, die von Ihnen gewünschte Kontaktwünsche beinhalten sollen, nicht so einfach sein wird,

den Bezug auf sexuelle Motive zu vermeiden. Sie werden ganz sicher aber auch verstehen, daß diese Probleme nicht dazu führen können, für Homosexuelle insoweit Sonderregelungen zu schaffen.

Wir bitten Sie sehr herzlich um Verständnis, daß uns eine andere Antwort auf Ihr Schreiben nicht möglich ist.

Mit sozialistischem Gruß

Justitiar

Konzeption für den Klub der Werktätigen „Dr. Magnus Hirschfeld"

Der Klub versteht sich als eine der vielfältigen Formen differenzierter politisch-ideologischer und kultureller Arbeit, indem er sich den spezifischen Interessen und Bedürfnissen der homosexuellen Bürger widmet und auf diese Weise dazu beiträgt, entsprechend den wachsenden Anforderungen der gesellschaftlichen Entwicklung die sozialistische Weltanschauung zu verbreiten und zu festigen.

Wie auf der 9. Tagung des ZK der SED festgestellt wurde, verlangt wirksame politische Massenarbeit, das politische Gespräch noch gründlicher und kontinuierlicher zu führen, dabei alle Bürger zu erreichen und sie in die Lösung der Aufgaben einzubeziehen, getreu dem Grundsatz, daß der Sozialismus für alle da ist und alle braucht.

Der Klub betrachtet es als seine Aufgabe, über die Vermittlung von entsprechenden Leitbildern, Werten und Normen die Ausbildung sozialistischer Persönlichkeiten und Verhaltensweisen zu fördern und so die Auseinandersetzung mit ideologischen Fragen weiterzuentwickeln.

Der Klub wendet sich sowohl an homosexuelle als auch an heterosexuelle Bürger und organisiert unter Berücksichtigung der spezifischen Probleme differenziert
- die politisch-ideologische Arbeit,
- die kulturpolitische Arbeit und vielfältige Kunsterlebnisse,
- die Verbreitung wissenschaftlicher Kenntnisse,
- die individuelle Beratung,

und er regt an zur kulturell-künstlerischen Betätigung der Werktätigen sowie zur sinnvollen Freizeitbeschäftigung.

Dabei stützt sich der Klub auf die Zusammenarbeit mit gesellschaftlichen Organisationen, wie der FDJ, der Nationalen Front, dem Kulturbund, der Urania u.a. Als geistig-kulturelles Zentrum, das die gesellschaftliche und kulturelle Integration homosexueller Bürger fördert, richtet der Klub seine Aufmerksamkeit auf zwei Schwerpunkte:

Einerseits hilft er mit, durch Informationen, Begegnungen, Diskussionen, Vorträge und andere Veranstaltungen die emotionalen Vorurteile abzubauen, die bei einem Teil der heterosexuellen Bevölkerung noch existieren, andererseits soll der Klub durch seine Arbeit auch die homosexuellen Bürger informieren, aufklären und ihr Selbstwertgefühl erhöhen.

Aus der Kenntnis heraus, daß zwischen erfüllter Partnerschaft, allgemeiner Lebensaktivität und Leistungsbereitschaft ein Zusammenhang besteht, fördert der Klub stabile Partnerschaften, die Kultivierung von Bedürfnissen und Beziehungen, das gegenseitige Verständnis und nimmt so Einfluß auf die Ausprägung sozialistischer Lebensweise.

Der Klub betrachtet sich als einen Baustein bei der Ausbildung solcher gesellschaftlich-sozialen Verhältnisse, die der gegenwärtigen Entwicklungsphase der Gesellschaft entsprechen und die es den Werktätigen, insbesondere den homosexuellen Bürgern, ermöglichen, ihre Fähigkeiten und Talente, ihre ganze Persönlichkeit zu entfalten.

Es ist die Aufgabe des Klubs, durch klare konzeptionelle Leitung sozialistische Kulturarbeit auf hohem Niveau zu leisten und mit der Vielfalt der Mittel einer solchen kulturellen Einrichtung den Zusammenhang von positiven persönlichen Erfahrungen und allgemeinen politischen Zielen bewußt zu machen. Durch die Wechselwirkung von wachsendem Staatsbewußtsein und besseren Identifizierungsmöglichkeiten mit dem humanistischen Grundanliegen der sozialistischen Gesellschaft wird die Aktivität und schöpferische Mitwirkung bei der weiteren Realisierung der Hauptaufgabe erhöht.

Auf diese Weise werden bedeutende Triebkräfte und Motivationen für den Aufbau der sozialistischen Gesellschaft nutzbar.

Aufgaben und Ziele des Klubs bilden den Rahmen für das weltanschauliche Gespräch, den Meinungsaustausch und die persönliche Begegnung zwischen homosexuellen und heterosexuellen Bürgern, die zur Festigung der ideologischen Position und zur Bewältigung der Probleme beitragen sollen.

Indem der Klub zur Verbreitung wissenschaftlicher Erkenntnisse beiträgt, bietet er interessierten Bürgern, insbesondere den homosexuellen Bürgern selbst, ihren Angehörigen und Kollegen, aber auch Pädagogen, Psychologen u.a. beruflich interessierten Bürgern, Möglichkeiten der Information und Konsultation.

Die Organisierung niveauvoller Geselligkeiten in Form von Gesprächen, Diskussionen, Diskotheken, Vortragsabenden, Zirkelarbeit und anderen Veranstaltungen bietet nicht nur Möglichkeiten zur Persönlichkeitsentwicklung, sondern auch der Partnerwahl und Partnerfindung. Nicht zuletzt soll der Klub Beratungsmöglichkeit sein zur Bewältigung individueller Probleme und Konflikte.

Der Klub soll die progressive Tradition des Wissenschaftlich-Humanitären Komitees fortsetzen und über die Beschäftigung mit der Geschichte und Heimatgeschichte deutlich machen, daß nur die sozialistische Gesellschaft allen Bürgern, d.h. auch den homosexuellen Bürgern, umfassende Voraussetzungen bietet, sich gleichberechtigt zu sozialistischen Persönlichkeiten zu entwickeln und am gesellschaftlichen Leben teilzunehmen.

Das ist ein wichtiger Beitrag des Klubs zur schöpferischen Aneignung des Kulturerbes und zur Pflege fortschrittlicher Traditionen.

Damit trägt der Klub dazu bei, die Interessen einzelner, einer Bevölkerungsgruppe und der gesamten Gesellschaft in Übereinstimmung zu bringen.

Jahresarbeitsplan (Entwurf)

Der Klub lädt in regelmäßigen Abständen die Partnerorganisationen, die Ständige Kommission Kultur und die Ständige Kommission Gesundheitswesen des Stadtbezirkes zur Beratung und Abstimmung ein.

Die Referenten für Vorträge, Diskussionen usw. werden in Zusammenarbeit mit den Partnerorganisationen gesichert.

Der Klub organisiert die gastronomische Betreuung entsprechend den gesetzlichen Regelungen und benennt einen Verantwortlichen.

Der Klub organisiert eine Ordnungsgruppe mit Unterstützung der FDJ.

Der Klub erstellt einen Finanzplan in Abstimmung mit den zuständigen Vertretern des Rates des Stadtbezirkes.

Ursula Sillge   Jürgen Haase
Christina Schenk   Dietmar Bsonek

Berlin, Dezember 1984

(Auch auf diesen Vorschlag ging der Magistrat nicht ein, obwohl alle Punkte, die bei einem solchen Projekt gefordert wurden, berücksichtigt worden waren.)

Vorladung der Polizei

Rat des Stadtbezirks
Berlin-Prenzlauer Berg
1055 Berlin
Fröbelstr. 17

Sehr geehrte Frau Sillge!

Wir bitten Sie, am Montag, dem 29.4.85,
in der Zeit von 09.00 bis 12.00 Uhr beim Rat des
Stadtbezirks Haus 2 Zimmer Nr. 202 vorzusprechen.
Grund: Aussprache
Folgende Unterlagen sind mitzubringen: PA u. SV-Ausweis

Sollten Sie in der vorgenannten Zeit verhindert sein, bitten wir um rechtzeitige Nachricht.

Berlin, den 23.4.85

Unterschrift

(An der Tür zum Zimmer Nr. 202 stand „Kriminalitäts-Vorbeugung". Ich mußte erklären, wovon ich lebe, ob ich Schulden oder sonstige unerledigte Verpflichtungen habe. Ich nutzte die Gelegenheit, den Kollegen und die Kollegin etwas aufzuklären über Homosexualität. Schulden hatte ich nicht, vorbestraft war ich nicht, meine Tochter war nicht vernachlässigt. So blieb die Vorladung ohne Folgen.)

Bericht der „Lesben in der Kirche" über einen Polizeieinsatz 1985 gegen den geplanten Besuch im ehemaligen Konzentrationslager Ravensbrück

Wir, 11 Freundinnen, die meisten von uns lesbisch, wollten am 20. April dieses Jahres die großangelegte öffentliche Gedenkfeier in der Nationalen Mahn- und Gedenkstätte Ravensbrück besuchen. Im KZ Ravensbrück waren 132 000 Frauen und Kinder eingesperrt, 92 000 mußten dort ihr Leben lassen, unter ihnen auch viele homosexuelle Frauen. Wir hatten zuvor ein Blumengebinde bestellt, auf dessen Schleife wir des Leides unserer lesbischen Schwestern gedachten und mit unseren Vornamen unterzeichneten.

Am 19. April wurde die Frau von uns, welche das Gebinde bestellt hatte, zur Klärung eines Sachverhalts auf ein Polizeirevier gebeten. Nach einer einstündigen Befragung teilten ihr die Mitarbeiter der Abteilung Erlaubniswesen mit, daß uns eine Ehrung der Opfer des Faschismus nicht genehmigt sei, da wir uns allein durch die Reihung unserer Vornamen auf der Schleife als Gruppe zu erkennen gäben, die gesetzlich nicht anerkannt sei. Daraufhin beschlossen wir, trotzdem, jedoch einzeln und ohne Kranz, nach Ravensbrück zu fahren. Allein, als ich am Samstagmorgen gemeinsam mit zwei Freundinnen aus dem Haus trat, warteten bereits zwei Männer in Zivil auf der gegenüberliegenden Straßenseite, die uns zur S-Bahn folgten und bis Fürstenberg betont auffällig/unauffällig begleiteten. Auf dem Bahnhof Fürstenberg wurden ausschließlich wir 11 Frauen unter dem Vorwand einer allgemeinen Fahndung von der Transportpolizei festgehalten, unsere Ausweise eingesammelt und wir aufgefordert, in der Bahnhofshalle zu warten. Nach ungefähr einer Viertelstunde wurden wir von 30 uniformierten Bereitschaftspolizisten eingekreist und mit beleidigenden Worten, Püffen und festen Handgriffen zu einem Lkw der Bereitschaftspolizei getrieben. Mit Worten wie: "Los rauf da. Dalli, dalli. Du wirst Dir Deinen Arsch schon noch breit sitzen", wurden wir unter ständigen körperlichen Belästigungen hinaufbefördert. Auf dem Lkw, der erst lange hielt und dann zu einer kleinen Fahrt durch

Fürstenberg und Umgebung aufbrach, wurden wir von neun Männern bewacht. Diese schwiegen im Gegensatz zu uns meist oder äußerten Sätze wie: "Lieber eine tote Sau ficken" - sowie auf die Frage nach dem Wohin der Fahrt: "Wo ihr hingehört, ins Arbeitslager."

Beim Halt auf freier Strecke forderten wir, austreten zu dürfen. Die Genehmigung dazu mußte erst vom Vorgesetzten eingeholt werden und wurde mit der Frage: "Wo ist die Puppe, die pissen muß?" erteilt. Auf unsere Bitte, die Plane hochzuschlagen, da die Luft im Lkw stickig sei, erhielten wir zur Antwort: "Macht doch die Hosen zu!" Am Ende der Fahrt hielten wir vor der Fürstenberger Oberschule der Deutsch-Sowjetischen Freundschaft. Da wir den Grund unseres Festhaltens nicht erfuhren, blieben wir sitzen und wurden daraufhin aus dem Lkw herausgezerrt, geschleift. Eine Frau wurde tatsächlich vom Lkw heruntergestoßen.

In der Schule waren keine Schüler, diese waren wahrscheinlich auf der Gedenkveranstaltung, zu der wir auch bloß wollten. Stattdessen wurden wir in ein kleines Klassenzimer dirigiert und dort von jeweils drei Polizisten bewacht. Wie schon auf dem Lkw lasen wir aus Klemperers LTI vor und machten kleine Ratespiele. Nach einer knappen Stunde wurde die erste Frau zur Befragung geholt. Wir anderen folgten im Abstand von einer viertel bis halben Stunde. Bei der Befragung durch zivile Beamte der Kriminalpolizei, wie sie sich vorstellten, machten wir nur Angaben zu unserer Person. Einige wurden auch zu ihren Eltern sowie den Maßnahmen für den heutigen Tag befragt. Nach den Befragungen fanden wir uns in einem anderen Klassenzimmer wieder, immer noch ohne Ausweise, und mußten erneut eine Stunde warten, bis wir diese zurückerhielten. Uns wurde genehmigt, uns in Fürstenberg aufzuhalten, jedoch mit der Auflage: "ordnungsgemäß", anderenfalls sähen wir uns wieder. Bis zur Zugabfahrt und auf der gesamten Heimfahrt wurden wir von den uns vertrauten Männern in Zivil begleitet.

Die Ereignisse des 20. April haben wir der Generalsekretärin des Internationalen Ravensbrück-Komitees, Emmy Handke, und der Vorsitzenden des nationalen Lager-Komitees, Annie Sindermann, persönlich geschildert. Im Gegensatz zu Frau Sindermann brachte Emmy Handke Verständnis für unser Anliegen auf, meinte jedoch, uns nicht helfen zu können. In einer Eingabe an den Minister des Innern forderten wir nach einer ausführlichen Schilderung des Vorfalls eine Aussprache mit den Verantwortlichen und eine Korrektur dieses diskriminierenden Vorgehens gegen uns.

In einem Gespräch mit zwei Beauftragten des Ministers des Innern entschuldigten sie sich in aller Form im Namen des Ministers bei uns für das Vorgehen der Bereitschaftspolizisten. Sie erklärten, daß mit den Verantwortlichen bereits eine Aussprache geführt und sie auch disziplinarisch zur Verantwortung gezogen worden seien. Zu unserem Anliegen, die homosexuellen Opfer des Faschismus zu ehren, meinten sie, dies würde Anstoß bei der Mehrheit der Bevölkerung erregen und deren Meinung noch mehr gegen uns aufbringen. Die Verweigerung der Ehrung von lesbischen Opfern des Faschismus wäre also praktisch nur zu unserem Schutz. Auf unsere Frage, ob das Verbot der Sicherheits-organe die intoleranten Bürger nicht nur in ihrer Meinung gegen uns bestärken würde, schwiegen sie. Der Minister des Innern würde durch seine Beauftragten ein Protokoll des Gesprächs erhalten und unsere Eingabe hätte sich damit erledigt.

Kleiner Nachtrag von uns: Im Buch "Die Frauen von Ravensbrück", erschienen 1959 im Kongress-Verlag, stehen im "Mahnruf der toten Frauen von Ravensbrück" von Auguste Lazar folgende Zeilen:
Schwestern vergeßt uns nicht,/ vergeßt nicht die Toten von Ravensbrück! //Wenn ihr uns vergeßt,/ war unser Sterben umsonst,/ umsonst die Tränen, die wir geweint,/ umsonst die Qualen, die wir gelitten,/ umsonst der Schweiß, der von uns geflossen/ in tiefer Erniedrigung,/ schrecklicher Angst - / das Grauen/ der Tod - / wenn ihr uns vergeßt,/ war unser Sterben umsonst.

Im Namen meiner Freundinnen, M.K.

Nur für innerkirchlichen Dienstgebrauch BN 90006434/64/85 Bl.1+2

Beschluß des Vorstandes der Sektion "Ehe und Familie" der Sozialhygienischen Gesellschaft der DDR vom 5.3.1985 über die Behandlung der Probleme Homosexueller in den Ehe- und Sexualberatungsstellen

Ein Teil der Ratsuchenden in den Ehe- und Sexualberatungsstellen sind homosexuelle Bürger. Ihre Nöte und Probleme ergeben sich nur zum Teil aus der Homosexualität. Gravierender leiden viele unter Einstellungen, Haltungen und Handlungen gegenüber Homosexuellen seitens Personen aus ihrer sozialen Umwelt, durch die die Betroffenen psychisch, gesellschaftlich und manchmal auch beruflich beeinträchtigt werden, sich nicht als gleichgeachtete und gleichberechtigte Bürger akzeptiert fühlen. Unkenntnis und Vorurteile sind meist die Gründe solchen Verhaltens. Langfristig wirksame Hilfe für Homosexuelle setzt deshalb den Abbau solcher zu Diskriminierungen führenden Vorurteile und die volle gesellschaftliche Integration dieser Bürger voraus.

Auch dafür zu wirken ist eine legitime, notwendige Aufgabe der Mitarbeiter der Ehe- und Sexualberatungsstellen.

Obwohl es keine exakten statistischen Angaben über die Zahl Homosexueller in unserer Bevölkerung gibt und auch die Untersuchungsergebnisse aus anderen Ländern nur vorsichtige Schätzungen erlauben, muß man nach den vorliegenden Erhebungen annehmen, daß sie etwa 5% der Bevölkerung, also in der DDR mehrere Hunderttausend beträgt. Andererseits sind Homosexuelle doch eine Minderheit und daher bei der Durchsetzung und Anerkennung berechtigter Interessen auf das Wohlwollen der heterosexuellen Mehrheit der Bevölkerung angewiesen.

In den folgenden Thesen können die Fragen der Homosexualität nicht allseitig dargelegt, sondern nur einige wesentliche Aspekte für die gesellschaftliche Integration Homosexueller aufgezeigt und notwendige Situationsänderungen vorgeschlagen werden. Sie gelten für homosexuelle Männer (Schwule) und Frauen (Lesben), obwohl letztere aus verschiedenen Gründen weniger öffentliches Interesse erregen. Auf die inzwischen unüberschaubar gewordene Literatur wird nicht eingegangen, wenngleich sie inhaltlich berücksichtigt ist. Auch auf Begründungen und detaillierte Beweisführung der Thesen muß der Kürze halber verzichtet werden.

Die Ausführungen beschränken sich auf die ausgeprägte oder sogenannte Kernhomosexualität. Auf passagere gleichgeschlechtliche Tendenzen z.B. in der Pubertät (Entwicklungshomosexualität), bei zeitweiligen gleichgeschlechtlichen Partnern in Isolierung von andersgeschlechtlichen Menschen (Nothomosexualität), als Folge psychischer Fehlhaltung oder heterosexueller Kontaktstörungen (neurotische Homosexualität), als Begleiterscheinung hirnorganischer oder anderer Erkrankungen (symptomatische Homosexualität) und auf die Zwischenstufen zur Heterosexualität (Bisexualität) wird nicht eingegangen.

1.

Die sexuelle Orientierung (heterosexuell oder homosexuell) ist elementarer Bestandteil der Persönlichkeit eines Menschen.

Jeder hat das Recht, seiner sexuellen Orientierung entsprechend zu leben und in gegenseitigem Einvernehmen Partnerschaften einzugehen, soweit dadurch nicht berechtigte Interessen anderer in unzumutbarer Weise verletzt oder gefährdet werden. Das gilt für Homosexuelle und Heterosexuelle gleichermaßen. So widerspricht es humanistischen Prinzipien der Achtung und Würde des Menschen, Einzelpersonen oder Gruppen wegen der bloßen Tatsache homosexueller Neigungen oder Handlungen in irgendeiner Form zu diskriminieren und zu benachteiligen. Dafür gibt es in unserer Gesellschaft keine ernsthaften Bedingungen. Die "Gefahr" einer Vergrößerung des Prozentsatzes der Homosexuellen in der Bevölkerung durch Fortfall von Restriktionen besteht nicht, wenngleich nach dem Wegfall von Diskriminierungen ein größerer Teil der Betroffenen sich nicht mehr zu verbergen braucht. Das ist aber Voraussetzung für den weiteren Abbau von Vorurteilen, weil nur dadurch in den Familien, in Betrieben, in anderen Einrichtungen und im gesamten öffentlichen Leben ein objektives Bild von ihnen entstehen kann und sie dadurch die Chance einer normalen Entwicklung ihrer Persönlichkeit erhalten. Es ist ein wichtiges gesamtgesellschaftliches Anliegen, unter Verwendung aller Medien, wie Zeitschriften, Bücher, Film, Fernsehen, Lehrtätigkeit etc., Bildungslücken zu schließen, um zu einer sachlich-wissenschaftlich begründeten Einstellung zu dieser Sexualvariante zu gelangen und das gegenseitige Verständnis von Hetero- und Homosexuellen zu fördern.

2.

Homosexualität ist das relativ konstante, entschiedene oder ausschließlich erotisch-sexuelle Bedürfnis nach Personen des gleichen Geschlechts (homosexuelle Liebe).
Das Vorkommen gleichgeschlechtlicher Handlungen, wie z.B. in der Pubertät, ist noch kein ausreichendes Kriterium für Homosexualität und ihr Fehlen kein Beweis für Heterosexualität.
Die Entstehung der sexuellen Orientierung ist noch nicht ausreichend geklärt. So ist auch die Frage umstritten, ob und wie weit lebensgeschichtliche Ereignisse (z.b. bestimmte Familienkonstellationen) und/oder pränatale Faktoren (z.b. der Hormonstatus in einer kritischen fetalen Hirndifferenzierungsphase) die sexuelle Orientierung bedingen. Für die am weitesten verbreitete Vermutung, daß Homosexualität durch gleichgeschlechtliche Verführung hervorgerufen wird, gibt es keine wissenschaftlichen Belege. Die Frage der Entstehung ist aber für die gesellschaftliche Praxis weniger relevant, da Homosexualität unabhängig von ihrer Verursachung fest in der Persönlichkeit ihres Trägers verwurzelt ist.

3.

Homosexualität ist eine biopsychische Variante der Sexualität des Menschen und als solche keine Krankheit.
Homosexuelle fühlen sich wegen ihrer sexuellen Neigung nicht krank und leiden auch nicht darunter, sondern unter ihrer negativen Bewertung durch die Gesellschaft. Sie sind weder körperlich noch psychisch und sozial weniger leistungsfähig und wohlbefindlich als Heterosexuelle.
Die Tatsache, daß sie eine Minderheit bilden, rechtfertigt ebensowenig, diese Sexualrichtung als pathologisch zu bezeichnen, wie der Umstand, daß sie bei ausschließlich gleichgeschlechtlicher Betätigung keine Kinder zeugen bzw. konzipieren können, also nicht zur Fortpflanzung beitragen. Eine solche betont reproduktive Einschätzung der Sexualität, wonach nur die sexualerotische Anziehung zwischen Mann und Frau "natürlich", "normal" und "gesund" sei, ist eine biologistische Überbewer-

tung der reproduktiven Funktion des Geschlechtslebens unter Vernachlässigung der real weit wichtigeren kommunikativen und Lustfunktion und daher kein stichhaltiges Argument, in der Homosexualität eine Krankheit zu sehen.

Damit entfällt auch die Frage der Therapie, sofern man darunter eine Beseitigung homosexueller Neigungen versteht. Derartige Versuche scheitern nicht nur, sondern können Neurosen auslösen, wenn sie ohne echten eigenen Willen und Wunsch der Betreffenden, also unter Nötigung zu sozialer Adaptation vollzogen werden.

Für einen wirklich Homosexuellen ist die Forderung, heterosexuell zu leben, eine ebensolche Vergewaltigung seiner Persönlichkeit, wie wenn ein Heterosexueller homosexuell leben soll.

4.

Die Richtung des sexuell-erotischen Verlangens, also ob es auf Personen des anderen oder des gleichen Geschlechts zielt, ist keine Frage der Moral.

Von moralischer Relevanz kann nur die Art des Verhältnisses zum Partner sein, also ob dieses egoistisch, den Partner mißachtend gestaltet oder zu gegenseitiger Förderung gereicht, von Fürsorge, Liebe getragen ist.

Zweifellos berührt es auch allgemeine Interessen und Normen, wenn ein erheblicher Teil männlicher Homosexueller zur Promiskuität neigt und durch häufigen Partnerwechsel und flüchtige Kontakte die Quote durch Geschlechtsverkehr übertragbarer Krankheiten bei diesem Personenkreis überdurchschnittlich hoch ist. Verantwortungsbewußtsein und vorbeugendes Verhalten muß hier aus gesundheitspolitischen Gründen von der Gesellschaft gefordert werden. Daraus ist aber keine verallgemeinernde negative moralische Bewertung homosexueller Menschen ableitbar.

Wer sich mit der Sexualorientierung eines anderen Menschen nicht identifiziert, sie nicht nach seinem Geschmack findet, ist deshalb nicht berechtigt, Personen dieser Sexualvariante als moralisch minderwertig zu klassifizieren. Es ist vielmehr ein psychologisches Problem, wie die Ursachen dieser Haltungen zu interpretieren sind und wie es zu einer kollektiven Abwertung aus sozio-kulturellen Gründen kam.

5.

Mit der Aufhebung strafrechtlicher Sanktionen gegen erwachsene Homosexuelle sind Vorurteile noch nicht geschwunden.

Ihr Fortbestehen in weiten Kreisen der Bevölkerung behindert die volle Gleichberechtigung und Integration dieser Minderheit und führt weiterhin zu Diskriminierungen und Benachteiligungen, die nicht aus dieser Sexualvariante selbst hervorgehen. Solche Diskriminierungen zeigen sich u.a. in herabwürdigenden, verachtenden, beleidigenden, verunglimpfenden, verhöhnenden Äußerungen und Handlungen bis zu physischen Tätlichkeiten. Zwar ließ sich in den letzten Jahren, vielleicht auch als Auswirkung aufklärender Informationen, eine Besserung feststellen, und begründete Klagen Homosexueller über Beeinträchtigungen wurden seltener erhoben. Dennoch ist es notwendig, auf ihr Vorkommen aufmerksam zu machen und auf ihre Verhütung einzuwirken. Z.B. kommt es noch vor, daß ihnen Inserate zur Findung eines Partners des gleichen Geschlechts verweigert werden, daß sie allein wegen ihrer sexuellen Neigung in der beruflichen Anstellung und Tätigkeit, bei Qualifizierungs-, Förderungs- und Auszeichnungsvorschlägen Benachteiligung erfahren.

Nicht selten werden ihnen noch Schwierigkeiten beim Besuch bestimmter Gaststätten, bei gemeinsamen Veranstaltungen, Gruppenreisen etc. bereitet, wenn es sich herausstellt, daß es sich um Homosexuelle handelt. Mitunter beobachtet man noch kollektive Diffamierungen der Homosexuellen, wenn einzelne von ihnen sozial nicht tolerierbare Verhaltensweisen zeigen, während niemals Heterosexuelle in ihrer Gesamtheit verurteilt werden, wenn einige gesellschaftliche Normen verletzen. Manche mokieren sich schon über gewisse Auffälligkeiten in Gebaren und Kleidung des einen oder anderen Homosexuellen und betrachten dieses unzulässig als typisch für ihre Orientierung. Die überwiegende Mehrheit der Homosexuellen unterscheidet sich im sozialen, geistigen und gesellschaftlichen Leben nicht von der Durchschnittspopulation mit Ausnahme der Tatsache, daß sie Personen des gleichen Geschlechts lieben.

6.

Die Folgen einer Diskriminierung sind Nachteile für die Betroffenen und die Gesellschaft.

Es wird ihnen durch die einseitig heterosexuell ausgerichtete Umwelt und die sie ablehnende Einstellung vieler Mitmenschen ein Außenseiterbewußtsein aufgenötigt. Das kann bei einigen bewirken, daß sie sich als abnorm, schlecht, verkommen fühlen, andere als elitäre besondere Menschen. Manche reagieren darauf mit einer oppositionellen Haltung gegen die sie diffamierende oder mißachtende Umwelt, woraus sich ein verstärktes Bedürfnis nach Anerkennung in der Gruppe Homophiler ergibt.

Mancher Betroffene verbraucht erhebliche psychische Kräfte, um sein Anderssein, wenn es nicht akzeptiert wird, zu verbergen; wechselt gar deshalb Arbeitsplatz und Wohnort.

Das kann seine Persönlichkeit erheblich deformieren, seine Lebensqualität und sein Leistungspotential mindern und weitere psychische Schäden bewirken.

Besonders gefährdet bis hin zum Suizid sind Jugendliche in der Phase des sogen. coming out, wenn ihnen allmählich ihr Anderssein bewußt wird, ohne sich damit identifizieren zu können. Wenn sie mit ihren Problemen völlig alleingelassen sind, weder Eltern noch Lehrer, Berufsausbilder als verständnisvolle Gesprächspartner ins Vertrauen gezogen werden können, noch in Medien, Jugendorganisationen etc. Informationen und Anerkennung finden. Es fehlen ihnen weitgehend im öffentlichen Leben und auch in der Literatur Leitbilder und Identifikationserlebnisse für die Aufnahme und Gestaltung ihnen wesensgemäßer Partnerschaften. Die durchaus heterosexuell orientierende Sexualerziehung bietet Homosexuellen keine Lebenshilfe, sondern verunsichert sie.

Häufig resultieren daraus heterosexuelle Scheinpartnerschaften und Ehen, die in der Regel scheitern, zum Nachteil für die Partner und eventuelle Kinder. Oft werden solche Beziehungen zur Tarnung, einige sogar auf Druck von Angehörigen in der Hoffnung auf eine Änderung der sexuellen Orientierung eingegangen.

Wenn Homosexuelle in den staatlichen und gesellschaftlichen Organisationen keine Möglichkeit finden, sich zu artikulieren, ihre Probleme und gemeinsamen Interessen auszutauschen, sucht ein großer Teil von ihnen in kirchlichen Einrichtungen und Arbeitskreisen Aufnahme, obwohl die meisten von ihnen ihrer Weltanschauung nach nicht religiös gebunden sind.

7.

Es gibt keine humane Alternative zur vollen Anerkennung Homosexueller als gleichwertige und gleichberechtigte Bürger, zur Respektierung ihrer sexuellen Orientierung und den daraus resultierenden Formen ihrer Partnerschaften.

Die Richtung des sexuell-erotischen Verlangens hängt nicht vom Willen ab, und man kann von dieser Minderheit ebensowenig wie von Heterosexuellen Verzicht auf Realisierung ihres Rechts auf Liebe, Sexualität und Partnerschaft verlangen.

Ein halbherziges Tolerieren und Straffreiheit bei homosexuellen Handlungen unter Erwachsenen reichen nicht aus, um sie von einem Makel zu befreien.

Es muß deshalb immer wieder betont werden:

Heterosexualität und Homosexualität sind objektiv zwei gleichwertige Varianten menschlichen Sexualverhaltens!

Beide Gruppen bedürfen der Respektierung ihrer persönlichen Intimsphäre. Dabei müssen Homosexuelle jedoch mit der Tatsache leben lernen und in ihrem Auftreten, ihren Erwartungen berücksichtigen, daß die überwiegende Mehrheit der Menschen anders empfindet und das gesellschaftlich-soziale und kulturelle Leben vorwiegend heterosexuelle Bedürfnisse erfüllt.

Es widerspricht aber den Prinzipien sozialistischer Moral und Ethik, Gruppen von Menschen lediglich wegen sexueller Neigungen zu benachteiligen, in welcher Form auch immer, wenn diese Neigung und die daraus resultierenden Handlungen nach heutigen gesicherten wissenschaftlichen Erkenntnissen der Gesellschaft keinen Schaden bereiten.

Vielmehr ist es ein humanistisches Anliegen im Interesse dieser Bürger und der gesamten Gesellschaft, ihre volle Integration mit allen angemessenen Möglichkeiten zu fördern.

Dr. sc. Siegfried Schnabl

(Der Beschluß war eine Orientierung für die Mitglieder der Sektion der Sozialhygienischen Gesellschaft der DDR und darüber hinaus für die Ehe- und Sexualberatungsstellen in der ganzen Republik.)

Positionspapier des Interdisziplinären
Arbeitskreises Homosexualität
der Humboldt-Universität Berlin

Zur Situation homophiler Bürger in der DDR

I. Einleitung

Die sozialistische Gesellschaftsordnung garantiert objektiv die humane Gestaltung der menschlichen Beziehungen aller Bürger. Mit der Wirtschafts- und Sozialpolitik wird zielgerichtet und planmäßig die Grundlage für ein sinnvolles, an den Interessen der Gesellschaft orientiertes Leben als ein persönlich erfolgreiches Leben geschaffen.

Die Gestaltung des entwickelten Sozialismus, die Festigung der sozialistischen Friedensordnung und die Beherrschung der umfassend intensiv erweiterten Reproduktion erfordern die Ausschöpfung der Leistungsfähigkeit aller Bürger, ihr volles Engagement und ihre unbeschwerte Identifikation mit der sozialistischen Gesellschaft. Für unsere Gesellschaft ist es daher von großer Bedeutung, mit den Besonderheiten und Lebensbedingungen spezifischer Gruppen so umzugehen, daß keine Hemmnisse für die soziale Integration und Lebensaktivität dieser Bürger entstehen. Das betrifft auch die Gruppe homophiler Bürger (= Homosexuelle). Diese sollen sich wie alle Bürger im Sozialismus objektiv und subjektiv wohl fühlen. Die Gesamtheit ihrer Lebensbedingungen muß folglich konstruktives sozialistisches Verhalten fördern. Dies entspricht dem humanen Wesen des Sozialismus.

Im Artikel 2o(1) der Verfassung der DDR heißt es: "Jeder Bürger der Deutschen Demokratischen Republik hat unabhängig von seiner Nationalität, seiner Rasse, seinem weltanschaulichen oder religiösen Bekenntnis, seiner sozialen Herkunft und Stellung die gleichen Rechte und Pflichten, Gewissens- und Glaubensfreiheit sind gewährleistet. Alle Bürger sind vor dem Gesetz gleich." Das schließt eindeutig die Diskriminierung homophiler Bürger aus.

Homophile Bürger genießen die gleichen verfassungsmäßigen Rechte wie alle anderen. Das heißt, diese Rechte müssen durch örtliche Organe, Kollektive und somit die unmittelbare Lebensumwelt garantiert werden. Dazu gehört neben den Grundrechten auf Arbeit und gesellschaftliche Betätigung, auf Bildung, sinnvolle Freizeitgestaltung auch der freie Umgang mit sich selbst. Von den homophilen Bürgern verlangt dies gleichzeitig die Anerkennung damit verbundener Pflichten, sich gemäß den in der DDR gültigen Rechtsnormen zu verhalten, aus der Zugehörigkeit zu einer spezifischen Gruppe in der Bevölkerung keine Sonderrechte abzuleiten und jegliche Diskriminierung nichthomophiler Bürger zu unterlassen.

Die Wissenschaft rechnet mit einem Anteil von etwa 4 - 5 Prozent Homophiler an der Gesamtbevölkerung. In der DDR gibt es folglich nach Schätzungen etwa 700 000 - 800 000 Männer und Frauen, die als homophil zu bezeichnen sind.

Sie leben in allen städtischen und ländlichen Bereichen der DDR, konzentrieren sich jedoch auf Großstädte. Die statistische Angabe von 4 - 5 Prozent sagt nichts über die spätere Wahl des Wohnortes aus.

Homophilie wird heutigen Erkenntnissen zufolge bereits vor der Geburt biologisch festgelegt. Sie trat folglich zu allen Zeiten und in allen Gesellschaftsordnungen auf. Historisch unterlag sie jedoch verschiedensten Bewertungen. War sie noch in der Antike weitgehend positiv eingeordnet, hat das Christentum einen erbitterten Kampf gegen diese Form sexueller Anlage geführt. Damit unterdrückte es gleichzeitig sexuelle Normen anderer Kulturen. Die über Jahrhunderte gefestigten Wurzeln sind bis heute nicht verdorrt. Inzwischen wird, aufbauend auf diesen Traditionen, durch reaktionäre christliche und andere Kreise das Thema Homosexualität als Grund benutzt, um den Sozialismus anzugreifen. Dabei richtet sich der Angriff sowohl gegen eine angebliche Diskriminierung als auch gegen die Akzeptierung der Homophilie als Lebensform.

In der DDR wurde im Jahre 1968 mit der Einführung des neuen STGB der berüchtigte Paragraph 175 (gleichgeschlechtliche Sexualität zwischen Erwachsenen) aufgehoben. Dieser Paragraph trat 1871 mit dem Reichsstrafgesetzbuch in Kraft. Von da an hatten Kaiserreich, die Weimarer Republik und der Faschismus eine rechtliche Grundlage zur Diskriminierung und Verfolgung Homophiler. Ab 1935 begann in Hitlerdeutschland eine systematische Verfolgung männlicher Homosexueller. Diese wurden in "Rosa Listen" erfaßt, die schon während des

Kaiserreiches eingeführt worden waren. Die "Normalbiographie" männlicher Homosexueller hieß von nun an Zuchthaus und Konzentrationslager. Etwa 60 Prozent der homosexuellen Häftlinge überlebten heutigen Erkenntnissen zufolge die Verfolgung nicht.

Die KPD hat als einzige Partei bereits 1924 einen Antrag auf Außerkraftsetzung des § 175 im Deutschen Reichstag eingebracht. Sie entlarvte den Klassencharakter bürgerlicher Gesetzgebung und plädierte für ein vorurteilsfreies wissenschaftliches Herangehen an die Geschlechterfrage. In dieser Tradition stehen heute die DKP und die SED. In ihren Parteiprogrammen wird der Kampf gegen die Diskriminierung Homophiler als ein Teil des politischen Kampfes betrachtet.

Dem Sozialismus ist jede Art der Diskriminierung von Menschen wesensfremd. Das schließt aber nicht automatisch aus, daß in der öffentlichen Meinung Vorurteile bestehen. Sie basieren in der Regel auf Unwissenheit, auf falschen, traditionell bedingten und sich reproduzierenden Moralauffassungen. Solche Verhaltensweisen isolieren homophile Bürger. Jede Isolierung homophiler Bürger zieht aber Einschränkungen auch ihrer Persönlichkeitsentwicklung nach sich. Dadurch entstehen Probleme für Homophile, selbst dann, wenn ihr Streben sich auf volle Integration in die sozialistische Gesellschaft richtet. So können sie in bisher nicht lösbare Konflikte mit ihrer Umwelt geraten, wenn sie wegen ihrer unveränderbaren sexuellen Neigung negativen Sanktionierungen unterliegen.

Alarmierende Symptome hierfür sind, daß die Suizidraten bei diesem Personenkreis 4 bis 5 mal höher als in der Normalbevölkerung liegen, sich psychische Erkrankungen wegen der Außenseiterstellung häufen, familiäre und berufliche Konflikte sich häufen und die Flucht in den Alkohol gesucht wird. Die sozialistische Gesellschaft bietet bisher keine Anlaufstellen zur Lösung der schwerwiegenden sozialen Integrationsprobleme.

Grundsätzlich ist davon auszugehen, daß die Richtung des sexuellen und erotischen Verlangens keine Frage der Moral darstellt. Moralisch ist allein die Art des Verhältnisses zum jeweiligen Partner, ob sie also egoistisch oder abwertend ist, von Liebe und Achtung getragen oder nicht.

Allgemeine Interessen und Normen sind angesprochen, wenn ein beachtenswerter Teil der Bevölkerung zur Promiskuität neigt und wenn diese Neigung mit einer wachsenden Quote von Krankheiten verbunden ist, die durch den Geschlechtsverkehr übertragen werden (Geschlechtskrankheiten, bisher nur in anderen Ländern AIDS, Hepatitis).

In diesem Zusammenhang ist es wichtig, auf die Verhaltensnormen männlicher Homophiler zu achten, ist es unerläßlich, auch aus gesundheitspolitischen Gründen ein vorbeugendes und gesundheitsbewußtes Verhalten zu fördern.

Wegen dieser Probleme darf es aber keineswegs zu einer pauschal negativen Bewertung der männlichen Homosexualität kommen. Wir brauchen vielmehr die Untersuchung der Ursachen, die diesen speziellen Umgangsformen zugrunde liegen.

Gezielte gegnerische Versuche bleiben nicht aus, um die Unsicherheiten offizieller Institutionen im Umgang mit der Homophilie, aber auch die Unsicherheit der Homophilen selbst auszunutzen. Dabei reicht die Skala der Einflußnahme von ideologischer Subversion bis zu Aktivitäten gegen die sozialistische Gesellschaft.

Wesentliches Anknüpfungsmoment ist dabei die Behauptung, daß homophile Bürger in der DDR kein sinnvolles Leben und damit keine uneingeschränkte Persönlichkeitsentwicklung erfahren. Damit sollen Handlungen gegen die sozialistischen Normen bzw. gegen Gesellschaft und Staat legitimiert werden. Daß dabei Ursachen und Folgen kalkuliert sind, belegen nicht zuletzt Anträge zum Verlassen der DDR.

Im Zusammenhang mit der politischen Auseinandersetzung gewinnen Probleme von schätzungsweise 700 000 - 800 000 homophilen Bürgern, die in der DDR leben, ein weit größeres Gewicht, als die absolute Zahl anzuzeigen scheint.

Wir können davon ausgehen, daß jede Mißachtung der persönlichen und teilweise schwerwiegenden sozialen Probleme Homophiler durch staatliche Stellen, gesellschaftliche Organisationen und Arbeitskollektive zu einer Solidarisierungsbewegung der Betroffenen und anderer Kräfte tendiert, die neben einem Verzicht auf gesellschaftliches Engagement, Rückzug in die private Sphäre und ängstlichem Verstecken auch zu gezielten negativen politischen Reaktionen beiträgt. Dieser Tendenz ist entgegenzuwirken. Dazu muß der Charakter des Phänomens eindeutig eingeschätzt werden.

- Der Ausgangspunkt des Problemkreises ist sexueller Natur.
- Das Gesamtphänomen trägt jedoch komplexen sozialen Charakter.
- Durch den bisherigen Umgang mit der Homophilie erhält die Frage eine politische Dimension, die bei falscher Behandlung eine Reihe von Sicherheitsproblemen aufwerfen kann.

Darum müssen folgende Anzeichen und Aktivitäten mit politischem Verantwortungsbewußtsein beachtet werden:

- Auftreten in der Öffentlichkeit zu unterschiedlichen Anlässen mit Transparenten, wie beispielsweise zum Weltjugendfestival, aber auch zu Werkstattwochen der Evangelischen Kirche. Die Betroffenen bekennen sich im Gegensatz zu früher offen zur Homophilie.
- Bestrebungen zur Bildung von Vereinigungen. Infolge der Ablehnung entsprechend der DDR-Gesetzgebung haben sich sogenannte "Freundeskreise" gebildet.
- Permanente, auch organisierte Anschreiben an zentrale Staatsorgane, Abgeordnete, Wissenschaftler, gesellschaftliche Organisationen u.ä., in denen vor allem über die Benachteiligung Homophiler geklagt, aber auch Forderungen gestellt werden.
- Ablehnung von Homophilen in verschiedenen Berufen, z.B. Berufssoldaten, Lehrer, Mitarbeiter staatlicher Organe. Im veröffentlichten Handbuch für Militärmedizin heißt es z.B.: "Es besteht grundsätzliche Diensttauglichkeit. Homosexuelle sind jedoch als Soldaten auf Zeit sowie als Berufssoldaten ungeeignet."
- Vermehrt stellen Homophile Anträge auf Übersiedlung in die BRD bzw. Westberlin. Eine Begründung lautet, dort gäbe es "Freizügigkeit" und keine Diskriminierung. Der Gegner versucht, zu dieser Gruppe durch Medien und personell gezielt Kontakt aufzunehmen.
- Durch die Probleme bei der Partnersuche wird oftmals ein wahlloser Sexualverkehr gepflegt (auch mit Ausländern). Diese Homophilen sind häufig Infektions- und Verbreitungsquelle von Syphilis. Hinzu kommt die Gefahr der Erkrankung an AIDS.
Die Partnersuche auf öffentlichen Toiletten bzw. in deren Umfeld führt zu Zusammenstößen, wobei Homophile häufig beraubt oder erpreßt werden. Zumeist wird von diesem Personenkreis von einer Anzeige abgesehen, so daß es eine nicht unbeträchtliche Dunkelziffer gibt.
- Bildung von Selbsthilfegruppen, vor allem im Rahmen der evangelischen Kirche. Demgegenüber gibt es kaum Erfahrungen z.B. der Ehe- und Sexualberatungsstellen.
- Gegenwärtig nehmen sich Kreise der evangelischen Kirche dieser Bürger an, während die Problematik von den staatlichen und gesellschaftlichen Institutionen kaum beachtet wird. Der Bund der evangelischen Kirche in der DDR hat dazu eine Studie erarbeitet und läßt Homophile in Veröffentlichungen zu Wort kommen.
- Die katholische Kirche steht traditionell der Homophilie ablehnend gegenüber.

In der DDR haben sich im Verlaufe ihrer Geschichte Grundnormen stabilisiert, die auf die Wahrnehmung von Verantwortung im Sexualverhalten orientieren und generell für Partnerschaft und Sexualität gelten. Sie richten sich prinzipiell gegen geschlechtliche Diskriminierung und Ausbeutung. Sie schließen jedoch ein, daß Menschen individuell unterschiedlich gestaltete sexuelle und andere Partnerbeziehungen erleben.

In jeder, so auch in der sozialistischen Gesellschaft, ist die Erhaltung der Gattung ein existenzielles Erfordernis. Über Ideale und Leitbilder wird im Sozialismus primär auf die Partnerbeziehungen von Mann und Frau orientiert. Was jedoch für die Gesellschaft als Ganzes gilt, gilt nicht zwangsläufig für jedes einzelne Gesellschaftsmitglied. Folglich ist es mit den Grundnormen unvereinbar, andere sexuelle Aktivitäten - vorausgesetzt, daß sie die Würde und Integrität der Persönlichkeit nicht verletzen - zu diskriminieren und abzulehnen, selbst wenn diese für die biologische Reproduktion der Bevölkerung nicht relevant sind.

So gesehen, handelt es sich bei der Homophilie um kein Problem gesonderter Art. Sie muß wie jede andere sexuelle Aktivität verstanden, erklärt und bewertet werden.

In der DDR liegen bislang kaum gesellschaftswissenschaftliche Erkenntnisse zur Homophilie vor. Sie wurden bisher vernachlässigt bzw. allein von der Medizin bearbeitet. Von der diskriminierenden Auffassung ausgehend, daß Homophilie eine Krankheit, Fehlentwicklung u.ä. sei, galt die Ursachenforschung bislang eher dem Bedürfnis, Prophylaxe und Therapie zu entwickeln. Erst in den letzten Jahren hat sich die Tendenz verstärkt, die Homosexualität als eine der Heterosexualität gleichberechtigte, wenn auch nicht gleichgewichtige Variante des Sexualverhaltens zu begreifen.

Die Zusammenarbeit von Natur- und Gesellschaftswissenschaftlern mit Medizinern wird hierzu wertvolle Forschungsergebnisse liefern, wenn es gelingt, genetisch-biotische, psychische, soziale und kulturelle Faktoren in ihrem Zusammenhang zu erfassen. Damit werden wissenschaftliche Grundlagen für die Sexualaufklärung und -erziehung, für pädagogische, soziale und medizinische Maßnahmen möglich, die der propagandistischen Verbreitung dringend bedürfen.

Die nachfolgenden Darlegungen haben nicht den Sinn, Homophilen die Rolle einer "besonders zu schützenden Minorität" zuzuweisen, sondern sind darauf gerichtet, sie aktiv und gleichberechtigt in die sich entwickelnde sozialistische Gesellschaft zu integrieren. Zu prüfen ist, ob es darüber hinaus Sonderinteressen gibt. Wenn ja, müssen diese wie die anderer Gruppen beachtet werden. Das erfordert, jahrhundertelange Vorurteile innerhalb der Gesellschaft zu überwinden, und nötigt dazu, die Toleranz für die Differenziertheit der Lebensweise im Sozialismus weiter auszubauen.

II. Zur Lage Homophiler

In der DDR gibt es bislang keine Instanzen, in denen Homophile ihre Lebensweise offen dokumentieren, in denen sie gleichberechtigt Beachtung finden können. .

Im Arbeitsbereich bzw. der Schule, der Lehre, dem Studium etc. sind Homophile (Männer wie Frauen) in vielerlei Hinsicht allen anderen gleichgestellt. Was aber im Sozialismus die besondere Qualität des Kollektivs ausmacht, Integrationsbereich auch für außerberufliche Dinge zu sein, bezieht sich nur bedingt auf Homophile. Aus Angst vor Diskriminierung (worunter wir Nichtbeachtung, Verdrängung, Lächerlichmachen, Behinderung und gezielte Bedrohung verstehen) ist gerade im Arbeitsbereich jeder bemüht, keinerlei homoerotische Neigung erkennen zu lassen. Zu gemeinsamen Veranstaltungen wird der gleichgeschlechtliche Partner nicht mitgebracht, persönliche Kontakte zu Kollegen werden abgeblockt, um sich nicht zu "verraten".

Im öffentlichen Freizeitbereich finden Homophile keine angemessenen Angebote vor. Sie haben keine Möglichkeit, sich und ihre Lebensweise im Film, Fernsehen der DDR, in Theateraufführungen, Büchern oder Zeitschriften dargestellt zu finden. Sie können sich nicht öffentlich artikulieren und eigene Probleme damit nicht kritisch aufarbeiten. So bleibt auch der parteiliche Umgang mit Erscheinungen oft aus, die den allgemeinen Normen der sozialistischen Moral zuwiderlaufen.

Die einzelnen Homophilen nehmen häufig eher gravierende Beschränkungen und Deformationen ihrer Persönlichkeit und individueller Lebensäußerung in Kauf, als soziale Schwierigkeiten öffentlich auszusprechen. Einer Vielzahl dürfte das dazu nötige Selbstvertrauen fehlen, denn die negative gesellschaftliche Bewertung der Homophilie wurde so tief verinnerlicht, daß oft "feinere" Formen der Diskriminierung nicht einmal als solche erkannt werden. Wollen Homophile miteinander kommunizieren, sind sie in der Regel auf private Gelegenheiten angewiesen. In der DDR gibt es keine öffentlichen Veranstaltungen für Homophile.

Zudem dürfte es als unpassend angesehen werden, wenn z.B. ein homophiler Mann beim öffentlichen Tanz einen anderen auffordert.

Für Jugendliche gibt es in der DDR eine Vielzahl altersgerechter Veranstaltungen, in denen über Themen wie Liebe, Partnerschaft, Sexualität, aber auch über Fragen der allgemeinen Normen und Werte, des Umgangs zwischen den Geschlechtern diskutiert werden kann. Homophilie kommt darin als Variante nicht vor. Es existieren verschiedene Formen homophiler Lebensäußerungen. Etwa folgende Zusammenhänge lassen sich beschreiben:

a) Viele, die ihre Homophilie als dominierend erkannt haben und ihr nachgehen, finden nicht die Kraft, dies vor ihrer Umwelt einzugestehen. Sie realisieren sie in anonymen Begegnungen (in Parks, auf Toiletten etc.) und führen so ein Doppelleben. Dabei zerfallen sie in ein asexuell- bzw. heterosexuell-soziales (viele Homophile dieser Gruppe führen eine Ehe) und ein asozial-sexuelles Wesen. Auf solcher Basis gegründete Beziehungen sind kaum dauerhaft. Krisen und die Perspektive einsamen Alterns bzw. die Flucht in eine Scheinehe scheinen vorprogrammiert.

b) Nur wenigen gelingt bisher die vorbehaltlose Selbstannahme und der Versuch, sich als Homophiler gleichberechtigt gesellschaftlich zu verwirklichen, d.h. sich im Arbeitsbereich, im Freundes-, Bekannten- und Verwandtenkreis zur eigenen Homophilie zu bekennen und offen mit dem Partner zusammenzuleben.

Viele gleichgeschlechtliche Partnerschaften zerbrechen heute noch an sozialen Widerständen, an persönlichen Ängsten und Unfähigkeiten. Auftretende Konflikte werden kaum gesellschaftlich eingeordnet und relativiert. Sie erscheinen allein als eigenes oder des Partners Versagen.

Auch relativ emanzipierte Homosexuelle können sich unvermittelt im "sozialen Abseits" wiederfinden bzw. plötzlich persönlicher Einsamkeit ausgesetzt werden, wenn sich bestimmte günstige Konstellationen ändern (Wechsel der Arbeitsstätte und Integration in ein neues Kollektiv, wo erneut Vorurteile zu überwinden sind, Veränderungen des Wohnortes, beispielsweise bei Studienabschluß und Absolventenlenkung aus der Großstadt in kleinere Siedlungseinheiten, in denen städtische Anonymität und gewisse Toleranz fehlen, Veränderungen bisheriger Lebensformen und damit verbunden die Notwendigkeit, einem anderen sozialen Umfeld die Homophilie zu verdeutlichen usw.). Die soziale Geborgenheit, die der Sozialismus all seinen Bürgern bietet, ist für Homophile oft erst nach längeren Kämpfen in dieser selbstverständlichen Weise erlebbar.

Durchgängig berichten Homophile, die sich selbst als emanzipiert bezeichnen, daß sie weit größere und ausdauernde Leistungen als andere zu erbringen hatten, um z.B. ihre berufliche und politische Zuverlässigkeit zu beweisen. Mängel und Fehler werden in der Regel weit schärfer sanktioniert und genauer beobachtet, als dies gegenüber heterosexuellen Werktätigen üblich ist.

Homophile sind keine sozial homogene Gruppe. Sie sind in allen Klassen, Schichten und Berufen zu finden. Und unter ihnen findet sich ein ebenso breites politisches Spektrum von guten Kommunisten und Parteimitgliedern bis zu Gegnern des Sozialismus. Eine gewisse Differenzierung setzt in den Phasen des sogenannten coming out (also der Ahnung von eigener Homosexualität bis zur Gewißheit derselben) und der darauffolgenden Sozialisierung ein, indem

- Bereiche und Berufe bevorzugt werden, in denen Eignung, Toleranz und Aufgeschlossenheit bzw. der persönliche Spielraum vergleichsweise größer sind (z.B. Kunst, Kultur, Öffentlichkeitsarbeit, Gesundheitswesen, Gastronomie);

- die Migration von Dörfern und Kleinstädten in Großstädte angestrebt wird.

Wenn wir keine gesellschaftliche Lösung schaffen, entstehen daraus solche, die die Gesellschaft nicht will. Aus Enttäuschung über Isolation und Verkennen der eigenen Persönlichkeitsmerkmale durch andere entstehen Prozesse, die ein Herauslösen aus der Gesellschaft, die Stellungnahme gegen sie, aber auch Unsicherheiten fördern:

- Verschiedene Anlässe werden von homosexuellen Gruppierungen genutzt, um in der Öffentlichkeit auf bestehende Mängel und Probleme hinzuweisen. Dabei ist die Reaktion westlicher Medien teilweise eingeplant.

- In den bestehenden Vereinigungsbestrebungen, die in Eingaben usw. zum Ausdruck gebracht werden, zeigt sich auch die Suche nach Auswegen aus der Isolation wie auch der Versuch, eigene Artikulationsfelder zu finden. Diese Vereinsbildungsanträge sind im Rahmen der DDR-Gesetzgebung nicht zu gewähren. Das allerdings entbindet nicht davon, den angesprochenen Problemen nachzugehen, weil sonst Desintegrationsinteressen nicht konstruktiv begegnet werden kann.

- Die Suche nach Artikulationsmöglichkeiten führt auch zu Anträgen auf die Durchführung geselliger Veranstaltungen. Unklare und unsichere Kenntnisse über die Gründe für diese Anträge bewirken in der Regel Ablehnung seitens der zuständigen Organe und verhärten die Fronten.

(Anträge auf Einrichtung von Klubs werden aus den gleichen Ursachen abgelehnt.)

- Eingaben zu Fragen der Berufsausübung (wenn die sexuelle Neigung als Grund für die Nichteinstellung angegeben oder vermutet wird) verweisen auf Unklarheiten über die Stellung Homophiler als gleichberechtigte Bürger. Ausreiseanträge werden auch damit motiviert.

- Die Tendenz zum Ortswechsel in die Großstädte, wo größere Freizügigkeit und die Hoffnung auf Partnerschaft erwartet werden, führt zu einer Umwälzung der bisherigen Lebensweise, ist mit Berufs- bzw. Arbeitsplatzwechsel, Wohnungssuche usw. verbunden. Die individuellen Probleme vergrößern sich durch die neuen sozialen Bedingungen, die relativ plötzlich bewältigt werden müssen.

- Der homophile Bürger ist sehr oft Objekt und seltener Subjekt der Kriminalität, d.h., er wird eher mißbraucht, beraubt, erpreßt, ausgenutzt und tätlich angegriffen, als er es selbst tut. Das verstärkt Unsicherheit und Befangenheit unter den Homophilen.

Die Tatsache, daß in großen Städten eine hohe Konzentration homophiler Bürger zu beobachten ist, läßt sich vor allem aus dem Charakter dieses Stadttyps erklären. Die Möglichkeit zur Anonymität und das Vorhandensein von Bereichen, die relativ unkompliziert homophile Aktivitäten erlauben, sind historisch nur der Großstadt zu eigen. Das begünstigt beispielsweise die Migration in die großen Städte der DDR, aber auch eine ständige Reisebewegung, vor allem an den Wochenenden. Öffentliche Gaststätten, die vorzugsweise (täglich oder an bestimmten Wochentagen) von Homophilen aufgesucht werden, sind nur dort zu finden, wo es ein quantitativ umfangreiches Gaststättenangebot gibt. Das wiederum trifft (wenn wir auch noch die Anonymität voraussetzen) nur auf Großstädte zu. Diese gastronomischen Einrichtungen zeichnen sich dadurch aus, daß sie vorwiegend von Homophilen geleitet werden bzw. ein homophil orientiertes Bedienungspersonal haben. Nicht übersehen werden soll, daß sich in kleineren und mittleren Städten, die beispielsweise über eigene Theater verfügen, entsprechende Möglichkeiten auch entwickeln. Doch ist hier eine deutliche Abgrenzung von der Bevölkerung festzustellen. Auffällig ist weiterhin die Situation an traditionellen Urlaubsorten, wo vor allem während der Saison häufig Arbeitskräfte der Gastronomie mit homophiler Neigung anzutreffen sind. Da es auch darüber keine gesicherten Erkenntnisse gibt, ist wenigstens zu erwähnen, daß die Saisonarbeit mit dem Status des Alleinlebens korreliert und darüber hinaus die Möglichkeit bietet, Kontakte mit Urlaubern zu etablieren. In kleinen Orten beheimatete Homophile geben hingegen zu verstehen, daß sie dem sozialen Druck durch Eheschließungen, Verlöbnisse oder andere soziale Aktivitäten auszuweichen suchen, indem sie ein "normales" Verhalten zur Schau stellen.

Diesem wiederum wird dann bei Wochenendfahrten in Großstädte oder in die Hauptstadt "entflohen". Solche Reisen sind eine der wenigen Möglichkeiten, Kontakte aufzunehmen, gemeinsame Erlebnisbereiche zu schaffen und homophil ausgerichtete öffentliche Gaststätten zu besuchen. Entgegen der häufigen Vermutung, wonach es sich dabei um eine Art halblegaler Treffs handele, sind diese Einrichtungen nicht von anderen verschieden. Gaststätten mit vorzugsweise homophilem Publikum zeichnen sich im Unterschied zu sonstigen Männerlokalen (Kneipen) durch weniger laute, weniger aggressive, weniger volltrunkene Besucher aus und werden daher auch gern von anderen Bürgern frequentiert.

Das Reisen Homophiler beschränkt sich jedoch nicht nur auf die Großstädte der DDR, sondern schließt Hauptstädte und Urlaubsorte befreundeter sozialistischer Staaten, vor allem Budapest, ein, wo eine große Toleranz gegenüber der Homosexualität herrschen soll. Diese Reisen dienen auch Kontakten mit Bürgern anderer Staaten.

Die in der DDR mehr oder weniger spontan entstandenen, aus der Not geborenen und gegenüber der Gesellschaft relativ abgeschlossenen Bereiche, in denen sich die Homophilen treffen und gesellen, nennen sie selbst "Szene".

Die Existenz dieser in vieler Hinsicht fragwürdigen "Szene" scheint für viele heute noch nahezu eine Überlebensbedingung zu sein, da
- nur dort eine Aufhebung ihrer individuellen Isolation stattfindet;
- nur dort für sie Hoffnung besteht, einen gleichgeschlechtlichen Partner (und auch Freunde, die nicht Sexualpartner sein müssen) zu finden;
- sie dort die Erfahrung machen können, daß es "irgendwie" möglich ist, als Homophiler zu leben.

Die "Szene" ermöglicht wenig geistige Kommunikation. Behutsame Annäherung und menschliches Kennenlernen sind hier außerordentlich schwer. Kontakte werden in erster Linie über Äußerlichkeiten geknüpft. Die Folge davon ist ihre Beschränkung auf das Sexuelle und ihre relative Kurzlebigkeit.

Gaststätten sind jedoch in der Regel Treffpunkte junger Homophiler. Ältere sind eher auf private Freundeskreise oder die soziale Anonymität angewiesen.

Spezifische Probleme, die für die Mehrzahl der Homosexuellen typisch sind, ergeben sich in der Phase des coming out:

Diese Phase erstreckt sich von der ersten Ahnung, homophil zu sein, bis zur Gewißheit der eigenen Homophilie. Sie schließt mit dem Akzeptieren des Homophil-Seins (also bei vielen niemals!) ab. Bei Männern liegt sie in der Regel zwischen dem 14. und 20., bei Frauen zwischen dem 20. und 30. Lebensjahr.

Jeder Homophile entdeckt sich in einer gesellschaftlichen Umwelt, die heterosexuell normiert ist. Die erste Selbstwahrnehmung als Homophiler führt daher zwangsläufig zu Selbstablehnung, Selbstverachtung und Selbsthaß, denn gesellschaftlich sind die Grundformen der Geschlechterbeziehung zwischen Männern und Frauen vorherrschend. Dabei entsteht das Gefühl und die reale Situation der Isolierung, des Alleingelassenseins, des plötzlichen außerhalb der Familie, der Schulklasse, des Arbeitskollektivs, des bisherigen Freundes- und Bekanntenkreises Seins. Oft sind die Eltern, die engsten Freunde und die wichtigsten Arbeitspartner die letzten, die von der Homophilie erfahren. So fehlen Gesprächspartner, denen der Homophile vertraut, Informations-, positive Orientierungs- und Identifikationsmöglichkeiten, kulturvolle, gesellschaftlich nicht negativ bewertete Kontaktmöglichkeiten auch zu anderen Homophilen.

Das Wichtigste in dieser Phase besteht darin, Menschen zu finden, die mit ihrer Homophilie menschenwürdig leben. Damit wird eine Perspektive möglich, das eigene Leben sinnvoll zu gestalten und die "besondere Liebe" nicht verbergen zu müssen, sondern verwirklichen zu können.

Aufklärungsaktionen über das Phänomen allein reichen deshalb nicht aus. Niveauvolle Kommunikationsmöglichkeiten sind eine der notwendigen Bedingungen, um mit dem neuen Lebensinhalt umgehen zu lernen.

Psychisch dürfte sich in dieser Phase folgendes abspielen: Mit den ihm eingeprägten Werten kann der Homophile nicht leben, ohne seine Selbstachtung aufzugeben. In dem Maße aber, wie er die individuelle Identitätskrise überwindet, droht ihm eine Identifikationskrise mit der Gesellschaft, in der die Werte, die seine Selbstachtung begründen könnten, nicht gelten.

In solchen Situationen bewegt sich nicht nur sein Selbstbild, sondern auch das Weltbild, und zwar besonders bei Jugendlichen. Für den Ausgang der Krise ist entscheidend, woher die Orientierungshilfen kommen.

Von sich aus orientieren sich Jugendliche eher dorthin, wo sie sich angenommen fühlen, wo sie ihre Natur am besten entfalten können. Das führt folgerichtig zur Suche nach Kreisen und Bereichen, die dies bereithalten. Dieses Modell gilt als Regelfall für Angehörige beider Geschlechter.

Doch die Lage homophiler Frauen hat einige zusätzliche Besonderheiten. Frauen entdecken ihre Homophilie in der Regel später als Männer (die überkommene Rollenverteilung orientiert die Frau noch immer sehr auf die Funktion als Sexualobjekt). Homophile Frauen haben häufig Kinder aus früheren Ehen.

In der Gesellschaft wird traditionell männliche Homosexualität anders als weibliche erkannt und bewertet. Bei weiblichen Homophilen ist daher heute eine Anzahl von Problemen anders gelagert. So ist es nicht auffällig, wenn Frauen miteinander tanzen, wenn Frauen gemeinsam einen Haushalt führen, wenn Frauen zusammen in Urlaub fahren usw. Wenn sie jedoch ihre Homophilie offen kundtun, treten wie bei Männern teilweise schwerwiegende soziale Konflikte auf. Besonders problematisch wird dies, wenn mitlebende Kinder davon betroffen werden (Unverständnis bei Lehrern, Mitschülern und Eltern anderer Kinder).

Hat sich im Laufe der Zeit eine gewisse großstädtische Kultur für homophile Männer herausgebildet, scheint dies für Frauen eher unbekannt. Beispielsweise scheiden Gaststätten als allgemein zugängliche Treffpunkte, als Begegnungsmöglichkeiten aus, auch wenn hier gegenwärtig Veränderungen zu beobachten sind.

Partnerschaften zwischen Frauen dauern in der Regel länger als solche zwischen Männern. Jedoch gibt es zu all diesen Fragen in der DDR bislang keine aussagekräftigen Forschungsergebnisse.

Auf einem weiteren Forschungsgebiet sind unsere Forschungen unzureichend. Dies betrifft die Lebenssituation älterer und alter homophiler Männer und Frauen. Die soziale Gerontologie der DDR hat sich dieser Frage bisher nicht zugewandt. Wir können aber davon ausgehen, daß bei homophilen Bürgern Probleme des Altwerdens eine besondere Gewichtigkeit erlangen. Dabei spielt vermutlich die starke Jugendzentriertheit eine Rolle, aber auch eine gewisse Orientierungslosigkeit. In der Regel sind alte Homophile familienlos. In der Regel sind sie durch die historischen Bedingungen geprägt, doch die konkreten Erfahrungen Homosexueller unter den Bedingungen des Faschismus sind wenig aufgearbeitet, zusätzlich gibt es kaum Informationen über die Art der Integration von Homophilen in Feierabendheimen und Klubs der Volkssolidarität. Auch über die Grade der Betreuungsbedürftigkeit ist nichts bekannt.

III. Zur naturwissenschaftlichen Erklärung der Homophilie

(Dieser Abschnitt ist im Wesentlichen eine Zusammenfassung der Thesen von Günther Dörner.)

IV. Vorschläge zur gesellschaftlichen Aufarbeitung der Problematik „Homophile"

1. Schrittweise publizistische Bearbeitung des Problems. Das bedeutet, zunächst in auszuwählenden Publikationsorganen und elektronischen Medien nach wissenschaftlichen Sachgesichtspunkten Informationen zu verbreiten.

2. Schaffung einer Modell-Arbeitsgruppe an der Humboldt-Universität zu Berlin mit folgenden Aufgaben:

a) Einrichtung von Abendkursen und Weiterbildungsveranstaltungen z.B. für Mitarbeiter von Konsultationszentren, Justiz- und Sicherheitsorganen, des Volksbildungs- und Gesundheitswesens, für Kaderleiter u.a.

b) Koordinierung einschlägiger wissenschaftlicher Arbeiten in verschiedenen universitären Bereichen (Kulturwissenschaft, Pädagogik, Soziologie, Rechtswissenschaft, Psychologie, Medizin, Theologie usw.).

c) Erarbeiten von Modell-Angeboten für komplizierte Einzelfragestellungen, deren Klärung seitens zuständiger staatlicher oder kommunaler Stellen angestrebt wird.

d) Wissenschaftliche Analysen der Ergebnisse und Probleme bei der schrittweisen gesellschaftlichen Eingliederung homophiler Bürger, auf deren Wohlbefinden und Förderung der Leistungsfähigkeit die eingeleiteten Maßnahmen gerichtet sind.

e) Praktische Beratungstätigkeit in der Hauptstadt.

f) Wissenschaftliche Leiteinrichtung für stadtbezirksgebundene Konsultations- und Beratungsstellen (siehe Teil V.).

g) Unterstützung eines Modellversuches zur Einrichtung einer speziellen Kommunikationsstätte in einem Berliner Stadtbezirk, in der homophile Bürger ohne die Gefahr spontaner Diskriminierung sich treffen, Interessengemeinschaften gebildet werden, die zur sinnvollen

Entspannung und Freizeitgestaltung beitragen. Ein solcher "Klub" muß allen interessierten Bürgern zugänglich sein, unabhängig von ihrer sexuellen Neigung (siehe Anlage II).

h) Ausarbeitung eines Stufenprogramms für eine solche Einrichtung in enger Zusammenarbeit mit den zuständigen staatlichen Stellen und ehrenamtlichen Kräften.

i) Unterstützung von Publikationen und eigene Publikationstätigkeit mit dem Ziel der Versachlichung und schrittweisen Reduzierung der Affektbesetzung der Gesamtproblematik.

j) Überprüfung und Ausarbeitung von Vorschlägen zur problembezogenen Umsetzung einer der sozialistischen Gesellschaft gemäßen Sprachregelung zur Beschreibung des Phänomens der Homophilie und seiner wichtigsten Aspekte.

3. Schaffung von Konsultationszentren auf kommunaler Ebene, weitgehend unter Ausnutzung bereits bestehender Einrichtungen bzw. Kapazitäten (besonders der Ehe- und Sexualberatungsstellen) mit folgenden Aufgaben:

a) Beratung in Fragen der Lebensgestaltung;

b) Beratung in entstehenden Konfliktfällen, sowohl bezogen auf die Betroffenen wie für die zuständigen Leitungsorgane;

c) Beratung der Familienangehörigen der Betroffenen;

d) Beratung von Gruppen, Aktivierung von Selbsterfahrungsgruppen unter verantwortlicher Mitwirkung Sachkundiger;

e) Sexualberatung, insbesondere in kritischen Phasen der Entwicklung (Jugendalter, coming out, Identifikationsprobleme im jungen Erwachsenenalter, Späterkennen eigener Homosexualität, Probleme des Alterns, problembezogene Suizid-, Pharmaka- und Alkoholmißbrauch-Prophylaxe).

4. Die Erfüllung dieser Anforderungen bedingt eine veränderte Profilierung existierender Institutionen wie der Ehe-, Sexual- und Familienberatungsstellen.

5. Ausarbeitung einer Rahmenordnung für Kommunikationseinrichtungen. Überprüfung der strafrechtlichen Bestimmungen des sexuellen Umgangs 16/17jähriger männlicher Jugendlicher mit gleichgeschlechtlichen älteren Partnern mit dem Ziel der Anpassung an die Bestimmungen des Umgangs mit weiblichen Jugendlichen gleichen Alters.

6. Vorschläge zur Klärung berufsbezogener Probleme, insbesondere Eignungsfragen für die Ausübung bestimmter Berufe unter Ausschluß

ungerechtfertigter Eignungskriterien, erforderlichenfalls mit dem Ziel einer Neuanpassung vorhandener Bestimmungen.

7. Entscheidungen für die Bearbeitung von Wohnraumanträgen sogenannter "gebundener Homophiler" (gemeinsam Lebender) und entsprechende Weiterbildung der Leiter auf dem Gebiet der Wohnungspolitik.

8. Überprüfung der Anzeigen- und Veranstaltungsordnung im Hinblick auf die speziellen Anliegen homophiler Bürger bei Beachtung gesamtgesellschaftlicher Interessen.

9. Erarbeiten einer Studie über die Lebensbedingungen alter Homophiler durch das zentrale Forschungsprojekt "Soziale Gerontophilie".

10. Überprüfung der Lebensbedingungen Homophiler in den unterschiedlichen Siedlungsgrößen und -formen der DDR (Großstadt, Mittelstadt, Kleinstadt und dörfliche Einheiten) unter Berücksichtigung regionaler und territorialer, auch kultureller Gegebenheiten (historisch gewachsene Mittelstadt mit Theater usw. bzw. neuentstandene Industriestädte bzw. Agrarindustriebereiche mit einer vorwiegend zugewanderten Bevölkerung).

Anlage I: Modell einer Konsultations- und Beratungsstelle auf der Ebene eines Stadtbezirkes in der Hauptstadt
Variante 1:
In einer kommunalen Beratungsstelle sollten Juristen, Ärzte, Pädagogen, Psychologen, Soziologen und andere Persönlichkeiten arbeiten.
Variante 2:
Kombination einer Kommunikationsstätte (Klub) mit einem Konsultationszentrum ebenfalls in kommunaler Trägerschaft. Diese Kombination sollte wissenschaftlich begleitet werden.
Variante 3:
Institutionelle Trennung von Kommunikationsstätte (Klub) und Konsultationszentrum. Letzteres sollte den Klub anleiten und qualifizieren.

Anlage II: Zur Einrichtung von Begegnungsstätten
3. In der DDR gibt es keine Erfahrungen mit Klubs oder ähnlichen Einrichtungen für homophile Bürger, die selbstverständlich allen Bürgern offenstehen. Internationale Erfahrungen wurden bislang ungenügend aufgearbeitet bzw. sind nicht auf die konkreten Verhältnisse der DDR übertragbar.(...)

– In die Programmangebote bestehender Klubs und Kulturhäuser sind nach Maßgabe der Möglichkeiten allmählich Themen und Veranstaltungsformen aufzunehmen, die das Thema "Homophilie" in geeigneter Weise berühren, Aufklärungsarbeit leisten und die Betroffenen aufmuntern, sich zu äußern.
– Es ist zu prüfen, ob zunächst in der Hauptstadt oder einer anderen Großstadt unter Nutzung vorhandener räumlicher Substanz probeweise ein Klub für homophile Bürger gegründet werden sollte. Dabei ist zu klären, welchen Charakter dieser Klub haben könnte, wie seine Anbindungs- und Unterstellungsform ist, wie das Programmangebot aussehen sollte ... Kaderentscheidungen, die Finanzplanung sowie Lage- und Raumüberlegungen sind sorgsam zu treffen. (...) Mit dem Programmangebot und einem bestimmten Einladungsmodus ist eine teilweise Einbeziehung nichthomophiler Interessenten zu sichern, weil nur das gemeinsame Gespräch wechselseitig Kenntnisse und Verständnis fördern und als soziales Korrektiv funktionieren kann.
Nach Ablauf einer "Probezeit" ist über die Verallgemeinerungsfähigkeit eines solchen Klubs zu entscheiden.
– Die bestehenden bzw. sich entwickelnden öffentlichen/halböffentlichen Formen homophiler Geselligkeit (vor allem in Gaststätten) sollten, sofern es keine besonderen, z.B. Sicherheitsbelange gibt, akzeptiert und gezielt unterstützt werden. Es ist zu prüfen, inwieweit entsprechende gastronomische Einrichtungen besonderer Hilfe seitens dafür qualifizierter Kräfte bedürfen, um diesem Charakter Rechnung tragen zu können. Es wäre überlegenswert zu entscheiden, ob versuchsweise in gewissen Abständen oder zu bestimmten Gelegenheiten "geschlossene" Veranstaltungen für homophile Bürger stattfinden könnten. Damit würde einer ohnehin bestehenden Praxis entsprochen.(...)
– Die nicht selten restriktive Praxis vergangener Jahrzehnte gegenüber öffentlichen gastronomischen Einrichtungen, die sich zu überwiegend homophilen Treffpunkten entwickelten, ist zu vermeiden. Das betrifft vor allem die Schließung wegen Rekonstruktionen bzw. die Renovierung mit dem Ziel, ein anderes Publikum zu erreichen. (...) Der Auswahl und der Qualifizierung der Leiter solcher Einrichtungen ist besondere Aufmerksamkeit zu widmen.

Berlin, im April 1985

Protokoll eines Gesprächs beim Rat des Bezirkes Dresden über die bessere Integration von Homosexuellen

Termin: 02.05.1986, 13.30 - 14.30 Uhr

Teilnehmer:
Karin Dauenheimer
Samirah Kenawi
Kai Werner
Herr Moltenhauer, Mitarbeiter im Bereich Kulturelle Massenarbeit
Dr. Hirche, Wissenschaftlicher Mitarbeiter

Themen: Das Gespräch war eine Weiterführung der Mitte 1985 mit Herrn Hirche geführten Unterredungen beim Rat des Bezirkes Dresden, Abteilung Kultur. Es ging darum, Wege zur besseren Integrierung von Homosexuellen in die sozialistische Gesellschaft zu finden.

Von Herrn Werner, Frau Dauenheimer und Frau Kenawi wurden Möglichkeiten erläutert, um in der Bevölkerung herrschende Vorurteile gegen Homosexuelle abzubauen, Beschränkungen im normalen Alltag aufzuheben, den Homosexuellen selbst niveauvolle Möglichkeiten des Kennenlernens untereinander zu schaffen. Neben Tanzveranstaltungen und Aufklärungsvorträgen wurde als idealste Möglichkeit die Einrichtung eines Klubs für Homosexuelle vorgeschlagen (ähnlich den Klubs für Alleinstehende). In ihm könnten Fachvorträge, Schriftstellerlesungen, gesellige Veranstaltungen, Gespräche zur Selbstfindung und zur Konfliktbewältigung bei Betroffenen u.v.a. stattfinden. Dieser Klub würde auch nichthomosexuellen Interessierten offenstehen. Über eine Zuordnung müßte der Rat des Bezirkes entscheiden (evtl. zu Klubhäusern).

Die Vertreter des Rates führten aus:
Das Problem der noch unbefriedigenden Integrierung von Homo-

sexuellen in das gesellschaftliche Leben der DDR sei bekannt. Klar sei, daß es kein medizinisches, sondern ein kulturelles Problem sei, die Lösung also auch im kulturellen Bereich erfolgen müsse. Durch den Rat des Bezirkes wurde Unterstützung zugesagt. Auch in Berlin sei das Problem bekannt. Doch noch sei keine Meinungsäußerung von daher erfolgt, die Wege und Mittel zur Lösung unbekannt. Das Problem erfordere gut durchdachte Maßnahmen, um nicht durch unzureichend durchdachte Wege Schaden anzurichten, noch mehr öffentliche Ablehnung der Homosexuellen auszulösen.

Zur Situation in Dresden:
Eine Lösung sei dringend erforderlich, aber es könne für Dresden keine Separatlösung geben. Dresden könne kein Leitbeispiel oder Testfall werden. Die Fernwirkung bei der Lösung des Problems wäre noch nicht vollständig durchdacht, deshalb seien noch keine praktikablen Wege vorhanden. Zuerst müßten durch Kleinarbeit die negative öffentliche Meinung und die Vorurteile abgebaut werden.

Bei der nächsten Leiterberatung werde man das Problem vorbringen. Im Rahmen einer Strategie der kleinen Schritte wäre zunächst eine Testveranstaltung (Vortrag zum Thema Homosexualität mit Diskussion) möglich ohne große Ankündigung in der Presse. Die Räumlichkeit würde der Rat organisieren, die Referenten (zusammen mit einer Konzeption für einen zukünftigen Klub für Homosexuelle sowie einem Angebotskatalog mit Referenten, Themen, Vorschlägen) müßten von Herrn Werner, Frau Dauenheimer und Frau Kenawi benannt werden. Die Konzeption wird bis Ende Mai an Dr. Hirche geschickt. Im Juni wird dann das nächste Gespräch, in dem diese erste Veranstaltung vollständig besprochen wird, stattfinden.

Die gegenwärtige Entwicklung hat Prozeßcharakter und läßt sich nicht zurückdrehen, bemerkte abschließend Dr. Hirche.

Kai Werner, 7.5.1986

Briefwechsel des Berliner Freundeskreises homosexueller Bürger mit der SED-Bezirksleitung

An die
Sozialistische Einheitspartei Deutschlands
Bezirksleitung Berlin
Gen. Günther Schabowski
Kurstr. 36/51
1080 Berlin

Berlin, 23.11.1986

Sehr geehrter Genosse Schabowski!

Wir sind ein Freundeskreis homosexueller Bürger, Frauen und Männer, die sich seit einigen Jahren für die Belange homosexueller Bürger aktiv engagieren.
 1983 haben wir schon einmal an die Bezirksleitung geschrieben, um auf die Probleme aufmerksam zu machen, die im Zusammenhang mit dem Sachverhalt Homosexualität existieren.
 Unsere Bemühungen riefen Reaktionen verschiedener Art hervor, u.a. wurde die interdisziplinäre Wissenschaftlergruppe der Humboldt-Universität gebildet.
 Zu einem Gespräch zwischen Vertretern der SED und Vertretern der homosexuellen Bürger kam es jedoch nicht. Nun ist es zwar so, daß die homosexuellen Bürger die vorhandenen Konflikte nicht ohne die heterosexuellen Bürger lösen können, aber ohne die Beteiligung der homosexuellen Bürger geht es erst recht nicht.
 Wir sind der einzige engagierte Freundeskreis homosexueller Bürger in der DDR, der nicht gewillt ist, sich unter die Fittiche der Kirche zu begeben. (Es gibt bereits 14 kirchliche Arbeitskreise Homosexualität bei der Evangelischen Kirche.)

1983 wollten wir unseren Brief persönlich in der BL abgeben. Er wurde nicht angenommen. Der Genosse, der zur Pforte gekommen war, meinte unter anderem: "Sie können doch zur Kirche gehen!" Diese Aufforderung ist nicht nur für die Genossen unter uns eine Zumutung.

Inzwischen haben wir in vielfältiger Weise versucht, Problembewußtsein zu wecken. Außerdem ist es uns gelungen, eine Veranstaltungsreihe für homosexuelle Bürger in einem Klub zu organisieren.

Nun haben wir die Broschüre der DKP "Grundsätze und Forderungen der DKP gegen die Diskriminierung der Homosexualität", Düsseldorf 1986, erhalten, und uns drängen sich Fragen auf:

Wann sind die Genossen der SED bereit, mit homosexuellen Bürgern über die anstehenden Probleme und Aufgaben zu reden?

Wann erarbeitet sich die SED einen klaren Standpunkt zum Sachverhalt Homosexualität?

Sehr geehrter Genosse Schabowski, nachdem wir uns im Verlaufe mehrerer Jahre in der Auseinandersetzung mit Vorurteilen, Fachliteratur, historischen Fakten und eigenen Hemmungen Standpunkte erarbeitet haben, können wir, vor allem die Genossen unter uns, dazu beitragen, Lösungen zu finden und Fortschritte zu erzielen. Wir sind der Meinung, daß die Probleme unbedingt geklärt werden müssen, aber nicht über die Köpfe der homosexuellen Bürger hinweg.

In Erwartung einer Antwort und in der Hoffnung auf klärende Gespräche verbleiben wir

Hochachtungsvoll

Ursula Sillge

Sozialistische Einheitspartei Deutschlands
Bezirksleitung Berlin
Kurstr. 36
1080 Berlin

Berlin, 12.Dezember 1986

Sehr geehrte Frau Sillge!

Zunächst möchte ich Ihnen im Auftrag des Mitgliedes des Politbüros und Sekretärs des ZK der SED, 1. Sekretär der Bezirksleitung Berlin, Genossen Günter Schabowski, den Eingang des an ihn gerichteten Briefes vom 25. November 1986, der mir übergeben worden ist, bestätigen.
   Es sei mir gestattet, Ihnen für die zweite Januarwoche 1987 die Möglichkeit für ein persönliches Gespräch anzubieten.
   Ich bitte Sie, sich mit mir telefonisch unter der Nr. 2024235 in Verbindung zu setzen, um den Tag und die Zeit dafür konkret vereinbaren zu können.
   Ich wünsche Ihnen erholsame Feiertage und für das neue Jahr alles Gute.

Mit sozialistischem Gruß

Leiter der Abteilung für Staats- und Rechtsfragen

(Von dieser Zeit an hatten wir die Möglichkeit, in unregelmäßigen Gesprächen, zu denen wir meist zu zweit oder auch zu dritt gingen, unsere Forderungen vorzutragen und zu erläutern.
Wir forderten Unterstützung für die Genehmigung unserer Veranstaltungen durch das Erlaubniswesen und erklärten, warum wir spezielle Interessengruppen und Gesprächskreise brauchten. Wir verhandelten über die grundsätzliche Erteilung von Druckgenehmigungen für unser Club-Programm und die Anbindung an einen "Träger". Ausführlich legten wir dar, warum die Organisation weiterer Klubs in anderen Städten notwendig sei.)

Bericht der Koordinierungsgruppe der kirchlichen Arbeitskreise Homosexualität

Im Rahmen unserer zentralen Mitarbeiter-Tagung (MAT) der kirchlichen Arbeits-Kreise Homosexualität v. 27.-29.5.88 in Leipzig fand in der Arbeits-Gruppe 1 ein reger Gedankenaustausch zu Fragen der Lesbenarbeit statt. Leider waren nicht alle kirchlichen AKs durch Frauen vertreten. Die Situation spezifischer Frauenarbeit zeigt ein buntes Bild objektiver Möglichkeiten wie auch subjektiver Bedürfnisse und Interessen. Zur Zeit sieht es etwa so aus:
Es gibt
- einen autonomen Lesben-AK mit eigenen Räumen (Gemeinde)
- eine autonome Lesbengruppe unter dem Dach des Gesamt-AK
- integrierte Lesbenarbeit innerhalb eines Gesamt-AK
- Anwesenheit von Lesben ohne aktive, eigenständige Arbeit im AK
- AKs mit fast völliger Abwesenheit von Lesben.

Außerhalb der kirchlichen AKs wird in Clubs versucht, lesbenspezifische Arbeit aufzubauen, entweder integriert oder autonom; eine Theologin bemüht sich außerdem um autonome Arbeit.

Wir wollen auf der Tagung der Koordinierungsgruppe der kirchlichen AKs der DDR von Freitag 16. - Sonntag 18. September 1988 in Schwerin gemeinsam mit den Männern über die Notwendigkeit sprechen, Hindernisse aus dem Weg zu räumen und konkret zu benennen. Unabhängig von sonstigen Meinungsverschiedenheiten unter uns Frauen sind wir uns sicher einig in der Vorstellung: Welche Inhalte und Strukturen die Lesbenarbeit haben wird, können nur wir selbst entscheiden. Der Dialog mit den Männern auf der Koordinierungs-Tagung könnte zu einer Klärung führen, ob und wie auch im Rahmen der Gesamt-Arbeitskreise Lesbenarbeit ohne gegenseitigen Frust denkbar ist und wo Frauen an einer Autonomie innerhalb oder außerhalb kirchlicher AKs interessiert bleiben. Die Koordinierungs-Gruppe hat erneut auf ihrer Tagung am 29.9. -

auch in Leipzig - ihr Interesse an Kontakten zu allen Gruppen bekräftigt, die Arbeit für homosexuelle Menschen tun/wollen.

Folgende Vorschläge wollen wir für die Lesbenarbeit in Schwerin beraten:

1. Wege zur Öffentlichkeitswirksamkeit lesbischer Frauenarbeit, auch im kirchlichen Raum
2. regionale Zusammenarbeit der Frauen, evtl. Regionaltage und Nutzung von Rüstzeit-Heimen der Kirchen für Regional-Wochenenden u.ä.
3. DDR-offene Frauentreffen evtl. wieder einmal jährlich
4. Info-Blätter für Lesben bzw. AK-Regionen (wird vom Lesbenkreis Jena und vom Jugendkreis Karl-Marx-Stadt vorbereitet)
5. punktuelle Zusammenarbeit mit nicht-kirchlichen Frauengruppen/ Clubs u.ä.

Mit diesen konkreten Vorschlägen wollen wir konkrete Wege suchen, das Selbstverständnis und die lesbenspezifischen Interessen deutlich kundzutun.

Deshalb möchten wir auch interessierten Frauen vorschlagen:

6. intensivere "theoretische" Arbeit miteinander zu versuchen und dafür Formen der Zusammenarbeit zu finden.

(...)

Gunna Bohne, AK Dresden

3.Juni 1988

Methoden der Unterwanderung und Zersetzung von homosexuellen Gruppen durch die Staatssicherheit

(Als 1988 vom Berliner Sonntags-Club die Initiative zur Gründung eines Nationalen Komitees mit eigener Zeitschrift und zur republikweiten Zusammenarbeit der weltlichen Gruppen ausging, setzte massiv spürbar die Störarbeit der Staatssicherheit ein. Bereits zuvor hatte sie offensichtlich in allen kirchlichen und weltlichen Gruppen ihre Informellen Mitarbeiter installiert, die jetzt mit klarem Spaltungsauftrag aktiv wurden.
Das Szenarium entsprach genau den Maßnahmen zur Zersetzung "feindlich-oppositioneller Gruppen", wie sie in den internen Dienstanweisungen enthalten waren, die später an die Öffentlichkeit gelangten.)

Aus dem "Wörterbuch der politisch-operativen Arbeit"

2.6.   Die Anwendung von Maßnahmen der Zersetzung
2.6.1. Zielstellung und Anwendungsbereiche von Maßnahmen der Zersetzung

Maßnahmen der Zersetzung sind auf das Hervorrufen sowie Ausnutzung und Verstärkung solcher Widersprüche bzw. Differenzen zwischen feindlich-negativen Kräften zu richten, durch die sie zersplittert, gelähmt, desorganisiert und isoliert und ihre feindlich-negativen Handlungen einschließlich deren Auswirkungen vorbeugend verhindert, wesentlich eingeschränkt oder gänzlich unterbunden werden.
(...)
Zersetzungsmaßnahmen können sich sowohl gegen Gruppen, Gruppierungen und Organisationen als auch gegen einzelne Personen richten.
(...)
2.6.2. Formen, Mittel und Methoden der Zersetzung
- Systematische Diskreditierung des öffentlichen Rufes, des Ansehens und des Prestiges auf Grundlage miteinander verbundener wahrer, über-

prüfbarer und diskreditierender sowie unwahrer, glaubhafter, nicht widerlegbarer und damit ebenfalls diskreditierender Angaben;
- systematische Organisierung beruflicher und gesellschaftlicher Mißerfolge zur Untergrabung des Selbstvertrauens einzelner Personen;
(...)
- Erzeugen von Mißtrauen und gegenseitigen Verdächtigungen innerhalb von Gruppen, Gruppierungen und Organisationen;
- Erzeugen bzw. Ausnutzen und Verstärken von Rivalitäten innerhalb von Gruppen, Gruppierungen und Organisationen durch zielgerichtete Ausnutzung persönlicher Schwächen einzelner Mitglieder;
- Beschäftigung von Gruppen, Gruppierungen und Organisationen mit ihren internen Problemen mit dem Ziel der Einschränkung ihrer feindlich-negativen Handlungen.

Forderungskatalog weltlicher Lesben- und Schwulengruppen zur weiteren Integration und Gleichstellung homosexueller Bürger

(angenommen im September 1989 auf einer Tagung in Potsdam)

(1) Rechtspolitik
Keiner darf wegen seiner sexuellen Orientierung benachteiligt oder bevorteilt werden
  - Aufnahme in Verfassung, in gesetzliche Bestimmungen, Weisungen und Anordnungen prüfen
  - Legalisierung und standesamtliche Registrierung von homosexuellen Partnerschaften
  - Möglichkeiten der Adoption von Kindern, Umgangsbefugnis für die eigenen Kinder
  - Wegfall von Einschränkungen in der Berufswahl, Berufsausübung, der Qualifikation einschließlich der Tätigkeit als Reisekader und Nomenklaturkader
  - wirksame Rechtsmittel gegen Diskriminierungen und Diffamierungen

(2) Wohnungspolitik
Schaffung geltender Regelungen bei der Zuweisung von Wohnraum für homosexuelle Bürger
  - gemeinsamer Wohnraum für homosexuelle Paare
  - Wohnraum für allein leben wollende Homosexuelle
  - gemeinsamer Wohnraum für Wohngemeinschaften befreundeter Homosexueller
  - benachbarter Wohnraum für langjährige Kameradschaft ohne sexuelle Motivation

(3) Kulturpolitik
Integration homosexueller Bürger in die Kulturarbeit und die Möglichkeit der Selbstdarstellung, der Information und Kommunikation in allen kulturellen Bereichen
  - Unterstützung der Arbeitsgruppen ideell und materiell, Unterstützung in der Öffentlichkeit und in den Medien

- Unterstützung von Kunst und Literatur zum Thema Homosexualität, Thematisierung in Nachwuchskollektiven, bei Werkstatt-Tagen, in kulturpolitischen Aktivitäten
- Nutzung der Medien zur Information und Selbstdarstellung stärker ermöglichen
- Es besteht ein dringender Bedarf an populärwissenschaftlicher und belletristischer Literatur und dies in ausreichenden Auflagen und propagandistischer Aufmachung
- Förderung von Ausstellungen und Veranstaltungen, die das Problembewußtsein von Schwulen und Lesben in der DDR zum Gegenstand haben
- Es sollten mehr Dokumentar- und Fernsehfilme internationaler Produktion zum Thema eingekauft werden
- Übernahme von Berichterstattungen nationaler und internationaler Treffen, Workshops, Tagungen und Kongresse zur Problematik in unseren Medien

(4) Wissenschaftspolitik

Intensivierung wissenschaftlicher Arbeit zum Thema Homosexualität und menschlicher Sexualität insgesamt unter Einbeziehung homosexueller Wissenschaftler
- Modellbildung und -diskussion zu menschlicher Sexualität und Kommunismus
- Anregung von Meinungsaustausch über die weitere Ausgestaltung von Liebe, Sexualität und Partnerschaft im Sozialismus unter Berücksichtigung der bisexuellen Natur des Menschen
- Neubewertung von männlichen und weiblichen Geschlechtsrollen für die weitere Entwicklung unserer Gesellschaft

(5) Sexualerziehung

Verbesserung der Sexualerziehung in den Schulen und angemessene Einbeziehung der Problematik der Homosexualität
- Verbesserung der Aus- und Weiterbildung der Lehrer, Lehrausbilder und Erzieher auf dem Gebiet der Sexualität im allgemeinen und der Homosexualität im besonderen
- Schaffung von Unterrichtshilfen und Lehrbüchern zu dieser Thematik
- Die Behandlung der Thematik darf nicht erst in der 8. Klasse beginnen, sondern bereits früher
- Die Homosexualität (wie überhaupt die Sexualität) sollte außer im Fach Biologie auch in anderen Unterrichtsfächern behandelt werden, wie

z.B. in dn Fächern Staatsbürgerkunde, in Literatur und in Kunsterziehung
- Es wird eine Zusammenarbeit zwischen den Abteilungen Volksbildung und den Arbeitsgruppen Homosexualität angestrebt

(6) Dienst in den bewaffneten Organen
Auch der homosexuelle Bürger muß das Recht haben, unter gleichberechtigten und zumutbaren Bedingungen seinen Wehrdienst zu leisten bzw. in anderer Form abzuleisten
- Bestimmungen und Bedingungen in der Armee so verändern bzw. anpassen, daß auch homosexuelle Bürger ihren Dienst im Grundwehrdienst, als Unteroffizier auf Zeit, als Berufsunteroffizier oder als Offizier versehen können (die bisherigen Festlegungen sind nicht ausreichend und nicht genügend propagiert bzw. bekannt)
- Bis zur o.g. Veränderung sollte eine Ausweichlösung für den Grundwehrdienst für Homosexuelle gefunden werden
- Fixierung und Propagierung der schon vorgenommenen Veränderungen in der Tauglichkeitseinstufung
- Qualifizierung der Musterungsoffiziere hinsichtlich der Besonderheiten homosexueller Bürger
- Einleitung von Maßnahmen, die den homosexuellen Armeeangehörigen vor Diskriminierung und Diffamierung schützen

(7) Gesundheitspolitik
Entpathologisierung der Homosexualität, gemeinsame AIDS-Politik
- Bemühung um die Streichung der Homosexualität aus dem Krankheitsregister der Weltgesundheitsorganisation (Nr. 302)
- Zusammenarbeit zwischen den Einrichtungen der Ehe-, Sexual- und Familienberatung und den Arbeitsgruppen Homosexualität
- Einrichtung von Telefonen des Vertrauens unter Einbeziehung ehrenamtlicher Helfer der Arbeitsgruppen Homosexualität
- Zusammenarbeit von AIDS-Konsultationseinrichtungen des Gesundheitswesens und den Arbeitsgruppen Homosexualität zur Betreuung HIV-Positiver und AIDS-Erkrankter
- Durchführung von intensiver AIDS-Aufklärungsarbeit durch Lesben und Schwule selbst
- Verbesserung der Qualität der Kondome, Verkauf wasserlöslicher Gleitmittel
- Schaffung von niveauvoller Sichtpropaganda zur AIDS-Vorbeugung und zum Umgang mit den Betroffenen.

Auszüge aus dem Programm des Unabhängigen Frauenverbandes

III.
Wir treten ein für eine multikulturelle Gesellschaft, in der Rassismus, Sexismus, faschistisches Gedankengut sowie Ausländerfeindlichkeit keinen Platz finden.

IV.
2. Kindererziehung, Familien- und Hausarbeit
   (...)
   Deshalb fordern wir:
   - ein staatlich subventioniertes, bedarfsdeckendes Netz an Kinderbetreuungseinrichtungen
   - den Ausbau und die kinder- und familienfreundliche Gestaltung der Infrastruktur der Wohngebiete und Dienstleistungen
   - die Beibehaltung des sozial orientierten Wohnungsbaus (Mieterschutz)
   - öffentliches, kostenloses Gesundheitswesen bei hohem medizinischem Leistungsstandard.

4. Das Zusammenleben von Frauen, Männern und Kindern
   Der Unabhängige Frauenverband hält die freie Entscheidung über alle Formen des Zusammenlebens und deren gleichberechtigte Anerkennung für einen unabdingbaren Wert der individuellen Entfaltung einer jeden Frau und eines jeden Mannes. Als Voraussetzung dafür fordern wir ein:
   - die Übertragung der an die Ehe gebundenen Privilegien auf alle Lebensformen
   - eine besondere soziale Sicherung alleinerziehender und alleinlebender Frauen und Männer
   - die Gleichstellung der sozialen, politischen und wirtschaftlichen Ansprüche gleichgeschlechtlicher, insbesondere lesbischer Partnerschaften und der von ihnen betreuten Kinder

- die Schaffung materieller und ideeller Voraussetzungen für ein würdiges und selbstbestimmtes Altern der RentnerInnen

5. Sozialisation
(...)
Der Unabhängige Frauenverband tritt deshalb ein für
- eine entsprechende Erneuerung des Schulwesens und der Kindereinrichtungen
- für die kritische Analyse und Überarbeitung von Lehrplänen und büchern im Sinne des Abbaus anachronistischer Geschlechterstereotype
- für die erzieherische Aneignung solcher Werte wie Gewaltlosigkeit, solidarisches Verhalten, Achtung der Gleichwertigkeit der Geschlechter, die Anerkennung und gleichberechtigte Achtung Andersdenkender, Andersaussehender, Andersfühlender
- für die Diskussion und den Abbau von Denk- und Erziehungsinhalten, die eine heterosexuelle Orientierung einseitig dominierend festschreiben.

6. Recht
Der Unabhängige Frauenverband setzt sich dafür ein, das in der Verfassung fixierte Recht der Gleichberechtigung von Frau und Mann auf die reale Gleichstellung zu erweitern, sowie dieses Menschenrecht durch die Verfassungsgerichtsbarkeit konkret einklagbar zu machen.
- Wir fordern die verfassungsmäßige Gleichstellung homosexueller Frauen und Männer.
- Das Strafgesetzbuch ist zu überarbeiten mit dem Ziel, jede Form von Gewalt gegen Frauen, einschließlich der Vergewaltigung in der Ehe konsequent zu bestrafen.

7. Selbstbestimmung von Frauen über ihren Körper
Wir treten ein für:
- die Sicherung des Rechts auf kostenlosen selbstentschiedenen Schwangerschaftsabbruch bis zur 12. Woche,
- die psychosoziale Begleitung und Beratung bei Schwangerschaft und Schwangerschaftsabbruch,
- die frauengerechte gynäkologische Betreuung.
(...)

Berlin, den 17.2.1990

Weibliche Homosexualität in Belletristik, Film und Sachliteratur

Belletristik

Arlt, Ingeborg
  "Das kleine Leben"
  Aufbau Verlag, Berlin, 1989
  In der Geschichte gibt es nebenbei auch eine Lesbe Hannelore.
Ebert, Günter
  "Ein Mann ist verschwunden"
  Mitteldeutscher Verlag, Halle, 1988
  Kriminalroman, in dem eine Lesbe als Nebenfigur vorkommt.
Eckart, Gabriele
  "Der Seidelstein"
  Buchverlag Der Morgen, Berlin, 1989
  Eine Schülerin liebt ihre Deutschlehrerin.
Gebhardt, Manfred
  "Mathilde Franziska Anneke - Madam, Soldat und Suffragette"
  Verlag Neues Leben, Berlin, 1988
  Nebenbei wird erwähnt, daß M.F. Anneke jahrelang mit einer Freundin zusammenlebte, die sie liebte.
Königsdorf, Helga
  "Mit Klitschmann im Regen"
  In: "Meine ungehörigen Träume", Aufbau Verlag, Berlin, 1978
Lewin, Waldtraut
  "Dich hat Amor gewiß"
  In: "Kuckucksrufe und Ohrfeigen", Verlag Neues Leben, Berlin, 1983
  Die Beziehung zwischen einer Dramaturgin und einer Sängerin.
Möckel, Klaus
  "Haß", 1981; "Die Damengang", 1984
  beide: Verlag Das Neue Berlin
  In beiden Krimis sind Lesben die Mörderinnen.

Morgner, Irmtraut
　„Leben und Abenteuer der Trobadora Beatriz", 1974;
　„Amanda – Ein Hexenroman", 1983;
　beide: Aufbau-Verlag Berlin
　Das Thema Lesben wird verschlüsselt behandelt.
Schubert, Helga
　"Blickwinkel"
　Aufbau Verlag, Berlin, 1984
　Geschichte über ein Interview mit der Tänzerin Galina Ulanowa
Voss-Scharfenberg, Sonja
　"Abseits"
　Erzählung im Band "Gegenwind"
　Verlag Neues Leben, Berlin, 1990
　Die verheiratete Phia verliebt sich in eine Frau.
Wolter, Christine
　"Ich habe wieder geheiratet", 1976
　In: "Wie ich meine Unschuld verlor", Aufbau Verlag, Berlin, 1989
　Zwei Frauen leben zusammen, bevor sich eine wieder verheiratet.
Worgitzky, Charlotte
　"Meine ungeborenen Kinder"
　Buchverlag Der Morgen, Berlin, 1984
　Die Heldin des Romans versucht Sex auch mit einer Frau.

Beiträge in Zeitschriften

"Die Union"
　Tageszeitung der CDU im Bezirk Dresden vom 3.4.1987
　"Anders als die andern?"
　Bericht von Karin Dauenheimer über das Forum in der "Scheune"
"Elternhaus und Schule" 8/1990
　"Meine Mutter ist ne Lesbe!", "Homosexuelle Eltern",
　Beiträge von Erika Berthold, Ursula Sillge, Marianne Wintgen
"Für Dich" 34/1981
　"Ist gleichgeschlechtliche Liebe ein Makel?"
　Dr. Siegfried Schnabl antwortet auf die Frage, ob eine Lesbe beruflich
　　ausgezeichnet werden kann.
"Für Dich" 38/1988
　"Streit um eine Liebe"
　Dr. Kurt Bach über ein Lesbenpaar in einem Mietwohnhaus

"Für Dich" 18/1990
"Mutter, Mutter, Kind"
Brigitte Hussein berichtet über zwei Londoner Lesben mit Kind nach Insemination.
"Für Dich" 34/1990
"Ich habe die Liebe gewechselt"
Die verheiratete K.D. verliebte sich in eine Frau.
"Humanitas"
"Der Sonntags-Club - ein Ort für Sonntagskinder?"
Artikel von Constanze Lehmann
(Vorsicht: falsche Postleitzahl vom Sonntags-Club angegeben)
"Neues Leben" 2/1984
Prof. Borrmann antwortete auf die Frage von zwei Leserinnen, ob sie lesbisch sind oder nicht.
"Neue Zeit" vom 2.1.1990
"Ich bin homosexuell, was nun? - Der Berliner Sonntags-Club: eine gute Adresse zum Selbstverständnis von Lesben und Schwulen"
Artikel von Ursula Sillge
"Sonntag" 36/1989
"PSF 229 "
Bert Thinius über die Schwulen und Lesben im Sonntags-Club
"Temperamente" 3/1989
"Jetzt sage ich Na und!"
Beitrag von Grit Baginski über lesbische Beziehungen
"Wochenpost" 10/1987 vom 13. März
"Lodernder Haß"
Gerichtsbericht von Helmut Vogt über eine lesbische Brandstifterin

Film

"Die andere Liebe"
Dokumentarfilm aus dem DEFA-Studio Potsdam-Babelsberg, 1988
Regie: Kiessling, Dramaturgie: Otten, Stannek
Länge etwa eine halbe Stunde. Ein Film über Homosexualität, in dem Schwule und zwei Lesben über sich berichten.

Sachliteratur

"Psychosoziale Aspekte der Homosexualität"
Veröffentlichung der Friedrich-Schiller-Universität Jena, 1986
Protokollband der gleichnamigen Tagung am 28.6.1985 in Leipzig
darin: Sillge, Ursula "Zur psychosozialen Situation der Lesben in der DDR" sowie Schenk, Christine "Vom coming out zweier Lesben"
"Psychosoziale Aspekte der Homosexualität"
Veröffentlichung der Friedrich-Schiller-Universität Jena, 1989
Protokollband des gleichnamigen II. Workshops am 23.4.1988 in Karl-Marx-Stadt (Chemnitz)
darin:
Bünning, Heidje; Büttner, Jaqueline; Günther, Erwin
"Einige Ergebnisse der Forschungsstudie 'Lesbische Liebe'",
Schenk, Christine; Körzendörfer, Marinke "Zu einigen Problemen lesbischer Frauen in der DDR - Ursachen und Konsequenzen"
Griedel, Liane "Zur weiblichen Homosexualität"
Der dritte Protokollband des Workshops 1990 in Jena lag bei Redaktionsschluß noch nicht vor. Darin z.B. Sillge, Ursula "Über die Zusammenarbeit von Lesben und Schwulen"
Aresin, Lykke; Günther, Erwin
"Sexualmedizin - Ein Leitfaden für Medizinstudenten"
Verlag Volk und Gesundheit, Berlin, 3.Aufl., 1988
Siehe Kapitel "Homosexualität, Homophilie"
Schnabl, Siegfried
"Mann und Frau intim - Fragen des gesunden und gestörten Geschlechtslebens"
Verlag Volk und Gesundheit, Berlin, 16. Aufl., 1984
Siehe Kapitel "Die Homosexualität des Mannes und der Frau"
Starke, Kurt; Friedrich, Walter (Hrsg.)
"Liebe und Sexualität bis 30"
Deutscher Verlag der Wissenschaften, Berlin, 1984
Siehe Kapitel "Die weibliche Homosexualität"
Werner, Reiner
"Homosexualität - Herausforderung an Wissen und Toleranz"
Verlag Volk und Gesundheit, Berlin, 1987
Siehe Kapitel "Die weibliche Homosexualität bzw. Lesbizität"

Arbeitskreise, Vereinigungen und Veranstaltungszentren in den östlichen Bundesländern

Arnstadt
"Homosexuelle Aktion Arnstadt" (HAA)
Postanschrift: Auf dem Anger 8, Arnstadt O-5210

Berlin
Dachverband für homosexuelle Interessenvertretungen (DVhI)
Verband für Lesben, Schwule und Bisexuelle (nur Gruppenmitgliedschaft)
Postanschrift: Thomas Tunsch, c/o Sonntags-Club, PSF 229, Berlin O-1030
BIZ-Café
Beratungs- und Informationszentrum des "Sonntags-Clubs"
Mittwoch bis Samstag von 16.00 bis 22.00 Uhr
Rhinower Str. 8, Nähe S- und U-Bahnhof Schönhauser Allee
Tel. 4497590, Postanschrift: PSF 229, Berlin O-1030
"Café Rosa"
Im Haus der Jungen Talente (HdJT)
Dienstag 19.00 Uhr
Klosterstraße, Nähe U-Bahnhof
"Courage",
Arbeitsgruppe im Verband der Freidenker
Postanschrift: PSF 121, Berlin O-1058
"Doppelfenster"
Schwul-lesbisches Café mit Film, Diskothek und manchmal Extras
Freitag 22.00 bis 3.00 Uhr, Konzert Samstag 23.00 bis 4.00 Uhr,
Filmklub Mittwoch, Donnerstag, Sonntag 20.00 bis 1.00 Uhr,
jeweils zwei Vorstellungen), anschließend Bar
Klub International, Karl-Marx-Allee 33, Berlin O-1020, Tel.2125894
"Gesprächskreis Homosexualität"
in der Evangelischen Advent-Kirchengemeinde, Dimitroffstr. 201-203

Jeden 2. und 4. Dienstag, ab 18.30 Uhr Tee, ab 19.30 Uhr Thema
Postanschrift: Peter Birmele, Hufelandstr. 43, Berlin O-1055,
Tel.4399414
"Interdiziplinärer Forschungsgruppe Homosexualität"
der Humboldt-Universität Berlin (IAH der HUB)
Postanschrift: Hubert Thinius, Institut für Kulturwissenschaft,
Charlottenstr. 43, Berlin O-1080
"Lambda",
Jugendnetzwerk
Postanschrift: Unter den Linden 36-38, Berlin O-1086
Lesbentreff
des Sonntags-Clubs
Freitag 16.00 bis 22.00 Uhr
Rhinower Str. 8
Postanschrift: PSF 229, Berlin O-1030
"Lesben- und Schwulenpolitik"
Arbeitsgruppe in der PDS
Treff: Dienstag 17.30 Uhr, Oberwasserstr. 12, Berlin O-1080,
Raum 221
Tel. 28409326 (8.00 bis 17.00 Uhr), 28404332 (ab 17.30 Uhr)
Postanschrift: Kleine Alexanderstr. 28, Berlin O-1020
"Lila Archiv"
Choriner Str. 9, Berlin O-1054
Literatur und Dokumente zur Frauen-, Lesben- und
Schwulenbewegung
„Sonntags-Club" e.V.
Berliner Vereinigung lesbischer, schwuler und bisexueller
BürgerInnen,
Rhinower Str. 8, Berlin O-1058
Beratungs- und Informationszentrum
Café: Mittwoch bis Samstag: 17.00 bis 22.00 Uhr
Freitag vorwiegend Lesben, Samstag Brettspiele
Gesprächskreise: Bisexualität, Eltern, Frauen und Gesellschaft
Interessengruppen: Film/Video/Fotografie, Geschichte, Motoristik
(Auto), Wandern, Bartmänner-Stammtisch
Telefon 4497590 (mit Informationen und Anrufbeantworter)
Postanschrift: PSF 229, Berlin O-1030
"Thea belle" e.V.
Mittwoch ab 19 Uhr im EWA-Zentrum, Prenzlauer Allee 6

Postanschrift: Dagmar Harmsen, Str. der Pariser Kommune 34,
Berlin O-1017
"TS und TV"
Interessengemeinschaft der Transsexuellen und Transvestiten
Postanschrift: Tilly Schallenberg, PF 46, Berlin O-1040,
Telefon 2821563
Verein "Lesben- und Schwulenhaus Berlin"
Postanschrift: Horst Zeiske, Wöhlertstr. 11 (SF), Berlin O-1040

Brandenburg
"Arbeitskreis homosexuelle Selbsthilfe der Evangelischen Kirche"
Domlinden 23, Brandenburg O-1800
Postanschrift: Pia Schlesinger, F.-Ziegler-Str. 9b, Brandenburg O-1800

Chemnitz
"Chemnitzer Lesben- und Schwulen-Initiative" e.V.
Dienstag ab 19.00 Uhr im Club "Apotheke", Henriettenstr.55
Postanschrift: Chelsi (e.V.), PSF 5107, Chemnitz O-9053

Cottbus
"Lebensart"
Klub im Verband der Freidenker
Veranstaltungen Schillerstr. 57
Disco im Jugendklub "Südstadt", Str. der Jugend/Stadtring
Postanschrift: PSF 48, O-7500 Cottbus 1
"Magnus-Hirschfeld-Arbeitskreis"
Café Freitag 17.00-23.00 Uhr, Schillerstr. 57
Telefon zur selben Zeit: 25389
Postanschrift: PSF 48/I, O-7500 Cottbus 1

Dessau
"Begegnung"
Homosexuelle Initiative im Verband der Freidenker
Postanschrift: Sonntags-Club, PSF 229, Berlin O-1030

Dresden
Frauenberatungs- und Kommunikationszentrum
Anfragen für Lesben an Ina Roeder
Postanschrift: Angelikastr. 1, Dresden O-8060

"Gerede" e.V.
Wiener Str. 41, Dresden O-8020
Postanschrift: PSF 152, Dresden O-8019
Lesben- und Schwulenpolitik
Arbeitsgruppe beim Landesverband der PDS Sachsen
Postanschrift: Devrientstr. 4, Dresden O-8010
Selbsterfahrungsgruppe für Lesben
im Frauenbildungszentrum, Naumannstr. 8, Dresden O-8053
Postanschrift: Karin Dauenheimer, PSF 4, Dresden O-8021

Erfurt
Lesbengruppe innerhalb der Bürgerinneninitiative
"Autonome Brennessel"e.V.
Postanschrift: Thomas Müntzer Straße 20
Erfurt O-5020
Lesbengruppe in "Frauen für Veränderung"
Postanschrift: Kerstin Schön, Lassallestr.2, Erfurt O-5025

Frankfurt/Oder
"Club für Gleichgeschlechtlich Liebende" (GL)
im Haus der Jugend, Raum 114, In der Halben Stadt 7
Telefon 311210, Apparat 61, Montag bis Freitag 16 bis 18 Uhr
Postanschrift: Lesben im Club "GL", PSF 621,
Frankfurt/Oder O-1200

Gera
Lesbengruppe im Aufbau
Kontakt über IG "AUF", Interessengemeinschaft im Klub der Jugend
und Sportler, Puschkinplatz, Tel. 22218
Disco: Freitag 22.00 bis 2.00 Uhr, Einlaß ab 20.00 Uhr
Postanschrift: Sabine/IG AUF, PSF 46, Gera O-6500

Greifswald
"Rosa Greif"
Schwul-Lesbischer Arbeitskreis in Vorpommern
Treffpunkt: Donnerstag 18.00 bis 22.00 Uhr im "Soziokulturellen
Zentrum St. Spiritus", Lange Str. 49, Tel.3463
Postanschrift: PSF 3, Greifswald O-2200

Halle
Lesbengruppe im Aufbau
Postanschrift: Monika Heinrich, Reilstr. 99, Halle O-4020
Lesbenarbeitskreis in der Evangelischen Studentengemeinde
Jeden 2. Freitag ab 19.30 Uhr, Puschkinstr. 27

Ilmenau
Klub "Homosexuelle Aktion Ilmenau"(HAI)
Jeden Dienstag ab 19.30 Uhr, Naumannstr. 19
Postanschrift: Uwe Schäfer, Naumannstr. 19, PF 27-12,
Ilmenau O-6300

Jena
"frau anders"
Lesbenzeitschrift
Postanschrift: Engelplatz 10, Jena O-6900
"Homosexuelle Liebe"
Arbeitskreis in der Evangelischen Studentengemeinde, Ebertstr. 7
Postanschrift: Stefanie Tkocz, Berghofweg 5, Jena O-6900

Leipzig
"Buntes Archiv"
Autonome Lesbengruppe
Postanschrift: Frauenbuchladen, Maurice-Thorez-Str. 67,
Leipzig O-7031
Lesbengruppe im UFV (Unabhängiger Frauenverband)
Postanschrift: Ulrike Thomas, PSF 1438, Leipzig O-7013
"Lila Pause"
Lesbengruppe im Frauenkulturzentrum
Jeden Dienstag 19.30, Uhr Clubraum 2
Lesbentelefon jeden 2. Donnerstag 3911162
Postanschrift: Löbauer Str. 49, Leipzig O-7024
"Rosa Linde Leipzig" e.V.
Im Haus der Volkskunst
Montag gemischt ab 19.30 Uhr
Postanschrift: Wilhelm-Liebknecht-Platz 21, Leipzig O-7033
"Tian"
Frauenbuchladen mit Lese-Café
Dienstag, Mittwoch, Freitag 13.00 bis 18.30 Uhr, Donnerstag 13.00 bis

19.30 Uhr, Samstag 10.00 bis 13.00 Uhr
Postanschrift: Maurice-Thorez-Str. 67, Leipzig O-7031

Magdeburg
Fürsorger im Caritas-Verband Magdeburg
   Postanschrift: Caritas-Verband Magdeburg, Hans-Peter Schulze,
   Max-Josef-Metzger-Str. 3, Magdeburg O-3010
Klub "A 3" ("Anders als Andere")
   Postanschrift: Klewitzstr. 16, Magdeburg O-3014
Unabhängige Frauengruppe der Fraueninitiative e.V.
   Im Frauenkommunikationszentrum "Courage" (UFV)
   Vierzehntägig freitags 18.30 Uhr (gerechnet ab 22.2.91)
   Telefon 48089 (Büro) ab 11 Uhr, 44992 ab 19 Uhr
   Postanschrift: Porsestr. 14, Magdeburg O-3011

Neustrelitz
"Magnus"
   Arbeitsgemeinschaft Homosexualität
   Postanschrift: PSF 40, Neustrelitz O-2080

Nordhausen
"Doppelpunkt"
   Postanschrift: PSF 12, Nordhausen O-5500

Plauen
"SLiP" e.V.
   ("Schwule und Lesben in Plauen")
   Jeden 1.Freitag ab 18.00 Uhr, Friedensstr.24,
   Raum der Inneren Mission
   Postanschrift: Udo Brückner, Dr.-Friedrichs-Str. 72, Schöneck O-9655

Potsdam
"Homosexuelles Integrations-Projekt" (HIP)
   Haus der Jugend, Berliner Str. 49
   Donnerstag 19.30 Uhr Klubabend mit Bar und Gesprächsrunden
   Jeden 1. und 3. Freitag im Monat Lesbentreff ab 19.00 Uhr
   Jeden 2. und 4. Dienstag Lesbentreff im Frauenzentrum, Platz der
   Nationen, Telefonberatung: 22065/22138
   Postanschrift: "HIP", Berliner Str. 49, Potsdam O-1560

Rostock
"RAT und TAT" e.V.,
   Verein für Homosexuelle, Kommunikations- und Beratungszentrum
   für Lesben und Schwule
   Vereins-Café: Mittwoch 18.00 bis 22.00 Uhr,
   Samstag 16.00 bis 23.00 Uhr, Sonntag 15-22 Uhr
   Veranstaltungen jeden 1. und 3. Freitag 19.30 Uhr
   Postanschrift: RAT & TAT e.V., Am Strande 14, Rostock O-2500

Schwerin
"Einblick" e.V.
   Postanschrift: "Einblick", PSF 104, Schwerin O-2791
"Alternative Traueninitiative" e.V.
   Kennwort: "Sappho", Telefon 812289
   Postanschrift: Großer Moor 2-6, Schwerin O-2755

Weimar
Klub "felix"
   Jeden 3. Freitag ab 20.00 Uhr im Jugendklub "Nordlicht",
   Richard-Müller-Straße, Weimar-Nord
   Postanschrift: PSF 107, Weimar O-5300

Wittenberg/Lutherstadt
"AG Schulz"
   Postanschrift: PSF 35, Wittenberg/L., O-4600

Zittau
"Arbeitsgruppe Homosexualität"
   beim Verband der Freidenker
   Postanschrift:
   PSF 100, Zittau O-8800

Zwickau
"Arbeitskreis Homosexualität"
   der Evangelischen Stadtmission, Römerstr. 11
   Postanschrift: Annegret Rudloff, Pöhlauer Str. 43, PF 19-01,
   Zwickau O-9560

Ursula Sillge

Jahrgang 1946, Ausbildung in der Landwirtschaft, Tätigkeit als Diplom-Agraringenieurin, danach Studium der Soziologie in Leipzig, zeitweilige Arbeit am Gericht, wissenschaftliche Assistenz an der Berliner Humboldt-Univerität, langjährige Leiterin des "Sonntags-Clubs für Lesben, Schwule und Bisexuelle" in Berlin, zur Zeit Promotion zur Situation der Lesben in der DDR, zahlreiche Veröffentlichungen, u.a. in: Günter Amendt (Hrsg.), Natürlich anders. Zur Homosexualitätsdiskussion in der DDR, Köln 1989.

LESBENRING e.V.

Laßt 1000 Frauen Mitfrauen werden,
... damit ein bundesweit zentrales Lesbenbüro eingerichtet werden kann,
... damit ein Netzwerk von Lesben für Lesben aufgebaut werden kann,
... damit Lesbenpolitik auf der Basis unseres Forderungskatalogs gemacht werden kann.
DAMIT LESBEN BESSER SICHTBAR WERDEN!

Ich bestelle kostenloses Informationsmaterial in neutralem Umschlag

Name..

Adresse..

**Lesbenring e.V.
c/o Kennwort "Zami"
Postfach 40
7242 Dornhan**